映画の中にある如《ごと》く

川本三郎

キネマ旬報社

映画の中にある如く◉目次

第一章　美しき女優

第二章　音楽が流れる場所

第三章　戦後70年を過ぎて

第四章　ミニシアターからあふれ出る

第五章　鉄道、または辿りつくところ

第六章　映画の中の文学

第七章　西部劇が描くもの

第八章　暮しの中にある祈り

装画　上路ナオ子
装幀　奥定泰之

第一章

美しき女優

エストニアの美しい女優のこと、フランス映画と成瀬巳喜男のことなど

年甲斐もなく美しい女優に夢中になっている。といっても若い女優ではない。華やかさもない。それでも惹きつけられる。

ジャンヌ・モロー主演の「クロワッサンで朝食を」(12年)で家政婦を演じているライネ・マギというエストニアの女優。無論、初めて見る。

一九五九年生まれというから五十代なかば。映画のなかでも、成長した子供が二人いる母親だから、五十歳前後だろう。

監督のイルマル・ラーグもエストニア人という。バルト三国のなかでいちばん北にある国の小さな町に住む女性が、パリで一人暮しをしている金持の女優(ジャンヌ・モロー)の家政婦に雇われる。

このマダムもエストニア人。ソ連の支配を逃れてパリにやって来たらしい。シャネルのスーツを家で着るような豊かな暮しをしている。

他方、北の貧しい国から働きに出て来た女性は質素でつましい。服も野暮ったい。髪はほつれている。夫とはだいぶ前に離婚している。老いた母親を失なったばかり。子供も独立しているので思い切ってパリに出て来た。

この少し疲れた感じの異邦人を演じるライネ・マギが素晴しい。イギリスの女優だがロシア系のヘレン・ミレン、アメリカの女優だがやはりロシア系のリー・グラント、アンジェイ・ワイダ作品によく出たポーランドのクリスティナ・ヤンダ、さらにはクシシュトフ・ザヌーシ監督の傑作「太陽の年」（84年）のマヤ・コモロフスカ（来日した時にサインをもらった！）といった、人の悲しみを知っている大人の女優たちを思い出させる。大きくわけて東欧系と言っていいだろう。

家政婦として働くことになったライネ・マギがはじめて夜の町を散歩する。野暮ったい服を着た彼女は、ショウウィンドウに飾られた美しい服に目を輝かせる。鏡に自分の姿を映して服に重ね合わせてみる。ういういしい。

ブティックに立ち寄り、置いてある香水を耳のあたりに付けてみるのも可愛い。大きな子供のいる大人の女性が少女のように見えてくる。ライネ・マギは五十歳を過ぎているのにスタイルがいい。草のように細い。

ジャンヌ・モロー演じるマダムは気難しい。自殺を試みたこともある。狷介《けんかい》なところがあり、親しい友人はいない。北の貧しい国から来た女性はそんな孤独なマダムに親身になって接する。

彼女が甲斐甲斐しく働く姿は、成瀬巳喜男監督「流れる」（56年）で、山田五十鈴の芸者置屋で働くことになる田中絹代を思い出させる。当時、四十代なかばだったが、清潔な美しさがあった。

成瀬巳喜男は苦労人だっただけに大人の女優が好きだった。ある若い女優が「映画に出たい」と言った時、「三十歳を過ぎたらいらっしゃい」と答えたという。

マダムのJ・モローは若い頃は恋多き女だったらしい。それで地味な家政婦に「もっと自分を愛しなさい」「変わらなくては」とすすめる。

ある時などあけすけに「あなた男はいないの?」「最後に男と寝たのはいつ?」と聞く。ここは「流れる」で山田五十鈴が田中絹代に「ご主人を亡くしてからこっちずっとひとり? いえね、男のいない女なんていないないと思ったから」と聞くところを思い出させる。

マダムに後押しされるようにして、それまでくすんでいた女性が徐々に変わってゆく。最後は彼女の笑顔で、映画は終わる。

ライネ・マギというはじめて見る北の小さな国からやって来た女優に魅了された。

フランス映画、カトリーヌ・コルシニ監督の「黒いスーツを着た男」（12年）は、日本題名から最初、フィルム・ノワールかと思ったが、見てみるとそうではなく、確かにその味もあるが、むしろモラル劇の感がある。

新星ラファエル・ペルソナ演じる主人公は、パリの自動車のディーラー。修理工からの叩き上げで、社長の娘と結婚するまでに出世した。ところが結婚式を間近に控えた夜、通りで運転中に男を轢《ひ》いてしまう。気になったが、車に乗っていた二人の仲間に促され、そのまま逃走した。引き逃げ。

その事故を偶然、アパルトマンの窓から見ていた女性（クロチルド・エム）がいた。彼女は、被害者が搬送された病院に行き、瀕死の男の妻（「ロルナの祈り」のアルタ・ドブロシ）を見舞う。

加害者、目撃者、被害者の妻。事故をめぐる三人の物語になっている。原題は「三つの世界」（"Trois mondes"）。

目撃者の女性は加害者の男を追い、やがてあろうことか彼に惹かれてしまう。一方、被害者は死んでしまい、その妻は加害者を憎む。この夫婦は旧ソ連の民族自治共和国だったモルドヴァからの移民。「クロワッサンで朝食を」のライネ・マギ演じるメイドがエストニア人なのと同じで、近年のパリでの移民の増加を反映している。

社長の娘との結婚を前に引き逃げ事件を起してしまった。このまま黙り通すべきか。それとも警察に自首すべきか。主人公のモラルをめぐる葛藤が緊張を盛り上げる。

この物語、何かに似ていないだろうか。

車の事故で人を殺してしまう。罪の意識に悩まされる。被害者の妻に謝罪しているうちに彼女に惹かれてゆく。言うまでもなく、成瀬巳喜男の遺作となった「乱れ雲」（67年）。相手の女性が目撃者ではなく被害者の妻になっているが、大きな構図は「黒いスーツを着た男」は「乱れ雲」にそっくり。さらに。加害者が自首すべきかどうか悩む姿は、やはり成瀬巳喜男の「女の中にいる他人」（66年）の小林桂樹を思わせる。また成瀬に「ひき逃げ」（66年）があることは言うまでもない。

カトリーヌ・コルシニという監督、ひょっとして成瀬が好きなのかもしれない。

「しかし弦楽四重奏団といふのはどうしてあんなにごたごたが絶えないのでせうね」

昨年亡くなった丸谷才一の遺作『持ち重りする薔薇の花』のなかの言葉だが、ヤーロン・ジルバーマン監督「25年目の弦楽四重奏」（12年）はニューヨークで活躍する弦楽四重奏団（クリストファー・ウォーケン、フィリップ・シーモア・ホフマン、マーク・イヴァニール、キャサリン・キーナー）の「ごたごた」を描いていて面白い。

最後に四人が演奏するのはベートーヴェンの難曲《弦楽四重奏曲第十四番》。「ごたごた」続きの四人がうまく演奏できるか。

日本映画でベートーヴェンの弦楽四重奏曲（こちらは第六番）が演奏されたものがある。意外と思われるかもしれないが、山田洋次監督の「続　男はつらいよ」（69年）。ヒロインの佐藤オリエが弦楽四重奏団のメンバーで、この六番を弾いた。

（2013年8月上旬号）

パトリス・ルコント監督「暮れ逢い」のこと、沖田修一監督「滝を見にいく」のことなど

パトリス・ルコント監督の新作「暮れ逢い」(13年)は、恋のおのゝき、と呼びたいような禁じられた恋の物語として面白い。

第一次世界大戦直前のドイツの町を舞台に青年(リチャード・マッデン)と、年の離れた実業家(アラン・リックマン)と結婚した若い女性(レベッカ・ホール)との道ならぬ恋を描いてゆく。形容矛盾になるが、美しい不倫になっている。原作はシュテファン・ツヴァイク"Wiederstand der Wirklichkeit(現実の抵抗)"(日本では未訳)。

大学を優秀な成績で卒業した青年が鉄鋼会社に入る。経営者に気に入られ、その屋敷に暮すようになる。若く美しい妻にひと目で心奪われる。妻のほうもまた。

二十世紀のはじめ。まだモラルが厳しい時代。二人の恋が許される筈もない。恋愛は禁止の力が強いほど高まる。

同じ家のなかにいる若い二人が愛し合う。しかしそこには夫がいる。禁じられた恋だからこそ二人は燃えあがる。炎が強まったところで自制しなければならない。二人は見つめ合うが、抱き合うことは許されない。キスすることすら出来ない。

ルコントらしい絶妙の場面がある。

女性はピアノを弾く。青年は彼女が留守の時、そのピアノの冷たい鍵盤に火照った頬をそっと寄せる。彼女の香りをかぐように。肌に触れるかのように。

「仕立て屋の恋」(89年)の孤独な男、ミシェル・ブランが、いつも窓から見つめている美しい女性、サンドリーヌ・ボネールがはじめて部屋に訪れた時、その身体にまったく触れようとしなかったのに、彼女が帰ったあと、それまで坐っていたベッドにそっと顔を近づける姿を思い出させる。

青年と若い妻の恋も、抱き合わない恋。見つめ合う。青年は彼女がつけている香水の香りをかぐ。二人は距離を保つ。触れ合う寸前に身体を離す。それだからこそいっそう互いに惹かれてゆく。男に見つめられるレベッカ・ホールが素晴しく美しい。一般に恋愛映画では男性は冴えないのに、女性はいよいよ美しくなる。

若い二人の抱き合わない恋を見ていると、成瀬巳喜男監督の「乱れる」(64年)を思い出す。

戦争で夫を亡くした高峰秀子は、夫の実家で暮している。十一歳年下の義弟、加山雄三が彼女を慕う。ある時、若者はついに「義姉《ねえ》さんが好きだ」と打ち明ける。

そのあと、同じ家に住む二人のあいだに心の乱れが生じてゆく。互いを意識する。家に掛かって来た電話を二人が同時に取ろうとして思わず見つめ合う。雨のなかずぶぬれになって家に戻って来た義弟のレインコートを脱がそうとして近づきすぎて二人がはっとする。同じサンダルを履いてしまい恥じらう。

見つめ合う恋にとどまっていながら、いや、だからこそ、若者の恋心が高まる。年下の男性に見つめられる高峰秀子が美しい。市井の女性で、決しておしゃれをしているわけでもないのに。

「暮れ逢い」の背景には第一次世界大戦がある。青年は事業のためメキシコに行くことになる。愛する二人は離れ離れになる。戦争が勃発すると互いの手紙は届かなくなる。音信不通になる。

戦争中、夫は死ぬ。戦争はドイツの敗北によって終わる。その後、数年たってようやく青年がメキシコから戻ってくる。再会した二人はそこではじめて抱き合い、キスをする。キスシーンで映画は終わる。ルコントらしい終わり方。

興味深いのは、この青年がメキシコで落馬し、足に負傷したために従軍出来なかったことを負い目に感じていること。「同世代の人間はみんな戦争に行ったというのに」。死者に申し訳ないと思っている。誠実な青年であることが分かる。

時代はまた戦争に向かっている。町をナチスの男たちが行進している。それを見る二人の表情は暗い。原作者のツヴァイクがユダヤ系だったため、ナチスを嫌い、亡命し、ブラジルで妻とともに自殺したことを思うと、この場面の意味は重い。

「暮れ逢い」という不思議な日本語は「暮れ合い」(夕暮れ)から来ていると思われる(原題は"A Promise")。レベッカ・ホールが付けている香水の名前、ルール・ブルー(たそがれ時の青。撮影用語でいうマジック・アワーだろう)からの連想という。同時に、ナチスの台頭によってよき時代が終わってゆくことも暗示しているようだ。

「7人のおばちゃん、山で迷う」と愉快な惹句が付けられた沖田修一監督の「滝を見にいく」(14年)は、おばちゃんたちの「スタンド・バイ・ミー」と呼びたくなるほど楽しめた。

七人のおばちゃんたちが秋の妙高に滝を見に出かけ、途中で道に迷ってしまう。さあどうなる。七人を演じる女性の大半は素人だという。アイデアの勝利。

一時間半足らずの映画だが、七人のキャラクターをきちんと見せているのはみごと。プレスを読むと、脚本も書いた沖田修一がそれぞれの女性の辿ってきた人生を細部にわたって考えていたことがわかる。出身地、年齢、結婚歴、仕事など細かく想定している。スクリーンのなかで見ている七人の女性は、それぞれの生を背負っている。映画では描かれない過去を踏まえている。

忘れがたい場面がある。

帽子に眼鏡の五十代の女性は、いたって気がいい。いつも他人に気を遣っている。飄々《ひょうひょう》としている。バードウォッチングが趣味。

霧のたちこめた草原で夫と鳥を見ている。夫が先を歩く。やがて丈の高い草におおわれて夫の姿が消えてしまう。一人取り残される。どこか幻想的な場面。

この女性は夫を癌で失なっている。夢だったとわかる。山のなかで道に迷い、うたた寝している時に夢を見た。ひとは熟睡している時より、うたた寝の時のほうが眠りが浅いためか、夢を見るものだが、その夢に亡き夫が現われた。目が覚めた時、彼女の目には涙がたまっている。うなされたのだろうか、他の女性たちが心配そうに見下している。七人の心がひとつになっている。古谷充子《ふるたにみちこ》によるプレスの絵もとてもいい。

高倉健死す。ストイックで気品があった。暴力という修羅場にあってあんなに品があった俳優はいない。

（2014年12月下旬号）

神保町シアターの芦川いづみ特集のこと、独立プロ時代を描く「薩チャン　正ちゃん」のこと

芦川いづみは、私の十代の頃、入江若葉と並んで、もっとも好きだった同時代の女優。ともかく可愛い。愛らしい。ある知人が評したように「ぬり絵のモデルみたい」だった。

古い日本映画の上映で知られる神保町シアターが、この八月から九月にかけて「恋する女優　芦川いづみ」と題し（うまい、タイトル！）、主演作十五作を上映した。

京橋のフィルムセンターでも「芦川いづみ特集」は行なっていない。芦川いづみの大ファンにとっては快挙だった。二〇一二年、本誌の仕事で、この「恋する女優」にはじめてインタビュー出来たことをうれしく思い出す。

今回上映された作品のなかに、一本だけ、未見のものがあった。昭和三十四（一九五九）年の作品、

中平康監督のサスペンス「その壁を砕け」。これが素晴しかった。才気あふれる中平康にしては、珍しく自分を抑えている。言われなければ、中平康作品とは思えない。オリジナル脚本の新藤兼人の力が大きかったのかもしれない。

神保町シアターのチラシには「冤罪サスペンス」とある。この言葉、初めて知った。小高雄二演じる若者が、東京から、新潟の病院で働く看護婦の芦川いづみに車で会いに行く。途中、新潟県の小さな町で、殺人事件（町の郵便局長が殺される）に遭遇し、町の巡査（長門裕之）に逮捕されてしまう。芦川いづみが恋人の冤罪を晴らすために必死に戦う。そのけなげさ、必死さに泣けてくる。モノクロの映画だが、カラーではなくても芦川いづみが可愛いのを確認出来る。

今回の「恋する女優　芦川いづみ」特集に何回か通って、はじめて分かったのだが、この「ぬり絵のモデルみたい」な女優は、スタイルがいい！　芦川いづみというと、顔の可愛らしさばかりが言われるが、よく見ると、実にスタイルがいい。

決して脚が長いとか、胸が大きいというのではない。均整が取れている。いまふうに言えば小顔で、小柄な女性の美しさがある。日活の女優のなかでは、新珠三千代に匹敵する品のいいスタイルの良さ。「恋する女優」特集で上映された、石坂洋次郎原作、中平康監督の「あいつと私」（61年）で、人気美容師、轟夕起子は、息子、石原裕次郎の友達（恋人）、芦川いづみを、ひとめ見て、スタイルがいいからとモデルにしようとする。ほっそりとして、均整がとれている芦川いづみを見ると、その轟夕起子の感嘆、炯眼《けいがん》もよく分かる。

太宰治の『葉桜と魔笛』の映画化、森永健次郎監督「真白き富士の嶺」（63年）は、ただただ芦川いづみのスタイルの良さに魅了される。オードリー・ヘップバーンともローレン・バコールとも違う。もちろんブリジッド・バルドーとも違う。

西洋の女優とは違う、しとやかな線の美しさに驚嘆する。今回、「恋する女優」特集で改めて芦川いづみの美しさを確認した。

クレジットはされていないが、衣裳デザインは、当時、日活作品に関わっていた森英恵ではないだろうか。女優にとって、着こなしがいかに大事か改めて思わされる。


「その壁を砕け」には、鉄道好きには実に気になる駅が出てくる。殺人事件が起る場所なのだが、新潟県内、当時の国鉄の駅で撮影されている。

いかにもローカル線の駅らしい、瓦屋根の平屋の駅。映画のなかでは「鉢木駅」となっているが、調べてみると、この名の駅はない。おそらく殺人事件が起る駅なので架空にしたのだろう。

しかし、木造の駅舎や、駅前の小さな商店街の様子は、明らかにロケされている。いったい、どこでロケされているのか。これが分からない。

映画のなかの設定で考えると、新潟県内の国鉄の駅らしい。手元に『JR全線・全駅舎』という鉄道図鑑がある（03年、学習研究社）。

ＪＲの全駅の駅舎の写真を掲載している。これを参考に、「その壁を砕け」の舞台となった駅を調べてみた。結論はまだはっきりしないのだが、上越線の塩沢駅か信越本線の脇野田駅ではないかと推測している。自信はない。御存知の方がいたら、ぜひ御教示いただきたい。

昭和二十年代後半から、三十年代にかけて独立プロの時代というものがあった。「アカ」とレッテルを貼られてしまったために大手映画会社で仕事が出来なくなった監督たち、家城巳代治、今井正、山本薩夫ら気概のある俊才が独立プロで秀作を作り続けた。

ハリウッドで一九四〇年代の後半から五〇年代にかけて、リベラルな映画人を追放した「赤狩り」が起ったことはよく知られているが、日本でも同じようなことが起きた。

池田博穂監督のドキュメンタリー「薩チャン　正ちゃん～戦後民主的独立プロ奮闘記」は、正ちゃん（今井正）、薩チャン（山本薩夫）ら、その左翼リベラリズムのために、大手映画会社を追われ、マイナーな独立映画で製作を続けなければならなかった「独立プロ」派の旧左翼の映画監督たちの苦闘を描いていて見ごたえがある。

大会社では映画を作れない。独立プロ、いまふうに言えばインディーズで映画を作る。その過程でいちばん問題になるのは、お金。スタッフや俳優に満足に給料を払えない。当然、トラブルが起る。徳永直原作、山本薩夫監督の「太陽のない街」（54年）の時、製作資金が涸渇し、出演者の宇野重吉だけではなく、給料の払えなくなったエキストラ（大学の映研の学生が多かったという）とトラブルになった話など身につまされる。


個人的な話になる。

私の義兄、冨田浩太郎は、若き日、劇団民藝で俳優をしていた。民藝は、当時で言えば、左翼だから、独立プロ作品に協力した。出演しても、ギャラが払われなかったか、払われたとしても微々たるものだったろう。

義兄の冨田浩太郎は、若き日、独立プロの作品によく出演した。もちろん、セリフがひとつあるかどうかの端役。

今井正監督の「ここに泉あり」（55年）では、途中で退団してしまうチェロ奏者として出演している。これはメジャー作品だが、高見順原作、家城巳代治監督の松竹作品「胸より胸に」（55年）では、浅草のストリッパー、有馬稲子を好きになる大学助教授役。最初にして最後の準主役である。

今回、「薩チャン　正ちゃん」を見ていて驚いた。野間宏原作、山本薩夫監督「眞空地帯」（52年）で、上官の木村功にビンタを張られている兵隊は、わが義兄ではないか。解説によれば、木村功は本当に殴ったという。さぞ、痛かったことだろう。


（２０１５年11月下旬号）

濱口竜介監督「ハッピーアワー」の新鮮さのこと

上映時間はなんと五時間を超える。主演の四人の女性は演技経験がなかったと言う。見るのをかなりためらったが、見たらこれが素晴しかった。五時間余、まったく退屈しない。四人の女性たちの日常に引き込まれる。彼女たちが次第にわれらの隣人に思えてくる。

濱口竜介監督の「ハッピーアワー」(15年)。

神戸に住む三十代後半の四人の女性を主人公にしている。女性たちの友情の物語で、古くは鈴木英夫監督の「その場所に女ありて」(62年)、下ってクロード・ガニオン監督の「Keiko」(79年)を思い出させるが、同時に、これまでの女性の友情物語とはまったく違う、映画の作り方の面白さがある。

ストーリーに沿って劇的盛り上がりがあるわけではない。といってドキュメンタリーでもない。カメラは客観的に四人をとらえるが同時にそれぞれの主観にもなる。

観客は彼女たちの会話に参加しているような気になってくる。劇中に、身体を使ったワークショップが出てくる。三人がそれに参加する（一人は主催者側）。相手のおなかに耳を当てて音を聴く。おでこを付け合って相手の気持を読み取ろうとする。最後は全員が背中をおしくらまんじゅうのようにくっつけあって立ち上がろうとする。

ストーリーの展開上、一見さして重要とも思えない場面だが、このワークショップを長々と撮る。見ている観客もいつしか参加している気持になる。客席に座っていながら、身体を意識する。

濱口竜介監督は演技経験のない四人の女性をワークショップで指導していったというが、観客も「ハッピーアワー」というひとつのワークショップに参加する。不思議な映画体験になる。

神戸に住む三十代後半の四人、看護師のあかり（田中幸恵）、専業主婦で中学生の息子のいる桜子（菊池葉月）、アートセンターで働く芙美（三原麻衣子）、それに純（川村りら）の日常がそれぞれコラージュのように描かれてゆく。徐々に、あかりは離婚経験があること、芙美には夫（出版社の編集者）がいること、純は生命物理学者の夫と離婚しようと思っていることが分かってくる。

冒頭、四人は六甲山に遊びに行く。四人を乗せたケーブルカーがトンネルを抜け、山を登ってゆく。山に着くと、あいにく天気が悪く、霧がかかっている。山の上から神戸の町も海も見えない。あたりに他の人間の姿はない。四人は現実から離れ、空に浮かんでいるように見える。地に足が着いていない。それが観客の不安をかきたてる。楽しそうに見える四人の暮しは大丈夫なのだろうか。心配になってくる。ここでもうスクリーンのなかに引き込まれている。

四人はそれぞれに迷い、悩みを抱えている。看護師のあかりは、しっかり者だが、仕事に追われ、心に余裕がない。「看護師の仕事は大変でしょうね」と人に言われると、ありきたりのことを言うなと突っかかる。純が夫と離婚しようとしていると言うと、友達なのになぜいままでそのことを言ってくれなかったと怒り出す。職場でもミスの多い後輩を叱る。マンションで一人暮しをしているが、きれいな部屋なのに潤いがない。殺風景。

前半は、四人の女性のなかで彼女が目立つ。他の三人は、友人だからといって私生活のすべてを話す必要がないという節度がある。

コミュニケーションをめぐる映画でもある。人間は関係性の生き者だ。相手によって自分も変わる。だから会話に気を遣う。

この映画では人物がよく「ありがとうございます」と言う。「すみません」とも言う。人間関係を荒立てないように気を遣っている。それが彼女たちを逆に疲れさせる。

看護師のあかりは、思っていることをすぐに口に出してしまうほうだが、言ったあとに後悔する。怒って席を立ったあと、心配して追って来た芙美に「いま言葉にしたら、全部違うような気がする」と言って口を閉ざす（ちなみに、現代の話なので「看護婦」ではなく「看護師」にする）。

言葉では自分の気持をうまく表現出来ない。だからワークショップで相手の身体に触れたように、彼女たちはよく身体に触れ合う。

芙美は、怒って自己嫌悪に陥っているあかりに黙って腕をからめる。純の離婚裁判を傍聴した桜子は、裁判が終わって出て来た純を抱きしめる。夫との関係がうまくいかなくなった芙美は、飲み会が終わって、一人、終電車に乗る。それを桜子が追う。彼女も夫との関係に迷いを感じ始めている。二人はがらんとした電車のロングシートに並んで座る。そこで桜子は芙美の肩に頭を乗せる。

仕事でストレスのたまっているあかりは、後輩を叱りつける。すると若い看護師は意外なことに、先輩を尊敬していると言う。あかりは思わず素直な後輩を抱きしめる。ちなみにこの若い看護師を演じている女性が、白衣に紺のカーディガン姿ということもあって実に可愛い。

最後、芙美は担当の若い女性作家を好きになった夫と別れようと思う。その矢先、夫は自動車事故を起し、あかりの病院に運ばれる。手術が終わる。気持の整理がつかないでいる芙美の肩に、あかりがいたわるように手を置く。

出来事は次々に起る。

純の離婚裁判、そのあとの失踪。桜子の中学生の息子が同級生の女の子を妊娠させる（そのあと桜子が義母と相手の家へ謝りにゆく。家を出てから義母がなぜうちのほうばかりが謝るのかと怒るのが愉快)。次々に事件が起ってゆくのだが、それが映画のなかで大きくならない。抱きしめる行為のなかに溶け込んでゆく。さらに事件と事件とのあいだにワークショップがあり、事件を相対化してゆく。若い女性作家による長い朗読会がある(ここで純の夫が意外やみごとな作品分析をしてみせる)。これも、もうひとつのワークショップになっている。観客はここでも参加者になる。ワークショップと朗読会が、事件の生臭さを相対化する絶妙な異化効果になっている。

さらにヘンな、面白い場面がある。四人が有馬温泉に遊びに行く(ここで、いちばん優等生に見えた桜子が、麻雀が強いというのも意表を突く)。一泊したあと、三人が帰り、離婚問題を抱えた純だけが、一人、少し遅れてバスに乗る。乗客は純だけ。そこに若い女の子が乗ってくる。二人のあいだで、会話が始まる。三重県から一人でやって来たという女の子はなぜか、父親のことを長々と語り始める。

ストーリーの展開上は不必要と思われる場面だが、この女の子がユニークな顔をしていることもあって、思わずその話にひきこまれてしまう。

ここでも彼女が異化効果を発揮している。

この映画は、離婚、裁判、妊娠などさまざまな事件が起るが、それが決して劇的になることはない。「社会派映画ではない」し、単純に「女性の友情物語」「フェミニズム映画」とも言えない。

この映画を見ている人間は、観客というより、彼女たちの隣人になった思いがする。実に新鮮な映画体験で、この映画を作った人たちに拍手を送りたい。

(2015年12月上旬号)

再び「ハッピーアワー」のこと、「ロイヤル・コンセルトヘボウ　オーケストラがやって来る」のこと

クラシック好きは大別すると、オペラ好きと弦楽四重奏好きに分かれる。その中間に交響曲好きがいる。個人的には弦楽四重奏好きになる。

濱口竜介監督の「ハッピーアワー」（15年）は音楽に喩《たと》えると弦楽四重奏になるかもしれない。

四人の女性のなかで、学生時代からの友人である桜子（菊池葉月）と純（川村りら）はヴァイオリン、四人のなかで一人だけ標準語を話す落ち着いた感じの芙美（三原麻衣子）はヴィオラ、しっかりしたリーダー格の看護師のあかり（田中幸恵）はチェロ。この四人のアンサンブルが素晴しい。

神戸に住む四人は、一緒にワークショップに参加したり、飲み会に出席したり、有馬温泉に一泊旅行に出かけたりする。四という数字の安定感、調和がある。

それが徐々に崩れそうになる。純が、夫との離婚裁判に敗れたあと、神戸の街を去ってゆく。四が三になる。残った三人は、なんとか元のように四になろうとする。そのためにかえって意見が合わなくなり、桜子とあかりが喧嘩になってしまう。一人を欠いたために三人がばらばらになりそうになる。それに気づいたからこそ、最後、あかりは、芙美に語りかける。「桜子に謝りたい」「純が戻ったら、またみんなで旅行に行こう」。

四の調和がまた戻ってくるのを予感させるところで、映画は静かに終わる。このあたたかい余韻は、「交響曲の父」であると同時に「弦楽四重奏の父」とも呼ばれたヨーゼフ・ハイドンの〈ひばり〉や〈日の出〉を思い出させる。

「ハッピーアワー」は、四人の女性たちの誰もが素晴しいが、いいのは、四人がしばしば見つめ合うこと。少し、恥しそうに笑顔を見せながら。「視線のコミュニケーション」と言えばいいだろうか。

冒頭、四人はケーブルカーで六甲山へと出かける（よく見ると運転手も女性）。四人が左から、あかり、桜子、芙美、純の順で、進行方向にうしろ向きに座っている。

この時、左の通路側に座っている桜子と、右の通路側に座っている芙美の目が合う。二人は、うれしそうに、少し恥しそうに微笑み合う。

ワークショップのあとの飲み会で、純と芙美が、「せっせ、せ」と言って、〽夏も近づく八十八夜……と唱歌〈茶摘み〉を歌いながら、手遊びを始める。この時、二人は見つめ合う。そして、その二人を、あかりと芙美が、楽しそうだなと羨ましげに見る。四人の絶妙な「視線のコミュニケーション」になっている。

四人が有馬温泉に行く。

JRの芦屋駅で待ち合わせる。最初に桜子が来て、他の三人が来るのを待っている。そこにまず純が来る。並んだ二人は、目を合わせ、微笑み合う。次に、あかりが来る。桜子は飲みものを買いに行き、純とあかりの二人が並ぶ。二人は目を合わせる。純はあかりに「すてきやな」と言う。

こうした「視線のコミュニケーション」の積み重ねが、四の調和、安定を支えている。

同時に「ハッピーアワー」には、四が一になる瞬間がある。いくら仲のいい友達であっても、他人には言えないことはある。ひとは結局は一人で生きてゆかなければならないのだから。四が一になる。

純は一人でフェリーに乗って神戸の街を去ってゆく。船の上から遠ざかってゆく神戸の山々を見る。

桜子は、純の離婚裁判の衝撃、中学生の息子が同級生の女の子を妊娠させてしまったことの心労、さらには仕事ばかりで家族を顧りみない夫への不満などが重なり、一人、キッチンテーブルに顔をつけ、もの思いにふける。

芙美は、夫の心が自分を離れていることに気づいたあと、夜の町を一人、歩く。

そして、あかりは最後、一人になると病院の屋上から、遠くに海の広がる神戸の街を見る（いい映画には必ず、「遠くを見る」一瞬がある）。

四人がそれぞれ一人になる。一があるから四の調和が生まれる。

芙美は標準語を話すが（東京から神戸に移り住んだのかもしれない）、他の三人は関西弁を話す。それが映画全体に柔らかい印象を与える。関西弁が苦手な東京の人間にも心地よく聞える。とくに桜子の言葉。

ワークショップのあと、桜子は参加した若者から食事に誘われる。友達と来ているから「ごめんなさい」と断わる。若者は「僕も友達と来ているから」と答える。一瞬、あれという表情をした桜子が言う。「それやったらいまのなんやろ」。この言葉が柔らかい。東京だと「だったらなんで誘ったの」ときつくなってしまう。

さらに。桜子が義母と、息子が妊娠させてしまった女の子の家へ謝りに行く。その帰り心配して迎えに来た息子に会う。息子は、彼女が家にいたかどうか聞く。桜子は短く言う。「いてた」。「いた」でも「おった」でもない。このひとことも柔らかい。

「ハッピーアワー」のことはさらに書きたい気がする。なぜあの映画が、あんなにも新鮮なのか。自分のなかでまだ充分に分かっていない。

ペルー生まれでオランダに移り住んでいるという女性のドキュメンタリー作家、エディ・ホニグマン監督の「ロイヤル・コンセルトヘボウ　オーケストラがやって来る」（14年）を面白く見る。

オランダのロイヤル・コンセルトヘボウ管弦楽団（以前は、アムステルダム・コンセルトヘボウと言っていた。一九八八年にロイヤルに）の活動を描いている。

冒頭、打楽器奏者が語る話が面白い。ブルックナーの《交響曲第七番》のなかで彼はシンバルを叩くのだが、一時間半にも及ぶ大曲のなかで出番は第二楽章に一度だけ。それも一度叩くだけ。それだけのためにずっと座っているのがいかに緊張を強いられるか。

「オーケストラのオーボエ奏者のように孤独」という言い方があるが、シンバル奏者もまた孤独だ。

こんないい場面もある。楽団はウルグアイで公演する。そのあと男女二人のヴァイオリニストが、コンサートに来られなかったチョコレート店の女性のために、店を訪れ、店内でバッハの《ヴァイオリンとオーボエのための協奏曲》を弾く。最高の贈り物だろう。

個人的な話になる。一九六二年の春、アムステルダム・コンセルトヘボウ（当時の名称）は、オイゲン・ヨッフム、ベルナルト・ハイティンクの二人の指揮者と共に来日した。

高校三年生の時。東京文化会館でヨッフム指揮のベートーヴェン《交響曲第七番》を聴いた。最初に行ったクラシックのコンサート。いまもあの時の興奮は覚えている。

やはり最初に買ったレコードは、エーリヒ・クライバー（カルロスの父親）指揮、アムステルダム・コンセルトヘボウのベートーヴェンの交響曲第六番《田園》。

クラシックの初心者にはまだ弦楽四重奏の良さは分からず、もっぱら交響曲ばかりだった。弦楽四重奏、とりわけハイドンが好きになるのは四十歳を過ぎてからだった。（2016年1月下旬号）

黒木華の舞台『書く女』のこと
矢野誠一著『舞台の記憶』のことなど

二〇一六年のキネマ旬報ベスト・テンの助演女優賞は黒木華《はる》さんが受賞したが、残念ながら授賞式には出席されなかった。永井愛作、演出の舞台『書く女』に出演していたから仕方がない。

幸い、一月に世田谷パブリックシアターでこの舞台（再演）を見ることが出来た。黒木華が樋口一葉を演じる（初演は寺島しのぶ）。黒木華は現代の若い女優のなかでは、顔が古風なので明治の閨秀作家を演じて違和感はない。

黒木華らしいなと思ったのは、力演、熱演になっていなかったこと。舞台の女性作家といえば『放浪記』で森光子が演じた林芙美子や、井上ひさし作の『太鼓たたいて笛吹いて』で大竹しのぶが演じた林芙美子をすぐに思い出すが、森光子や大竹しのぶの「大向こうをうならせる」演技と違い、黒木華の演技はごく、さっぱりしている。実際の樋口一葉と年齢が近いために、自然に演じることが出来たのだろう。

『書く女』は、一葉が半井桃水《なからいとうすい》（平岳大）と出会い、恋愛を知ることで、女性としても作家としても急速に成長し、短期間で『大つごもり』『たけくらべ』『にごりえ』『十三夜』などの傑作を生み出した、いわゆる「奇跡の十四カ月」を描いている。

この間《かん》、父親を失なった一家は貧しかった。若い一葉が戸主となって働かなければならなかった。昭和の林芙美子も貧しかったが、明治の一葉に比べればまだ恵まれていた。震災後のモダン都市東京では女性が働く仕事が次々に生まれていたから。

一葉の時代は、かたぎの女性の仕事といえば針仕事か先生、看護婦くらいしかない。だから一葉は桃水にはじめて会った時に言う。「女に職業はございません！」。恵まれた家の娘なら高等女学校を出て教職に就くことも出来る。しかし、一葉のように没落士族の娘で小学校しか出ていない身には、その道はない。

とすれば、小説を書くしかない。書いて原稿料を稼ぐしかない。一葉は、原稿料を考えながら書いた最初の職業女性作家ということになる。舞台『書く女』は、ここに焦点を当てているのが新鮮で面白い。成瀬巳喜男の映画のように、金の話が多い。

借金に追われている、その日暮しの母親（木野花）は、娘に稼いでもらいたい一心で「書けばいいんだよ！」と言い立て、一葉の筆が進まないのを見ると「お前がサッサと書かないから悪いんだ」と怒る。

まだ二十代の一葉は筆一本で一家を支えていたことになる。しかし、出版業界がまだ成熟していなかった時代に、若い女性が筆だけで暮せる訳がない。「お前、こんなに有名になったのに、いつまで貧乏を続けるんだ！」と母親は嘆く。『書く女』という題名には、筆一本で生きる一葉のつらさ、苦しさがこめられている。

最後、身体を悪くしながらお机に向かって「さあ、次は何を書こうか」と墨をすり始める黒木華の一葉は、たくましく、そして痛ましい。

黒木華は、映画でも舞台でも活躍している。こういう俳優は多いのだが、正直なところ、評論家として、両方を見てゆくのは大変な労力がいる。その結果、恥しいことだが、映画を中心にしている人間は、舞台を見ることがおろそかになる。

先日、文藝春秋の仕事で司葉子さんにインタビューする機会を得た。司さんには、ちょうど二十年前に同じ文藝春秋の仕事でインタビューしたことがある。（拙著『君美《うる》わしく　戦後日本映画女優讃』〈文藝春秋、一九九六年〉所収）。

その時、話は映画のことに限られてしまった。実は、司葉子さんは映画だけではなく、舞台でも活躍されている。

菊田一夫の演出のもと、『人間の條件』（58年）『がめつい奴』（59年）『丼池』（63年）など数多くの舞台に出演されている。映画の代表作となった有吉佐和子原作の「紀ノ川」（66年）は同じ役を舞台でも演じている。舞台抜きに司葉子は語れない。

それなのに前回のインタビューではそのことに触れていない。単純な理由で、舞台を見ていなかったから。申し訳ないことである。

それで今回、舞台のことをお聞きした。といっても映画はＤＶＤがあるからいいが、舞台は昔のものをもう一度見ることは出来ない。結局は、資料に頼らざるを得なかったのだが。

映画と舞台の両方で活躍している俳優にインタビューすることの難しさを痛感した。

そんな折り、演劇評論家の第一人者、今年（二〇一七年）八十一歳になる矢野誠一さんの新刊『舞台の記憶　忘れがたき昭和の名演名人藝』（15年、岩波書店）は教えられることが多かった。

映画中心の人間には意外な、舞台の話が次々に語られてゆく。

例えば、文学座の女優、文野朋子は映画の世界では「張込み」（58年）や「暗夜行路」（59年）などの出演作はあるが、いずれも地味な傍役。しかし、矢野さんによれば、文野朋子と言えば、一九五三年の文学座公演、テネシー・ウィリアムズの『欲望という名の電車』の本邦初演で、杉村春子のブランチに対しステラを演じ、これは「絶品」だったという。初演の舞台を見ている矢野誠一さんが羨ましくなる。

フランク・キャプラ監督のブラック・コメディ「毒薬と老嬢」（44年）が、日本では一九五一年に三越劇場で上演されていたとは初めて知った（訳、演出は菅原卓）。矢野さんはこれも見ている。二人の老嬢を演じたのは、轟夕起子と南美江（ともに宝塚出身）。映画でケイリー・グラントが演じた二人の老嬢に振りまわされる劇評家は、ラジオの『君の名は』の後宮春樹で知られる北沢彪。

そして映画ではレイモンド・マッセイの脱獄囚役は、なんと黒澤明の「酔いどれ天使」（48年）と「野良犬」（49年）で凄味のあるやくざ、ピストル密売人を演じた山本礼三郎だったという。矢野さんが「唯一観たこのひとの舞台」。もともと舞台出身だから『毒薬と老嬢』に出演してもおかしくない。

三國連太郎は映画だけが語られるが、舞台も忘れてはならないと矢野さんはいう。一九八八年にサンシャイン劇場で上映されたロナルド・ハーウッド作の『ドレッサー』。映画（ピーター・イェーツ監督、83年）ではアルバート・フィニーが演じたシェイクスピア役者役で観客を圧倒したという。

矢野さんは書いている。

「名優にして怪優の三國連太郎を追善したマスコミ報道のほとんどが、映像世界における業績と、女性遍歴をふくめ無頼につきた私生活、役者である息子との確執に費やされ、舞台俳優として金字塔を打ち立てた『ドレッサー』については、まったくふれられてなかったのが気になって、あえてこれを記した」

反省させられる。

（2016年3月下旬号）

トッド・ヘインズ監督「キャロル」のこと、ウィリアム・ワイラー監督「噂の二人」のこと

恋をすると女は美しくなるが、男は冴えなくなる。とすれば女が女に恋をするとどうなるのか。

パトリシア・ハイスミスがレズビアンとしての体験から書いた小説をもとに作られたトッド・ヘインズ監督の「キャロル」(15年)は、二人の女性が実に美しい。ニューヨークのデパートで働くカメラマン志望の若い女性テレーズ(ルーニー・マーラ)が、クリスマスの季節に娘のためのプレゼントを買いに来た品のいい年上の女性キャロル(ケイト・ブランシェット)に一目惚れしてしまう。

ブロンドでミンクのコートを着たレディと、玩具売り場で働く地味な若い女性の視線が合った時、恋が始まる。恋は瞬間。そして、恋は女性のものだとつくづく思う。

一瞬で、若い女性の心をとらえてしまうケイト・ブランシェットの気品あふれる美しさは特筆もの。

彼女に近づくことは男にはとても無理で、それまで恋を知らなかった若い無垢の女性にしか出来ない。テレーズという女性には、若き日、デパートの店員をしていたというパトリシア・ハイスミス自身が投影されている。

テレーズのキャロルへの思いは、これから人生に入ってゆく若い女性の、成熟した大人の女性への憧れのようなものだろう。恋というよりあくまでも憧れ。原作の言葉を借りれば「キャロルの眼差《まなざ》しにさらされて、テレーズは子犬になった気分がした」(柿沼瑛子訳、河出文庫)。キャロルに可愛がられたいという思いがいじらしい。

「キャロル」を見ていて、私などの世代がすぐに思い出すのは、リリアン・ヘルマンの戯曲を映画化したウィリアム・ワイラー監督の「噂の二人」(61年)。

この映画、ワイラー作品として高い評価を得ていないし、ヒットもしなかったが、素晴しいと思う。ボーゼ・ハドリー『ラヴェンダースクリーン　ゲイ&レズビアン・フィルム・ガイド』(奥田祐士訳、白夜書房、93年)によれば、この映画は「ハリウッド初のメジャーなレズビアン映画であり、はっきりそれとわかる同性愛者を主人公にした初めての映画」。

少女たちのための私立の学校を経営する二人の女性、オードリー・ヘプバーン(カレン)とシャーリー・マクレーン(マーサ)の物語。カレンには恋人(ジェームズ・ガーナー)がいるが、マーサにはいない。そして、徐々に分かってくる。マーサは自分でも意識しないようにしているが、カレンのことを愛していたことに気づく。

最後、マーサがはじめて自分は同性愛者なのだと気づき、カレンに告白する。この時代まだ同性愛は異常とされていた。パトリシア・ハイスミスも『キャロル』を本名では出版出来なかった。

マーサはカレンへの愛情を打ち明けたあと、罪の意識に襲われ、自殺してしまう。この映画のシャーリー・マクレーンは素晴しく美しい。「不幸が女優を美しくする」とおり。私見では彼女が良かったのは、黄金のハートを持った娼婦を演じたヴィンセント・ミネリ監督の「走り来る人々」（58年。彼女は殺される）、ビリー・ワイルダー監督の「アパートの鍵貸します」（60年。自殺しようとする）、そして「噂の二人」（自殺する）。

マーサの思わぬ告白を聞いて衝撃を受けたカレンは熱を冷ますように家の外に散歩に出る。庭を歩く。不意にマーサのことが心配になり、家に向かって走り出す。そして部屋に飛びこみ、マーサの自死を知る。

この場面のカット割りのみごとさは編集のお手本だろう。編集補佐には、のちに「少年は虹を渡る」（71年）を監督するハル・アシュビー。

製作者にも注目したい。ウォルター・ミリッシュとその兄弟の会社ミリッシュ・カンパニー。ハリウッドのメジャーとは違う独立プロ。「荒野の七人」（60年）「ウエスト・サイド物語」（61年）「大脱走」（63年）を大ヒットさせた。

ウォルター・ミリッシュはもともと非メジャーの映画会社モノグラム出身。安手のギャング映画や西部劇ばかり作っていた会社で、ゴダールが「勝手にしやがれ」(59年)でモノグラムに献辞を捧げたのはよく知られている。B級どころかC級の映画会社にいたから気骨がある。レズビアンの女性を主人公にするというメジャーの映画会社ならひるむ「噂の二人」を製作したのはミリッシュならでは。

「噂の二人」は実はワイラー自身による作品のリメイク。リリアン・ヘルマンの最初の戯曲『子供たちの時間』(34年)は発表後、ブロードウェイで上演された。

そのあとワイラーが映画化したのだが、一九三〇年代のこと、同性愛者を主人公にする映画を作れる筈がない。マール・オベロン(カレン)、ミリアム・ホプキンス(マーサ)、それにジョエル・マクリーの三角関係に話を変えざるを得なかった。タイトルも「この三人」("These Three"、36年)。

それを無念に思ったワイラーが一九六〇年代になって、原作に忠実にレズビアンを主題にもう一度、作り直した。

「この三人」はジュネス企画からDVDが発売されているが、それなりに面白い。戦前、日本でも「この三人」のタイトルで公開され、双葉十三郎さんが絶賛している。

リリアン・ヘルマンの戯曲は同性愛だけではなく、噂の怖さを主題にしている。女の子が、先生に邪険にされたことの腹いせで、悪意のある嘘をつく。「この三人」では、先生たちは三角関係にあると言いふらし、「噂の二人」では、二人の先生は同性愛だと嘘をつく。

その嘘が一人歩きし、いつしか町の噂へと広がり、二人の先生は、その噂の犠牲になってしまう。従って、嘘をつく女の子が作品のなかで重要になる。

「この三人」でこの性格の悪い女の子を演じたのはボニータ・グランヴィル。以前、本コラムで紹介したことがある。エドワード・ドミトリク監督の「ヒトラーの子供たち」(43年)や、ダシール・ハメット原作、スチュワート・ハイスラー監督、アラン・ラッド主演の「ガラスの鍵」(42年)に出演している。

可愛い顔をした少女が平気で嘘をつき、大人たちを翻弄してゆく。そこが怖い。受賞は逸したが、十三歳でアカデミー賞助演女優賞にノミネートされた。

「噂の二人」で少女を演じたのはカレン・バルキン。ボニータ・グランヴィルと違って、引っぱたいてやりたいような憎たらしい顔をしている。映画ではパティ・マコーマックが演じた「悪い種子」(56年)の舞台版で、あの恐るべき子供を演じたことを知ると納得する。

「噂の二人」はラストも素晴しい。自殺したマーサの静かな埋葬を終えるとカレンは、集まって来た町の人間たちに目もくれずに去ってゆく。あらぬ噂で自分たちを追いつめた者たちへの怒りがこもっている。

フレッド・ジンネマン監督の「真昼の決闘」(52年)を思わせる。リリアン・ヘルマン、ワイラーの赤狩りへの批判がこめられているのだろう。

(2016年4月上旬号)

岩井俊二監督「リップヴァンウィンクルの花嫁」のこと

岩井俊二監督の「リップヴァンウィンクルの花嫁」（16年）は実に面白い。

黒木華演じる七海《ななみ》が愛らしい。困った状況にいるのに端から見るとその様子が可愛い。

肌を出す服はまず着ない。ミニスカートなどはかない。「アニー・ホール」（77年）のダイアン・キートンがシャツのボタンを上まできちんととめていたのを思い出す。外界と触れたくないのだろう。

七海は世の中と波長が合わない。高校で先生をしているが、生徒と向き合うのが苦手らしく授業の声が、か細くなってしまう。

それでいてパソコンで個人授業をするとうまくゆく。生身の人間とは付き合いたくないのだろう。

SNSで知り合った男性と結婚するが、夫の母親の邪魔が入って家を追い出されてしまう。災難ではあるが、七海にとってはそれでよかったかもしれない。どのみち結婚生活は長く続かなかったのではないか。宮沢賢治が好きでハンドルネームを『やまなし』のクラムボンや『銀河鉄道の夜』のカムパネルラにしている七海には現実より童話が合う。

家を出た七海は以前、仕事を頼んだことがあるなんでも屋の安室（綾野剛）に助けられる。その紹介で半端な仕事をするようになる。このあたりから俄然、面白くなる。家庭の主婦からアルバイト暮しに。不思議の国に迷い込んだアリスのように次々に思いがけない出来事を経験してゆく。少女流謫《るたく》譚である。

七海は生身の人間が苦手だから、当然、友人が少ない。それで結婚式の時、なんでも屋の安室に友人のふりをして出席してもらった。今度は、安室からの仕事で、自分が赤の他人の結婚式に家族のふりをして出席する。その式では、両親も姉や弟も安室から派遣された贋物。みんなで家族のふりをする。やってみるとこれが結構、うまくゆく。

ここで七海は気づく。ふりをするって結構面白い！　本当の自分を表に出さずに仮面をかぶっていればいいのだから。

喜劇とは、仮の姿は何々だが実はこうだと本人が知っていることと定義したのは井上ひさしだが、世を忍ぶ仮の姿で安室からの仕事を引き受ける七海の存在は、充分に可笑《おか》しい。

教師時代、生徒の前でおどおどしていた七海が、他人の結婚式で家族のふりをしている時は、明るい笑顔を見せる。あまりに楽しかったので、式の帰りに、姉のふりをしていた真白《ましろ》という名の女性

（Ｃｏｃｃｏ）と親しくなり、カラオケを楽しむ。

次に七海は、また安室からの依頼で大きな屋敷（西洋館）のメイドになる。メイドのふりをする。なんでも屋の仕事には本職、本業というものがない。変幻自在、臨機応変、そのつど仕事は変わる。近代の個人を支える大前提である人格の一貫性からはほど遠い。ふりをしているのだからそれでいい。

メイド姿の黒木華がまた可愛い！　無論、肌は出さない。ドールハウスの人形のよう。

この屋敷は、西洋の童話でおなじみのお城を思わせる。日常から離れてしまった別世界。七海は「お城のなかの少女」になる。とすれば、当然、王子様が登場することになるが、屋敷にいたのは、以前、結婚式で共に家族を演じた真白。二人はお城のなかの、王子様とお姫様になる。

真白のハンドルネームは「リップヴァンウィンクル」。アメリカの民話の主人公で、ワシントン・アーヴィングの『スケッチ・ブック』（齋藤昇訳、岩波文庫）に出てくる。ある村に住むリップ・ヴァン・ウィンクルという気のいい男（女房に頭が上がらない）が、ある時、山に入って不思議な連中に会う。一緒に酒を飲む。眠り込んでしまう。翌日、目を覚まし、村に帰ると、本人には一日だったのに村では何十年もたっている。日本の浦島太郎に似ている。

真白がなぜハンドルネームをこの民話の主人公にしたのか、また、岩井俊二がなぜタイトルにこの名をつかったのかは正直よく分からないのだが、「リップ・ヴァン・ウィンクル」もまた日常の向こうの世界が描かれているのは間違いない。

お城のような屋敷に住む真白は、実は、AV女優をしていると分かってくる。そして、七海とウェディング・ドレスを着て結婚式ごっこをしたあと自殺してしまう。

井上ひさしは、喜劇に対して、悲劇をこう定義する。自分が本当は何者かを知らずに、仮の姿を本当だと思っている人間が、実の自分に脅かされてゆくのが悲劇だと（インタビュー「もとの黙阿弥について」、『海』83年十月号）。

七海の喜劇と真白の悲劇が交錯するところに「リップヴァンウィンクルの花嫁」の面白さがある。真白の自殺のあと七海は次第に現実に戻されてゆく。

この映画は、現代のお伽話に見えながら、よく見ると、随所に格差社会の現実があるのに気づく。

綾野剛演じるなんでも屋という仕事は人材派遣業である。いまや全就業者の約三分の一（二千万人）が非正規の労働者（契約社員など）という不安定な社会にあって、このなんでも屋は、普通の暮しからこぼれ落ちてしまった人間たちの受け皿になっている。

映画のなかで驚いたことがある。七海は高校の先生をしていると書いたが、実は「派遣教師」。教育の現場にも「派遣労働者」がいるとは恥しいことに知らなかった。日本の労働環境はいったい、いつから、なぜ、こんなひどいことになったのか。

七海は、生徒から声が小さいと苦情が出たからだろう、解雇されてしまう。「派遣切り」である。

一月に出版された相場英雄の社会派ミステリ『ガラパゴス』（小学館）を面白く読んだが、この小説のなかで、派遣労働者が殺された事件を追う刑事に、工業高校の先生をしている女性が教育現場の現状をこう説明している。

「私たちの業界でも派遣は深刻な問題なんですよ」「全国的に教師の数を抑制しようという風潮があって、正規の教員の一人分の給与よりも安くて、二、三名雇える非正規を入れようとする雰囲気があるんです。全国レベルだと一二万人に近いという話も聞きました」

七海が「派遣教師」とはこれで納得した。


真白の葬儀を終えたあと、七海は安室と共に真白の母親に遺骨を届けにゆく。ここで、りりィ演じる母親が迫力を見せる。

真白と七海が、西洋館でごっこに興じていたのに対し、母親はリアルな世界に住んでいる。家は狭苦しい。一人暮しのようだ。いま日本の社会は、全世帯の三分の一が単身者。とくに一人暮しの老人が多い。この母親はそのなかの一人だろう。

余裕のある暮しをしているとは思えない。娘がAV女優をしていたことを恥じているが、安室が娘の遺した多額の金を渡すと黙って受け取る。それが悲しい。母親は、二人に娘を供養するためだから一緒に酒を飲めという。

台所から持ってきた瓶は日本酒ではなく焼酎。コップで一気に飲み干す。母親の暮しぶりが分かる。岩井俊二は、お伽話の最後に、喉にかっとくる焼酎を加えた。

（2016年4月下旬号）

森卓也さんの快著のこと、前田通子、三原葉子のことなど

コラムの面白さを堪能した。

『森卓也のコラム・クロニクル1979-2009』（トランスビュー）。『中日新聞』に連載されたコラムを集めたものだという。一本一本は短いものだが、これだけの量が集まると、まさに量が質に転化し、壮観。

年季の入った映画ファンならではの豊富な知識。短い文章のなかでずばりと対象の良し悪しを指摘する批評眼。落語好きの人ならではのユーモア。生半可の知識しかない者が書くとつまみぐいになりかねないコラムという形式が、森卓也さんの場合には名人芸になっている。

何よりも強靱な好奇心に圧倒される。「映画の本」と書いたが、対象は映画にとどまらない。落語

をはじめ、テレビ番組、芝居、本など、好奇心のおもむくままに、自分の好きな世界を存分に語る。専門のアニメは言うまでもない。小劇場を含め、演劇もこれほど見ているとは。

森卓也さんは愛知県一宮市在住。東京の試写会族とは違う。名古屋の映画館や劇場、ホールにきちんと足を運ぶ。時には東京に出る。フィルムセンターだけではなく、大井武蔵野館で大蔵貢時代の新東宝映画、グラマー女優、三原葉子主演の「人喰海女」（58年、小野田嘉幹監督）まで見るから頭が下がる（森卓也さんは新東宝映画にも強い）。

他方で新しい作品も見逃さない。ホウ・シャオシェンやエドワード・ヤンを早くから評価している し、グイ・ルンメイ主演の「藍色夏恋」（02年）を評価しているのもうれしい。舞台では、野田秀樹の夢の遊眠社の作品を欠かさずに見ている。若い！

映画評論家には三種類ある。映画ファン出身。新聞社で映画を担当した記者。そして大学で映画を〝学んだ〟者。映画評論家の大御所だった南部圭之助の言葉だという。

森卓也さんは、映画ファン出身。三者のなかで個人的にいちばん信頼できる。佐藤忠男さんが編集長をしていた『映画評論』の読者論壇に投稿したのが、文章を発表したはじめだという。昭和三十三年、二十四歳の時。

年季の入ったファンだなと思わせる箇所がいくつもある。例えばデイヴィット・ニーヴンを追悼し、「蝶ネクタイの印象が強い役者だった」「これほどパーティの似合う人も少ない」。なるほど。

追悼文が多いが、傍役を取り上げているのもこの人ならでは。千石規子、市村俊幸、武智豊子、神田隆、石井均……それぞれの映画のなかでの具体例をあげるのも説得力がある。

例えば、市村俊幸なら「生きる」（52年）で志村喬のリクエストに応えて〈ゴンドラの唄〉を弾くピアニスト。川島雄三「幕末太陽傳」（57年）では、遊女の南田洋子に惚れる純情な田舎大尽。遊女が死んだと言われると「その墓に案内ぶて」。

具体例が短い文章の深みを増す。ヘンリー・ハサウェイの追悼文ではエドワード・G・ロビンソン主演の「賭場荒し」（60年）を傑作と評価し、アーサー・ケネディの追悼文では「高原児」（47年）でサンダンス・キッドを演じたことを忘れない。

今回、本書を読んで感服したのは、森卓也さんが大の山田太一ファンで、そのテレビ作品をほとんど見ていること。舞台劇も欠かさない。本書は「山田太一論」にもなっていて、見逃している山田作品を見たくなる。

森卓也さんは、昭和八（一九三三）年生まれ。終戦の時に小学生。いわゆる昭和ひとけた世代。それだけに、反戦平和への思いが強い。

落語やテレビの笑いを論じるコラムと並んで随所に戦争が語られる。テレビの戦争ドキュメンタリーを実によく見ていて、サイパンの激戦や学徒動員のことを現在形で語る。硬派の気骨を感じさせる。これにも敬服した。「名犬ラッシー／ラッシーの勇気」（46年）を論じ、軍用犬ラッシーがなんと戦争後遺症になる話という指摘など、目からウロコ。戦時中に作られた日本最初の長篇アニメーション

「桃太郎　海の神兵」（45年）が約四十年ぶりに公開された時、ある評論家がはしゃいで「戦意高揚映画なのを忘れて陶酔する」と書いた時には、それに対して、きちんと疑義を呈している。

以前、森卓也さんにはお世話になったことがある。平成八（一九六六）年に、往年の女優たちへのインタビュー集『君美《うる》わしく　戦後日本映画女優讃』（文藝春秋）を出した。

なかに一人、異色の女優を入れた。新東宝のグラマー女優、前田通子《みちこ》。当時、彼女は映画界を引退して何年にもなるので行方を探すのがひと苦労だった。ようやく探し当てたものの、インタビューは断られた。何度か会い、最後にやっと応じてくれたのだが、この時、力になってくれたのが森卓也さんだった。

というのは、森卓也さんは早くからの前田通子ファンで、何通もファンレターを出していた！　前田さんは、その手紙を大事に持っていて、そのことがインタビューに応じてくれるきっかけになった。森卓也さんと親しい人間であることが、私の身分証明になった。

『君美わしく』が出版され、前田通子さんに挨拶に行く時、森卓也さんがご一緒してくれたことは、懐しい、いい思い出になっている。

二〇一六年二月、三原葉子さんが、二〇一三年に亡くなっていることが明らかになり、驚いた。

前田通子が新東宝を辞めたあとに、代わってグラマー女優として人気が出た人。私の中学、高校時代。当時、映画館で見るのは勇気がいったが、ひかげの花の人気があったことは疑い得ない。

森卓也さんも、大井町武蔵野館まで「人喰海女」を見に行ったから、お好きだったのだろう。『森卓也のコラム・クロニクル』では、石井輝男の追悼文で、三原葉子主演の「黄線地帯《イエローライン》」（60年）に触れている。

「当時、なんと淀川長治がホメていて、淀川センセイは、大蔵貢社長の〝エログロ路線〟作品まで見るのか、と、そのことに一驚したものだ」

この淀川長治さんの「黄線地帯」評は『キネマ旬報』（60年6月上旬号）に載っている。

「三原葉子のダンサーがまたすばらしい。その化粧されない演技とでもいいたい、個性からくる水々しさは当今まれな女優である」

三原葉子絶讃である。このことは記憶されていい。

一度だけ、三原葉子にインタビューしたことがある（『文藝春秋』80年9月号）。当時はもう引退されていたが、十代の頃に憧れたグラマー女優を前にすると、緊張してしまい、うまく質問出来なかったことが無念だった。

（2016年6月上旬号）

ドイツの輝く女優、カーチャ・リーマンのこと

近年、心ときめいているドイツの女優がいる。カーチャ・リーマン。大阪在住の読者、望月昇さんからその存在を教えられた。

とびきりの美人ではないが、少女の可愛さと大人の女性の成熟を併せ持つ。とくにおでこが魅力的。フランスの女優ブリジット・フォセイに似ている。おでこの感じはわが黒木華を思わせる。

一九六三年生まれ。日本では九九年に公開された「バンディッツ」（98年、カーチャ・フォン・ガルニエ監督）が最初だろう。

刑務所に入っている四人の若い女性が、所内でバンディッツ（無法者）というロック・バンドを作る。警察のパーティに出演することになり、そのあと、会場からみごとに脱獄する。

四人は脱獄後もひそかに演奏を続ける。いつのまにか、それが大人気になり、ファンは警察に追われ、逃げ続けるバンディッツを応援する。愉快なロードムービーだが、最後は一転して悲劇が待っている。

四人組のリーダーになるのがカーチャ・リーマン。ポップで元気いっぱいのロック少女。それでいて憂いを感じさせる。この映画でファンになった。

カーチャ・リーマンがさらに凄いと思ったのは、マルガレーテ・フォン・トロッタ監督のサスペンス・ラブ・ストーリー「もうひとりの女」(06年)。日本未公開だがDVDが発売されている。これは心理サスペンスのまぎれもない傑作で、多重人格のヒロインを演じるカーチャ・リーマンが危険な美しさを見せる。この映画で完全に彼女に参った。

建築の仕事の打合せにその町にやって来た設計技師(アウグスト・ディール)は、夜、ホテルのラウンジで金髪、真紅《まっか》なドレスの女に会う。明らかに娼婦。

部屋でセックスに及ぶ。カーチャ・リーマンは大胆にもヘア・ヌードを見せる。淫乱で激しい。

翌日、設計技師は商談に出かける。契約の場に現われた女性は、地味なスーツ姿のキャリアウーマンだが、どこか昨夜の娼婦に似ている。金髪はかつらだったとしたら。

夕食に誘うと応じる。やはりそうか。昨夜のホテルで食事をし、部屋へ連れ込もうとする。ところが昨日は、みだらな誘う女だったのに、別人のように激しく抵抗する。男に身体を触られるだけで嫌悪する。どうなっているのか。

ブニュエルの「昼顔」（67年）におけるカトリーヌ・ドヌーヴのように貞淑な妻と娼婦を巧みに使い分けているのとは違う。この女性は、朝になると、昨夜、自分が娼婦になったことなど憶えていない。男が情交を迫ると少女のようにおびえる。

男は次第に、彼女が多重人格者であることに気づいてゆく。そして周囲の人間が止めるのにもかかわらず、この壊れやすい女性に惹かれてゆく。

彼女の父親（アーミン・ミューラー＝シュタール）はワイン農園を経営している。車椅子に乗っている。どうも彼女は少女時代に父親と何かあったらしい。謎めいた過去が明らかになってゆき、最後に悲劇が起る。

ワイン農園には、丘の上に行く農業用ケーブルがある。これが効果的に使われていて、ラストに衝撃的場面がある。

カーチャ・リーマンの美しく、妖しい青い目を見ていると、戦後ドイツ映画界でスターになった「妖花アラウネ」（50年）「罪ある女」（50年）のヒルデガルト・クネフを思い出させる（クネフよりずっと小柄だが）。

「もうひとりの女」に先立つ、同じフォン・トロッタ監督の「ローゼンシュトラッセ」（03年、未公開だがＤＶＤが発売されている）では一転して困難なナチスの時代を生き延びた毅然たる女性を演じている。さまざまな役を演じられるのが彼女の強さだろう。

ローゼン通り《シュトラッセ》はベルリンのユダヤ人が多く住んだところ。強制収容所に送られる前にユダヤ人はこの通りの建物に仮収容されていた。

現代のニューヨークに住むユダヤ人の若い女性（マリア・シュラーダー）が、ある時、母親の少女時代に興味を覚える。ナチスの時代、ユダヤ人の幼ない女の子がどうして生き延びることが出来たのか。そして、彼女を助けたドイツ人の女性がいたことを知る。

回想シーンでドイツ人女性を演じているのがカーチャ・リーマン。実は、この映画を見て初めて知ったのだが、あの時代、ドイツ人とユダヤ人の夫婦が数多くいた（異人種間結婚）。ヒトラーのユダヤ人弾圧が始まると、彼ら夫婦は引き裂かれた。

カーチャ・リーマン演じるドイツ人女性（ピアニスト）はユダヤ人のヴァイオリニストと結婚した。夫はやがて逮捕され、ローゼン通りの仮収容所に、他の多くのユダヤ人と共に入れられる。

その建物の前に、夫の釈放を求める多くのドイツ人女性が集まってくる。カーチャ・リーマンはそのなかにいて、母親を逮捕され一人ぼっちになっていたユダヤ人の女の子を助けることになる。

異人種間結婚でこういう悲劇があったとはこの映画で初めて知った。ユダヤ人の女性と結婚したドイツ人の男性は、ユダヤ人迫害が始まるとわが身安全で離婚したのに対し、ドイツ人の妻はユダヤ人の夫をなんとか守ろうとしたという。

ドイツ人のカーチャ・リーマンは、夫を助けるためナチス将校のパーティに出かけ、高官（ゲッベルスがモデルか）に身をまかせる。それまでくすんだ、地味な服装だったカーチャ・リーマンがここで華やかなドレスを着る。その思いつめた美しさにまたしても息をのむ。

このところカーチャ・リーマンの映画が二本公開されている。「帰ってきたヒトラー」（15年、デイヴィッド・ヴェンド監督）ではテレビ局の局長。これはあまり見せ場はないが、フォン・トロッタ監督の「生きうつしのプリマ」（15年）は主役。亡くなった母親の過去の秘密を追う娘。フォン・トロッタ監督は、過去の隠された事実や、もうひとりの自分の心の謎に関心を持っている。

この映画のカーチャ・リーマンは売れないクラブ歌手。歌を披露するが、「バンディッツ」のはじけるロックに比べるといたって地味。歌詞も「疲れた兵士や船員」「スラムの子供」「冬、冷たい風が吹く」と続く。「辛気臭い」とクラブを首になってしまう。

ところが、母の謎を探すため、母そっくりの女性（「ハンナ・アーレント」のバルバラ・スコヴァ）に会うためニューヨークに行った時、たまたまクラブで歌う。それが大拍手を受ける。

カーチャ・リーマンは、ドイツでは歌手としても活躍しているのだろうか。大阪の読者、望月昇さんによれば、二〇一二年の主演映画で、『朗読者』のベルンハルト・シュリンク原作の"Das Wochenende"（週末）"（ニーナ・グロッセ監督）があるという。小説は新潮クレスト・ブックスから出ている。この映画、アルバトロスあたりが公開してくれないだろうか。

（2016年8月下旬号）

「だれかの木琴」の常盤貴子の黒髪のことなど

美容院は不思議な場所だ。

男性の美容師が、女性の最も神秘的な髪の毛に日常的に、ごく自然に触れることが出来るのだから。

井上荒野原作、東陽一脚本・監督の「だれかの木琴」（16年）は、美容院という日常生活のなかに普通にあって、それでいて髪＝神と関わる非日常的な場所を舞台にしていて面白い。

髪＝神と考えると、美容院は神社とも似ている。髪は、本人が死んでも生き続ける。身体の一部でありながら別の生き物である。だから遺髪は人間の力の及ばないものとして神聖化される。

常盤貴子演じる小夜子は、東京近郊の住宅地（千葉県の流山市で撮影されている）に住む専業主婦。仕事熱心で家庭を大事にする夫（勝村政信）と、中学生の娘（木村美言）がいる。中流の暮しに恵まれている。夫は行きずりの女と浮気をする。娘も反抗期なので面倒臭いところがある。しかし、その程度は普通のことだろう。まずは幸せな主婦。

その小夜子が偶然入った美容院で、池松壮亮演じる若く、可愛い美容師に髪を触られたことから少しずつ、心がヘンになってゆく。

何度もメールをする。海斗《かいと》というその美容師の家を探し当てる。いちごをドアのところに置く。ついには家に海斗を訪ねる。その恋人唯（佐津川愛美）が働くブティックに行く。

小夜子の行動は、確かに唯がなじるように世間の常識から言えば「ストーカー」なのだろう。郊外住宅地の一軒家に住む恵まれた四十代の主婦が、日々の暮しの退屈さから浮気に走ろうとする。まずは、おなじみのストーリーである。

だが、小夜子はただの「ストーカー」なのだろうか。とてもそうは見えない。だいいち彼女は海斗のことを愛したようには見えない。井上荒野の原作でもそうだが、浮気や不倫であれば、罪の意識はあるとはいえ、歓びはあるものだが、小夜子はいっこうに楽しそうに見えない。「不倫する妻」でも「退屈している専業主婦」でもない。

そうしたありきたりの女性ではない。常盤貴子は終始無表情で、感情が読み取れない。唯のブティックで、童話の王女が着るようなひらひらのドレスを衝動買いし、そのドレスを海斗の家の前に置くくだりは、この映画で、もっとも怖ろしく奇妙な場面だが、彼女の行為は、「ストーカー」というより、妄執にとらわれ、日常の向こう側に行ってしまった「異人」のものではないか。

「浮気」「不倫」といった通俗的な日常から遠く離れてしまっている。ポーや泉鏡花の主人公であっても不思議ではない。

そして、常盤貴子の黒々とした長い髪の毛を見ていると、小夜子は神子《みこ》ではないかと思う。髪＝神の子である。海斗は、美容師として、あまりに日常的に髪を扱っているために、髪が神であることに気づかない。神子の小夜子は、そのことに苛立ったのではないか。美容院が神社に思われてきた小夜子と美容院があくまでも髪を切る日常の仕事の場でしかなかった海斗。二人の住む世界は、始めから違い過ぎた。そこに悲劇が生まれた。


髪＝神ととらえたサスペンス映画の傑作がある。円地文子の『黒髪変化』を映画化した「結婚の夜」(59年)。池田一朗脚本、筧正典監督。数年前、神保町シアターで見て、その面白さ、怖さに驚嘆した。女性の髪の神秘さを思い知らされた。

小泉博演じる主人公は、デパートの時計売り場で働いている。デパートも女性客が多い点で美容院に似ている。甘い二枚目だし、女性に優しいからもてる。

ある時、若く美しい女性が売り場に来る。安西郷子演じるその女性は、長い黒髪をしている。小泉博はたちまち、彼女に惹きつけられる。

交際が始まる。彼女は岡山から東京に出て来て、洋裁で身を立てようとしている。生活のためにあるアルバイトをしている（それが何か、あとで分かる瞬間が怖い！）。

男のほうは無論、遊び。見合いで、良家のお嬢さん（環三千世）と知り合い、結婚することになる。「黒髪の女」は捨てられる。そのあとどうなるのかこわごわ見ていると……。

結婚式は神前で行なわれる。そこに神子として現われたのは、神子のアルバイトをしている安西郷子だった。この瞬間の怖いこと。

彼女は、長い黒髪ゆえに、神子のアルバイトをしていた。女性にとって、髪がいかに神秘的なものであるか、安西郷子の長い黒髪が（「だれかの木琴」の常盤貴子と同じように）そのことをよく語っている。

サスペンス映画である「結婚の夜」の最後をあえて明かしてしまうと（まずDVDになることはないだろうから）、新婚旅行で熱海に向かう男を追って「黒髪の女」が列車に乗り込む。デッキで争ううち、男は女を突き落して殺してしまう。

さすがに罪の意識にとらわれる。熱海のホテルでの新婚の夜、新妻が髪をほどく。長髪になる。「黒髪の女」がよみがえる。そして。

髪＝神ととらえた傑作短篇小説がある。

サスペンス小説の名手、愛読している作家、新津きよみの短篇『結ぶ女』（光文社文庫『彼女が恐怖をつれてくる』収録）。主人公の女性は美容師。子供の頃から「結ぶ」のが好き。

リボン、包み紙の紐、包帯。なんでも結ぶ。とくに特技は、レモンスカッシュに入っているサクランボのへ、た、を口のなかで結ぶこと。

　そんな結ぶことが好きな美容師が、客として美容院に来た妻子ある男性と不倫をする。奥さんに知られることになり、破局を迎える。道ならぬ恋は、当然結ばれない。

　彼女は自殺を決意する。最後の節は、一転して男性の視点から描かれる。いつものようにホテルで美容師とセックスをする。

　そのあと、うとうとしてしまう。気づくと、ベッドで隣りにいる彼女が死んでいる。手首を切って自殺した。男はあわてて逃げようとするが逃げられない。彼女は自殺する前に、自分の髪と男の髪をしっかり結びつけていた。

「二人は結ばれていた。互いの髪の毛を少量ずつ編み込む形で、頭と頭が結ばれていた。不器用な彼がほどこうとしても容易にはほどけないくらい固く、しっかりと……。」

　髪の毛には、女性の意志が潜んでいる。常盤貴子のあの黒い髪の毛にも、おそらく。

（２０１６年10月下旬号）

第二章

音楽が流れる場所

「25年目の弦楽四重奏」に流れた美しい歌曲のこと、『死都ブリュージュ』のことなど

あの美しい歌曲はなんという曲なのだろう。

ヤーロン・ジルバーマン監督の忘れ難い佳品「25年目の弦楽四重奏」(12年)のなかで女性歌手が歌う曲。

ニューヨークの弦楽四重奏団の物語だが、四人のなかのリーダー、チェロ奏者のクリストファー・ウォーケンは妻を亡くしている。

ある夜、家でひとり静かに、ソプラノ歌手だったという妻の歌うレコードを聴く。

プレイヤーから美しく、素晴しい歌が流れてくる。クリストファー・ウォーケンは亡き妻を偲ぶようにその曲を聴く。

映画を見たあとずっと、あれはなんという曲なのか気になっていた。

先日、銀座、山野楽器店のクラシックのフロアを見ていたら「25年目の弦楽四重奏」のサントラCDが置いてある。うれしいことにあの曲が入っている！　迷うことなく買い求めた。

家に帰ってすぐ聴いた。何度も聴いた。実はいまもこの歌を聴きながら原稿を書いている。

エーリヒ・ヴォルフガング・コルンゴルト（一八九七―一九五七）のオペラ《死の都》で歌われる〈マリエッタの歌〉だという（歌はアンネ・ゾフィー・フォン・オッター）。

コルンゴルトにこういうオペラがあったとは恥しいことに知らなかった。というのもコルンゴルトといえば、一九三〇年代から四〇年代にかけて映画音楽で活躍し、エロール・フリン主演の「ロビンフッドの冒険」（38年）でアカデミー賞音楽賞を受賞しているから、映画界の人、映画音楽の作家だとばかり思っていた。

手元に二〇〇七年に発売された、やはりコルンゴルトが手がけたエロール・フリン主演の海洋活劇「シー・ホーク」（40年）のCDがあるが、その解説にオペラ《死の都》のことは触れられていない。

しかし、いま思えばこのCDを買ったのは吉祥寺のディスクユニオンのクラシックの売り場だったから、コルンゴルトはクラシックの作曲家でもあったと気づくべきだった。

一九九八年に出版された評伝、早崎隆志『コルンゴルトとその時代―〝現代〟に翻弄された天才作曲家』（みすず書房）によれば、チェコに生まれたこの作曲家は、もともとはクラシック畑の人で、その才能は十代の時に開花し、神童と謳われていたという。

オペラ《死の都》は一九二〇年の作品というからまだ二十代はじめに作ったことになる。ウィーンで活躍したが、ユダヤ系だったためにヒトラーの台頭と共にアメリカへ亡命。生活のために映画音楽を作曲するようになった。その結果、一時、クラシック音楽界から離れてしまったし、評価も下がってしまった。

日本では生誕百年にあたる一九九七年を前に再評価の気運が高まり、《死の都》はコンサート・オペラ形式でだが、井上道義指揮、京都市交響楽団で一九九六年に日本初演されたという。

驚いたことがある。オペラ《死の都》は、ローデンバックの『死都ブリュージュ』をもとにしているという。

ローデンバック！　永井荷風が愛した世紀末のベルギーの詩人、作家（一八五五―一八九八）である。そして、荷風を通してこの世紀末の暗く、淡い光のなかに生きた詩人を知った北原白秋は歌に詠んだ。「かはたれのローデンバッハ芥子《けし》の花ほのかに過ぎし夏はなつかし」（第一歌集『桐の花』、大正二年）。

荷風、白秋がローデンバックに惹かれたことは拙著『白秋望景』（新書館、12年）に詳しく書いた。そのローデンバックに「25年目の弦楽四重奏」で出会えるとは。

『死都ブリュージュ』は、窪田般彌訳で岩波文庫に入っている。ローデンバックのなかで、もっともよく知られている小説だろう。

「死都」とは、かつては商業都市として栄えたベルギーのブリュージュが、十七世紀頃から次第に衰退してゆき、ローデンバックが生きた時代にはかつての輝きを失なっていたことをいっている。

白秋が第二詩集『思ひ出』（明治四十四年）の序文「わが生ひたち」のなかで故郷、柳河（現柳川市）のことを「廃市」と呼んだことはよく知られているが、この見立てはおそらくローデンバックの『死都ブリュージュ』の影響を受けている。

また佐藤春夫の名作、台湾の廃港を舞台にした『女誡扇綺譚《じょかいせんきたん》』にも『死都ブリュージュ』の影響を見ることが出来る。

『死都ブリュージュ』は亡き妻を偲ぶ幻想小説。主人公のユーグ・ヴィアーヌは「幸せな十年」の結婚生活のあと、妻を病で失なう。やっと三十歳を迎える若さだった。

妻の死のあと、ユーグは世捨人のようにブリュージュの町に隠れ住む。川と堀割の多い、静かな寂しい町に慰めを見出す。そうやって五年が過ぎた時、ある日、彼は町で亡き妻にそっくりの女性ジャーヌに会う……。

コルンゴルトのオペラ《死の都》では、ユーグがパウルに、ジャーヌがマリエッタに変えられている。ブリュージュの町で、パウルが美しい踊り子マリエッタの歌うアリアに心を奪われる。〈マリエッタの歌〉はこのアリア。

だから「25年目の弦楽四重奏」で妻を亡くしたクリストファー・ウォーケンが、夜、ひとりで聴くにはふさわしい。

ＣＤのライナー・ノートには前島秀国氏の訳によるこの歌の歌詞が載っている。

「戻っておくれ、愛する人よ」が繰返されている。

五分ほどの短い曲だが、歌詞を知って聴くといっそう胸に迫るものがある。

「クヮルテットといふのは四人で薔薇の花束を持つやうなものだな」

丸谷才一さんの遺作『持ち重りする薔薇の花』（新潮社、11年）のなかにそうある。こんな言葉もある。「クラシック音楽の一方の端にあるのがオペラだとすれば、もう一方の端にあるのが弦楽四重奏だつて気がする」。

ヴァイオリン（二つ）、ヴィオラ、チェロ。同族楽器四つで音を合わせてゆく。ひとつの楽器が次に来る別の楽器の美しい音を待つ。まさに「ディアローグ・カルテット」。

丸谷才一さんはとりわけハイドンの弦楽四重奏曲を愛した。

密葬の時にはハイドンが流れ続けたという。

（２０１３年８月下旬号）

「恋するリベラーチェ」の実在のピアニストのこと、偉大なる先達のことなど

マイケル・ダグラスとマット・デイモンがキスをし、裸で抱き合う。かつてはマイノリティだったゲイが堂々と描かれる。

モンゴメリー・クリフトやロック・ハドソンが、ゲイであることを隠そうとした時代から見ると隔世の感がある。

スティーヴン・ソダーバーグ監督の「恋するリベラーチェ」（13年）は、伝記映画としても、ゲイの恋愛映画としても見ごたえがある。ゲイというタブーに踏みこんでいながら決して露悪的ではない。この映画を見た人はおそらくリベラーチェのことが好きになるのではないか。伝記の要諦《ようたい》は、本人が隠していたことを好ましく描くことにある。

リベラーチェ（Liberace、一九一九―一九八七）は日本ではあまり知られていないが、アメリカではテレビ草創期に活躍した。派手なピアニストとして絶大な人気があったショウマンである。とくに中年以上の女性に熱烈に愛された。

日本未公開だが、一九五五年には"Sincerely Yours"（ゴードン・ダグラス監督）に、耳の聞えなくなったピアニストとして主演している。

手元にある『映画の友』56年3月号に、評論家の宍戸清氏（淀川長治氏の別名か）が「いまや話題のリベラーチとはどんな音楽家か」という記事を書いている。

それによれば、「テレビ・ピアニストとして全アメリカの人気者」であり、リベラーチェの演奏会のある日は、恐妻家の安心出来る最良の夜になる、なぜなら御夫人方はリベラーチェを聴きに行くからなのだ、という。

いかに中年以上の女性に人気があったかは、ジョン・アーヴィングの長篇小説『オウエンのために祈りを』（中野圭二訳、新潮社、99年）を読めば分かる。

一九五〇年代、アメリカの東部の町で静かな日々を送っている「ぼくの祖母」は、ある日、テレビでリベラーチェを見てたちまち魅了されてしまう。

それまでは読書が楽しみだった祖母が「きてれつな孔雀さながらの男で、蜜でくるんだ甘ったるい女性的な声をしていた」リベラーチェの虜になる。

リベラーチェの人気の一因は、「ママ」を大事にしたことにある。「恋するリベラーチェ」のなかでも、自分のショウにママを招待し、舞台から客席のママに優しく語りかける場面があるが、それがおばさまたちの心をとらえた。

御記憶だろうか。スティーヴン・キング原作、ロブ・ライナー監督の怪作「ミザリー」(90年)の、あのキャシー・ベイツがリベラーチェのファンだったことを。彼女は、まさに捕えた作家ジェームス・カーンを優しく看病するママだった！

リベラーチェの人気のもうひとつの要因は、確信犯的な、けばけばしい衣裳。女装以上の女装。ドラグ・クイーン。

以前、『ローリング・ストーン』誌の名写真を集めた写真集を翻訳したことがある。『ROLLING STONE—THE PHOTOGRAPHS』(芸文社、89年)。ちなみにこの本の序文を書いているのはニュージャーナリズムの雄、トム・ウルフ。

デイヴィッド・ボウイ、シンディ・ローパー、ジョン・レノン、スティーヴン・スピルバーグ、クリント・イーストウッド、ボブ・ディランら錚々《そうそう》たるスターのなかにリベラーチェの写真がある。アニー・レイボヴィッツが撮った写真（一九八一年）だが、若いショーファーと並んだリベラーチェのけばけばしい衣裳には度肝を抜かれる。

真白なアーミンの毛皮のコート、そして指という指には宝石の指輪がはめられている。まさに動く悪趣味。意図してやっているところが凄い。

隣りに立っている若いショーファーもまたブルーのきんきらきんの制服を着ている。このショーファーこそ「恋するリベラーチェ」のマット・デイモン演じる恋人なのかもしれない。

アーヴィングは書いている。

「彼はテレビの、いわば黎明期のアイドルだった」「(彼は）両性具有的なキャラクターのはしりだったのだと思う。エルトン・ジョンやボウイ・ジョージといった変わり種が社会に受け入れられる下地をつくったのだ」

偉大なるエンターテイナーだったことが分かる。

リベラーチェ本人が俳優として出ている映画がまだある。

イヴリン・ウォー原作、トニー・リチャードソン監督の、葬儀社を扱ったブラック・コメディ「ラブド・ワン」(65年)。棺桶を売りに来るセールスマンがリベラーチェ。

また「ミザリー」のエンド・ロールには、リベラーチェの歌う"I'll Be Seeing You"が流れる。確かに甘ったるい。

亡くなった音楽評論家、青木啓さんによると、一九六〇年代には日本でも『時のたつまま　リベラーチェ・ピアノ・ムード集』というLPが出ていたという。残念ながら持っていないが、日本でも当時、きちんとその存在が知られていた。

評論家が、ある映画、とりわけ外国映画を論じるときは、こういう、リベラーチェについて語った先達のいたことを忘れてはいけない。

先輩への敬意であり、また批評用語でいうレファレンス（参照）である。自分では新しいことを言っているつもりでも、多くの場合、すでに先輩たちが語っている。

それで脱帽したのが、最近、七つ森書館から出版された小鷹信光と逢坂剛という大先輩による対談本『ハードボイルド　徹底考証読本』。

この本は、私など知らない事実が数多く語られていて今後、ハードボイルド映画（小説）を語る人間の必読書だと思うが、小鷹信光さんがこんな指摘をしている。

「ハアド・ボイルド」という言葉を初めて日本で使ったのは、双葉十三郎さんだと。南部圭之助が一九三三年に創刊した『スタア』誌（スタア社）の、戦後の復刊第二号（一九四六年四月刊）のコラムで、当時、同誌の編集次長をしていた双葉十三郎さんが初めて「ハアド・ボイルド」という言葉を使ったのだという。

双葉さんも凄いが、それを調べた小鷹さんも凄い。先達はあらまほしき事なり。

（2013年11月下旬号）

六〇年代のロックは素晴しい。「チョコレートドーナツ」のこと、「バックコーラスの歌姫《ディーバ》たち」のことなど

最後の場面でこの曲が歌われるとは。六〇年代世代としては涙があふれてきて困った。なんの予備知識もなく見た「チョコレートドーナツ」(12年、トラヴィス・ファイン監督)。ゲイのカップルが、母親に遺棄されたダウン症の男の子の親がわりになろうとする。

それまでドラッグ依存症の母親とひどい暮しをしてきた男の子は、はじめて自分に優しくしてくれるゲイのカップルになついて笑顔を見せるようになる。新しい家族が生まれてゆく。しかし、その矢先に法律の壁が立ちふさがる。

ゲイのカップルには親になる資格がない。まだゲイに対する偏見が強かった一九七〇年代のこと。養育権をめぐって裁判になり、男の子は母親のもとに返されてしまう。七〇年代にブルックリンで実

際に起きた事件に想を得ているという。

男の子は家に戻されたものの、また母親に邪魔者扱いされる。居場所がなくなり、一人、夜の町へ出てゆく。自分に優しくしてくれた二人のところへ行きたかったのだろう。夜の町を、いつも大事にしている人形を抱いて歩いてゆく男の子のうしろ姿には胸が痛くなる。社会の偏見、不寛容が、罪のない子供を苦しめている。男の子は一人、町を歩き続け、三日後、橋の下で死んでしまう。

ゲイのカップルの一人はロサンゼルスの小さなクラブでドラグ・クイーンとして歌っている歌手。演じているアラン・カミングという、若き日のダスティン・ホフマンによく似た俳優が素晴しい。最後、この歌手は、非情な法律によって男の子を奪われた悲しみを舞台での歌に託す。その歌が、ボブ・ディランの、自由を求める〈アイ・シャル・ビー・リリースト〉。

六〇年代の若者たちに愛された曲。何よりもマーティン・スコセッシ監督の「ラスト・ワルツ」(78年)。一九七六年の感謝祭にサンフランシスコで行なわれたザ・バンドのラスト・コンサートの最後で歌われた。ボブ・ディランを中心に、ザ・バンド、リンゴ・スター、ロン・ウッド、ニール・ヤング、ジョニ・ミッチェルら全員がひとつになって歌った曲として長く記憶に残る。まさに「連帯を求めて孤立を恐れず」の心。

「チョコレートドーナツ」の最後でアラン・カミングがこの曲を歌う。夜の町を一人、さまよい歩く男の子を遠くから励ますように。幸福を祈るように。原題の“Any Day Now”はこの曲のリフレインから取られている。六〇年代に青春を送った者としては思わず一緒に歌いたくなった。

「ラスト・ワルツ」ではザ・バンドが名曲〈ザ・ウェイト〉を歌うところで、ステイプル・シンガーズという黒人のグループがバックコーラスの素晴しさを見せてくれた。それまでレコードではなかなか分からなかったが、映像になってはじめてバックコーラスの重要さを知った。

最近公開されたドキュメンタリー映画「バックコーラスの歌姫《ディーバ》たち」（モーガン・ネヴィル監督、13年）は、スター歌手を支える傍役の歌手たちを描いていて見ごたえがある。ほとんどが黒人の女性歌手。

一九六〇年代なかば頃までバックコーラスといえば白人の女性ばかりだったという。大人しくて楽譜通りに歌う。ベット・ミドラーが回想する。「彼女たちはマイクに近づいたり、離れたりしているだけ」。躍動感がない。

そこにブロッサムズという黒人の女性グループが現われた。彼女たちは身体全体で歌う。歌う喜び、楽しさがはじける。ベット・ミドラーは彼女たちが歌の世界を変えたという。

このブロッサムズの中心メンバーだったダーレン・ラヴという女性が映画のなかでインタヴューに答える。七〇歳を超えた今も現役で歌っているという。堂々たる体軀で貫祿充分。元のメンバーと再会すると、たちまち歌い始める。元気いっぱい。

近年、「ロックの殿堂」入りを果したというが、そのセレモニーでにこやかに彼女を紹介するのはベット・ミドラー。「チョコレートドーナツ」でアラン・カミングの憧れる歌手がベット・ミドラーだった。

「バックコーラスの歌姫たち」にはダーレン・ラヴの他にも魅力的な歌手が次々に登場する。よく知られている歌手もいる。

ローリング・ストーンズのツアーに参加しているリサ・フィッシャー。やはりストーンズの〈ギミー・シェルター〉を歌っているメリー・クレイトン。さらにストーンズの〈ブラウン・シュガー〉が捧げられたクラウディア・リニア（若い頃は実にセクシー）。

彼女たちは決して恵まれていたわけではない。ダーレン・ラヴは自分の歌がスター歌手に取られてしまったとつらい過去を語る。日系ハーフの母親を持つジュディス・ヒルはマイケル・ジャクソンの追悼式典で〈ヒール・ザ・ワールド〉を歌って注目されたが、その後、思うように活動していない。

歌の世界から離れてしまった者もいる。原題は"20 Feet from Stardom"。ステージの中心までの距離は近くて遠い。

二月二十六日、東京ドームでのローリング・ストーンズのコンサートに行く。

〈一人ぼっちの世界〉から始まったが、正直なところ、前半はいまひとつ盛り上がりに欠けた。ステージからはるか離れた三階席だったためか、熱が伝わらない。

ところが一時間ほどたって空気ががらりと変わった。太った黒人の女性歌手が登場し、ミック・ジャガーと〈スタート・ミー・アップ〉を熱っぽく歌う。大きな身体をゆすってミックと踊る。圧倒された。このあと彼女にひきずられるようにしてストーンズも明らかに元気づいた。

遠くからで分からなかったが、あとで、この迫力十分の太ったおばさんこそ「バックコーラスの歌姫たち」のなかで絶賛されているリサ・フィッシャーだと知った。

聴衆の心をわしづかみにする実力を見せつけられた。間違いなくこの日の立役者は彼女、リサ・フィッシャーだったと思う。

アンコール曲は〈サティスファクション〉と〈無情の世界〉。ローレンス・カスダン監督の「再会の時」(83年)の冒頭で印象的に流れた〈無情の世界〉は、宗教音楽のような美しい女性コーラスで始まるので知られる。

この日、歌ったのは洗足学園音楽大学の女性たちだった。スクリーンに映し出される彼女たちは実に楽しそうだった。

(2014年4月下旬号)

コーエン兄弟「インサイド・ルーウィン・デイヴィス」のこと、赤狩りで追われたジョン・ベリイ監督のことなど

一九六〇年代はフォークソングを歌うソングライターの誕生期だ。

マーティン・スコセッシの「ラスト・ワルツ」(78年)でザ・バンドのロビー・ロバートソンは六〇年代のはじめ、ニューヨークに来た頃の思い出をこう語った。

「その頃はまだソングライターの地位が低かった。トーテムポールのいちばん下だった。そして六〇年代が来た。革命、戦争、暗殺。精神の炎が燃え上がった。人々の感性をソングライターが描いていった」

それまでの大手音楽会社が作り出す歌にかわってソングライターという個人が「精神の炎が燃え上がった」時代を歌ってゆき、新しい音楽を作っていった。

コーエン兄弟の「インサイド・ルーウィン・デイヴィス　名もなき男の歌」（13年）は、このソングライターが台頭してくる一九六一年のニューヨーク、グリニッチ・ヴィレッジを舞台にした素晴しい青春映画。

新しいソングライターとして時代の空気を吸収しながら、ボブ・ディランのようには成功しなかった「名もなき男」ルーウィン（オスカー・アイザック）が主人公。ディランに影響を与えたデイヴ・ヴァン・ロンクというフォークのソングライターをモデルにしている。

歌うことに情熱を持っているのだが何をやってもうまくゆかない。金がない。恋人には振られる。住む家もなく、知人の家を転々とする。元恋人の家にも押しかけ嫌がられる。どうしようもない負け犬。それでも憎めないのはソングライターという個に徹し、自分の音楽を大事にしていることが誰にも分かるからだろう。

この映画、端境《はざかい》期の物語であるだけに新旧の音楽が混在しているのが面白い。一方で、パット・ブーンのようなスクエアな歌を歌うグループが登場するかと思うと、他方で新しいフォークグループ（ピーター・ポール＆マリーをモデルにしている）がデビューする。古臭い歌にはルーウィンは容赦なく野次を飛ばす。そのルーウィンは売れないままクラブを去ってゆき、すれ違うように新しい歌手ボブ・ディランが登場する（"Farewell"を歌う）。一番手が二番手に追い抜かれてしまう。

フォークソングの映画のなかで一カ所、思いがけない曲が流れる。

シカゴからニューヨークに戻る時、ルーウィンはヒッチハイクをする。車に乗せてもらう。夜、持主にかわってルーウィンが運転することになる。カーラジオから女性歌手が歌う歌曲が流れてくる。

マーラーの交響曲第四番の第四楽章でソプラノ歌手によって歌われている〈天上の生活〉。天国と天使たちを歌った軽やかな曲。四番はマーラーの曲のなかでも、珍しく明るい。そりの鈴の音が何度も入る。軽快。なかでも四楽章の〈天上の生活〉は天使たちが遊ぶさまを思わせるメルヘンの趣きがある。

ルーウィンが夜の道を運転しながらこの曲を聴くとは意外で面白い。現実の世界では何をやってもうまくゆかないルーウィンだから「天上」への思いがあるのだろうか。

この映画は猫が活躍するのが楽しい。尾がぴんと立った茶トラ。ルーウィンが一晩泊めてもらった知人夫婦が飼っている。その猫が、ルーウィンがドアを開けた隙に外に出てしまう。仕方なく猫の世話をすることになる。

自分の寝るところさえない男が猫を抱いてニューヨークの町を、次に泊めてくれる家を探して歩く姿が愉快。この猫、「ティファニーで朝食を」(61年)のやはり茶トラで、尾の立った猫(オレンジイという猫の名優が演じた)によく似ている。

やむなく猫の世話をすることになるルーウィンは、「シェイマス」(73年)のバート・レイノルズや「ロング・グッドバイ」(73年)のエリオット・グールドら猫好きの一人暮しのハードボイルド・ヒーローに通じるところがある。

世話をするうちにルーウィンがだんだん猫を好きになることは、町を歩く時、シャム猫が大活躍する「三匹荒野を行く」（63年）のポスターを見ることからも分かる。

最後、猫は無事に飼い主の夫婦のところに戻る。「猫帰る」に大喜びする夫人が微笑ましい。


以前、このコラムでジョン・ガーフィールドの遺作となった「その男を逃すな」（51年）の監督ジョン・ベリイのことを書いた。赤狩りの犠牲になり、ヨーロッパに逃れた。

このジョン・ベリイが俳優として出ていますと、大阪の読者、望月昇さんがDVDを送ってくれた。フランスのディアーヌ・キュリス監督の「ア・マン・イン・ラブ」（87年）。これは未見だったのですぐに見た。

アメリカの俳優（ピーター・コヨーテ）が四十二歳で自殺したイタリアの作家チェーザレ・パヴェーゼの最後の日々を描く映画に出演するためフィレンツェに行く。パヴェーゼが死の直前に恋をした女性役の女優（グレタ・スカッキ）の父親を演じているのがジョン・ベリイ。知らなかった。

ジョン・ベリイはベルトラン・タヴェルニエ監督の「ラウンド・ミッドナイト」（86年）にもバーテンダーの役で出ていたから俳優としても活躍していたのかもしれない。

ジョン・ベリイが赤狩りで追われた人間であると思って見ていると興味深い場面がふたつある。

イタリアに来てパヴェーゼを演じることになったピーター・コヨーテが記者会見に出て「パヴェー

ゼはアメリカではほとんど知られていない作家だ」と言う。記者が「それはパヴェーゼがコミュニストだったからか」と聞くと「恐らく」と答える。

もうひとつ。ピーター・コヨーテのマネージャーがアメリカからやって来てこう告げる。「あなたがイタリア映画でコミュニストの作家を演じると知って映画会社が問題にしている」と。明らかに赤狩りを意識している。

ジョン・ベリイは赤狩りのさなかそれに抗議するため匿名で「ハリウッド・テン」という十五分ほどのドキュメンタリーを撮った。このシナリオはキネマ旬報社刊の『世界の映画作家17　カザン　ロージーと赤狩り時代の作家たち』（72年）に採録されている。現在ではキューブリックの「スパルタカス」（60年）のＤＶＤに付された特典映像で見ることが出来る。これを作ったためにアメリカにいられなくなった。

（２０１４年5月下旬号）

安藤サクラ主演、安藤桃子監督「0・5ミリ」のこと、ハイドンの弦楽四重奏曲〈ひばり〉のことなど

若い介護ヘルパーが一人暮しの老人たちの家を転々としてゆく。というと普通は美談になったり、あるいは深刻な社会派映画になったりするのだが、この映画は少し違う。

飄々とした味がある。重い話なのに清々しい微風が吹いている。

安藤桃子が脚本を書き、監督した「0・5ミリ」(14年)。妹の安藤サクラがヘルパーを演じる。

何よりもまずアイデアがいい。

訪問先でのトラブルから、仕事と住むところをなくしてしまったヘルパーが、一人暮しらしい老人を見つけては、勝手にその家に入り込み、老人の世話をする。

ちゃっかりしている。そのために美談の臭みがない。この風来坊のような女性を安藤サクラが実に

楽しそうに演じている。

通常は大変な仕事とされている介護を、まるで老人たちと遊んでいるように軽くこなしてしまう。明るく、楽しい介護。こういう描き方はあまりなかったのではないか。

息子夫婦と一緒に暮すのが嫌で家を出てしまった老人（井上竜夫）と一晩、町のカラオケルームで過ごす。翌朝、老人は少し元気になり、「ありがとうね」と言って家に戻ってゆく。思わぬ人助けをしたことになる。

次に、古ぼけた二階家で一人暮しをしている老人（坂田利夫）を見つけ、勝手に家に入り込む。自然に住みついてしまう。

彼女は、風に乗ってやって来たメリー・ポピンズを思わせる。どこか童話のなかの妖精のよう。一見、押しが強く図々しく見えるが掃除、洗濯、料理となんでも軽くこなすから、老人は、はじめのうちこそ困惑しているが、次第に心を開いてゆく。

夜、彼女と老人がコップ酒を飲む場面は、父の晩酌に娘が付き合っているようで微笑ましい。一人暮しの身としては、こんなヘルパーさんが自分の家にも来てくれないものかと羨ましくなってしまう。

現在、日本の全世帯の三分の一は単身世帯、その多くは一人暮しの老人だろう。だから、家のある老人と家のない若者が一緒に暮すのはいい考え（一種のシェアハウス）。

次に彼女が押しかけた老人（津川雅彦）は学校の先生だったらしい。奥さん（草笛光子）は認知症で寝たきり。中年のヘルパー（角替和枝）がいるがあまり仕事熱心ではない。

そこで押しかけた彼女がいつものように働く。奥さんの世話もする。はじめは迷惑そうにしていた老人も次第に有難いと思うようになる。小鯵のみりん干しを作るのを手伝ったりする。

彼女が、ある晩、老人に一本、燗酒をつける。盃を口に運ぶのをうれしそうに見るところは、完全に、父の晩酌を見る娘の表情になっている。この映画の安藤サクラは、妖精のような美しさがあって素晴しい。

小川洋子原作、小泉堯史監督「博士の愛した数式」（06年）の家政婦、深津絵里を思い出させる。


この元教師の老人は戦中派であることが分かってくる。海軍に入って戦った。ある時、まるで娘に遺言を聴かせるように戦争体験を語って聞かせる。

「戦争くらい馬鹿らしいものはないです」「亡くなった人が本当にお気の毒です」。何かに憑かれたように、エンドレステープのように語り続ける。最後には立ち上がり「天皇陛下万歳」「大日本帝国万歳」と言う。

決して愛国右翼の元軍人というのではない。ただ戦争におめおめと生き残った者として、死者に申し訳ないと詫びている。この老人はおそらく戦後、ずっとそう思い続けていたのだろう。自分の死が遠くないと知った彼は、死の前に、そして完全に認知症になる前に、自分の思いを若い世代に伝えた。

彼女もそれが分かったから粛然として老人の繰り返される言葉を聴く。

津川雅彦は、約七分続くこの一カットの場面を一度の撮影で決めたという。

元教師の家を去ったヘルパーは、次に、ひきこもりの少年（土屋希望）が、息子にいらだつ父親（柄本明）と暮している家に住みつく。ある時、少年にこんな話をする。

「死にそうなじいさんを相手にしてるとさあ、時々思うの、私の知らない歴史を生きてきた人が、おんなじ世界に生きているんだなって」

「今日生まれる子も、明日死ぬじいさんもみんな一緒に生きてるんだよ、お互いにちょっとだけ目に見えない距離、歩みよってさ」

題名の「0・5ミリ」はここから来ているのだろう。胸を打つ言葉だが、彼女がこんなことを考えたのは、やがて死んでゆく戦中派の老人と接したからこそだろう。若い介護ヘルパーのいちばん大事な仕事とは、死にゆく人間の想いを感じ取ることなのかもしれない。

この映画、はじめのほうにハイドンが流れる。仕事を失なった安藤サクラが夜の町を歩くところ。よく聴けば、ハイドンの弦楽四重奏曲第67番〈ひばり〉の第一楽章ではないか。

モーツァルトの曲は、映画にはもういやというほど使われているのにハイドン、とりわけ、弦楽四重奏曲はほとんど使われていない。ハイドン好きとしてはうれしくなった。

一九七八年のアカデミー賞外国語映画賞を受賞したフランス映画、ベルトラン・ブリエ監督の「ハンカチのご用意を」（78年）に、ハイドン好きの少年が出て来た。

小学校の先生がモーツァルトの話ばかりするので、ついにたまりかね、「先生、ハイドンを忘れてもらっては困ります」と言った。

「0・5ミリ」にハイドンが流れたのには、このモーツァルトばやりの時代に、よくぞハイドンを、と感じ入った。

（2014年11月下旬号）

映画のなかの〈海ゆかば〉のこと

評論家として失格と言われるかもしれないが、これまで戦争映画をあまり見ていない。意識的に避けてきたところがある。

しかし、ここのところ、それではいけないと集中的に戦争映画を見るようになった。とはいえ、日本の戦争映画を見る勇気はいまだにない。いまのところもっぱら洋画に限られている。

先だって、「トラ・トラ・トラ!」(70年)を見た。これを見ていなかったとはまったく恥しいことなのだが、開巻、驚くべき場面があった。

アメリカ映画のなかで〈海ゆかば〉が流れたのである。

昭和十四(一九三九)年、連合艦隊司令長官に就任した山本五十六(山村聰)の就任式が戦艦「長門」の艦上で行なわれる。

この時、海軍の軍楽隊が〈海ゆかば〉を演奏する。アメリカ映画ではあっても、日本側を描く場面だから〈海ゆかば〉が流れてもおかしくはないのだが、それでもハリウッドの超大作の冒頭に〈海ゆかば〉が演奏されるのはやはり驚くに足る。

もうひとつ驚いたことがある。日本人にとって〈海ゆかば〉は悲しい曲で、戦時中、玉砕や特攻隊の死をラジオで報じる時に流された。

昭和十年生まれの作家、演出家の亡き久世光彦は、昭和十九年以降、ラジオの大本営発表で日本軍の勝利を伝える時には〈軍艦マーチ〉、逆にアッツ島玉砕やサイパン陥落の悲しいニュースの時は〈海ゆかば〉が流れた、と書いている（『みんな夢の中　マイ・ラスト・ソング2』文藝春秋、97年）。〈海ゆかば〉は葬送の曲だった。そう思っていたから「長門」艦上での山本五十六の司令長官就任式という言わば、めでたい席で演奏されたのには驚いた。もともとは、鎮魂曲ではなかった。それが戦局の悪化と共に変わっていったのだろう。

〈海ゆかば〉は昭和十二年に信時潔《のぶときぎよし》によって作曲された（歌詞は、大伴家持《おおとものやかもち》の歌から取られている）。

曲が作られた直後、昭和十三年の映画、田坂具隆監督の「五人の斥候兵」で、この曲が使われている。日中戦争開始直後の中国でロケされた。最後、日本兵が前線へと出陣してゆく。そのうしろ姿に〈海ゆかば〉が流れる。

戦後世代としては、これは、兵隊たちの死を予感させる悲劇的な音楽の使い方と理解していた。しかし、「トラ・トラ・トラ！」を見てから考えると、そうとばかりも言えなくなる。

ちなみに昭和十八年十月二十一日の雨の神宮外苑競技場での出陣学徒壮行会で〈海ゆかば〉が歌われている。その後の敗戦のことを考えると鎮魂曲と思ってしまうが、主催した文部省側は、勇壮な曲と考えたのかもしれない。

〈海ゆかば〉が印象的に使われた名作が二本ある。

ひとつは、小津安二郎の昭和十七年の作品「父ありき」。最後、笠智衆演じる父親が亡くなる。息子の佐野周二が、新妻の水戸光子と遺骨を抱いて列車に乗って秋田の家へと帰ってゆく。この場面で〈海ゆかば〉が流れる。

実は、戦後公開された、私などの世代が見ていた「父ありき」には〈海ゆかば〉はなかった。二〇〇〇年三月に京橋のフィルムセンターで「ロシア帰り」の「父ありき」が上映された時、はじめて〈海ゆかば〉が流れた。これには驚愕した。

父親の死に〈海ゆかば〉を重ねる。小津は勇壮な曲ではなく、鎮魂曲として使ったのだろう。中国大陸の戦場を体験した小津にとって、それは自然なことではなかったか。

最近出版された片山杜秀さんの『見果てぬ日本　司馬遼太郎・小津安二郎・小松左京の挑戦』（新潮社、15年）を読んで、「父ありき」公開当時、こんな珍妙な小津批判があったと知った。

最後の場面で、息子の佐野周二は、父の遺骨を網棚の上に載せた。そこが批難された。「扱いがぞんざいで親不孝ではないか」と。しかし、最後に〈海ゆかば〉が流れたことを知れば、小津の死者への鎮魂の思いは明らかではないだろうか。

〈海ゆかば〉が流れた重要な映画がもう一本ある。

昭和三十年に公開された内田吐夢監督の時代劇「血槍富士」。

槍持ち（片岡千恵蔵）の主人（島田照夫）が、酒の席で隣りの五人の侍にからまれ、斬り殺される。主人を殺された槍持ちは、武道の心得がないにもかかわらず、槍を持って五人に向かってゆく。壮絶な死闘の末に仇を取る。「下男の意地」である。

最後、千恵蔵が主人の遺骨を持って故郷《くに》へと帰る。千恵蔵を慕う子供（千恵蔵の子、植木基晴）が「俺も槍持ちになりてえ」と言うと、千恵蔵は「馬鹿なことを」と一喝する。武家社会への批判がこめられている。そして、街道を去ってゆく千恵蔵のうしろ姿をとらえて映画は終わるのだが、そこに流れるのはなんと〈海ゆかば〉（変奏されている）。時代劇に昭和の曲が流れるのはおかしいのだが、これには素直に感動した。

内田吐夢はよく知られるように、戦前、満州の映画会社、満映に関わり、その関係で、戦後、長く中国に留まった。昭和二十八年にようやく帰国した。「血槍富士」は帰国第一作である。

日中戦争から太平洋戦争の時代、多くの悲劇を見てきた内田吐夢は、帰国第一作に、たとえ時代劇であっても、鎮魂曲としての〈海ゆかば〉を使いたかったのだろう。

最近、思いもかけない映画で〈海ゆかば〉を聞いた。

山田洋次監督「男はつらいよ」の第三十一作「旅と女と寅次郎」（83年、都はるみ主演）。

久しぶりに柴又に戻ってきた寅が、満男の運動会に父親の博に代わって出席すると言い出す。満男は迷惑なのだが、寅は大張切り。茶の間で、とらやの一同を前にして、明日の運動会では満男を声援するとはしゃぐ。

そこで、寅は〈海ゆかば〉を歌う！

この映画、何度も見ているのに、そのことを気にもとめなかった。「トラ・トラ・トラ！」を見たあとだったので、異様に心に残った。

おそらくこれは渥美清のアドリブではないか。というのは、渥美清は正式に〈海ゆかば〉を歌っているのだから。文芸評論家の新保祐司さんに教えられたが、二〇〇五年にキングレコードから発売されたCD『海ゆかばのすべて』に収められている。

歌の前に、渥美清による戦没学徒の詩「美しい虚構」の朗読が入る。〈海ゆかば〉を鎮魂歌としているのは明らか。

今井正監督「あゝ声なき友」（72年）に主演した渥美清ならばこそだろう。

（2016年1月上旬号）

この映画にも、あの映画にもバッハ

このところ映画のなかでよくバッハを聴く。いい映画のなかでなのでとくに心に残る。

濱口竜介監督の素晴らしい映画、「ハッピーアワー」（15年）では四人の女性のうちのひとり、看護師のあかり（田中幸恵）が脚の骨を折り、病院の医師に車で家まで送ってもらう場面でバッハの《無伴奏チェロ組曲》が流れる。

それもまるでバッハに遠慮するかのようにかすかに、少しだけ。それが映画全体の慎ましい作り方によく合っている。この映画は音楽がいい。作曲の阿部海太郎はどの場面でも音楽を仰々しくさせず、まるでせせらぎのように静かに流している。控え目の音楽と言えばいいだろうか。

クラシック音楽はのちのベートーヴェンの時代になると、音楽家の個性が強く出るようになるが、バッハの時代の音楽は、まだ、あくまでも神に捧げられるものだった。

ジャン＝マリー・ストローブ、ダニエル・ユイレ共同監督の「アンナ・マグダレーナ・バッハの日記」（68年）では、実際のピアニスト、グスタフ・レオンハルト演じるバッハが「すべての音楽は神を讃美するもの」と言っている。音楽家の個性は神の前では抑えられていた。

岩井俊二監督の「リップヴァンウィンクルの花嫁」（16年）では、ヒロインの黒木華が、夫との生活から追い出され、ひとり大きなバッグを持って東京の町をさまよい歩く場面にバッハの《管弦楽組曲第三番》のアリアが流れる。

黒木華が歩く町は蒲田あたりの工場街。その殺風景な町とバッハの音楽が絶妙な対比になる。悲しい場面がバッハで浄化される。

この曲は最後にもう一度使われる。AV女優だった娘の死の報に接し、りりィ演じる母親は、怒りと悲しみから焼酎をあおり、突然、裸になる。この時、再びバッハのアリアが流れる。鎮魂曲になる。

シャーロット・ランプリングとトム・コートネイが長く連れ添った夫婦を演じるイギリス映画「さざなみ」（15年、アンドリュー・ヘイ監督）は、もっとも分かりあっていると思われた夫婦にも、なお心の亀裂があったことを描いた冷んやりとした映画だが、ここにもバッハが流れる。

イギリスの田舎町に住むシャーロット・ランプリング（若い頃は学校の先生をしていたらしい）は、

ある日、物置きから古い楽譜を見つけ、ピアノに向かう。

バッハの《平均律クラヴィーア曲集》第二巻の前奏曲とフーガを弾く。しかし、すぐに気分を変えて、弾くのをやめてしまう。夫が、死んだ昔の恋人のことばかり話すようになったことに心を乱しているためか。バッハの神に捧げる曲は、気持が静かな時でないと弾けないのだろう。

バッハはこれまで数多くの映画で使われている。とりわけベルイマンはバッハが好きでベルイマンにしては珍しいコメディ「この女たちのすべてを語らないために」(64年)では「リップヴァンウィンクルの花嫁」と同様、《管弦楽組曲第三番》のアリアを使っている。

私などの世代が映画のなかで最初にバッハを聴いたのはビリー・ワイルダー監督の「サンセット大通り」(50年)だろう。

グロリア・スワンソン演じる、過去の名声のなかに生きている往年のスターに仕える執事兼運転手のエリッヒ・フォン・シュトロハイムが、ある時、屋敷のオルガンでバッハの〈トッカータとフーガ〉を弾く。まるで過去の栄光を偲ぶように。この時、古ぼけた屋敷が神さびた教会のように見えてくる。

ディズニー映画、ジュール・ベルヌ原作、リチャード・フライシャー監督の「海底二万哩」(54年)で、ジェイムス・メイソン演じるネモ船長が潜水艦という〝屋敷〟のなかのオルガンで《トッカータとフーガ》を弾いたのは、「サンセット大通り」のエリッヒ・フォン・シュトロハイムに倣ったのかもしれない。そしてこれは以前、本コラムでも書いたが、近年カルトムービーになっているエドガー・G・ウルマーの怪奇映画「黒猫」（34年）では、ボリス・カーロフが屋敷で《トッカータとフーガ》を弾いている。「サンセット大通り」のシュトロハイムはこれを意識したのかもしれない。

最近見た面白い映画にまたひとり、バッハしか聴かない、バッハのレコードしか持たないというバッハ好きが出てきた。

オランダ映画「孤独のススメ」（13年、ディーデリク・エビンゲ監督）。冒頭にバッハの言葉、「難しくはない。しかるべき時にしかるべき鍵盤を叩きさえすればよい」が紹介される。

主人公は緑豊かなオランダの美しい町に一人住む初老の男。奥さんを亡くしている。一人息子は家を出ていった。世捨人のように静かに暮している。

生活は規則正しい。昨年公開のイギリス映画「おみおくりの作法」（13年）の主人公のように。毎日決まった時間に教会に行き、決まった時間に食事をする。メニューも決まっている。

ピューリタンらしいシンプルな暮しを続けている。彼の唯一の楽しみは、ひとり、バッハを聴くこと。とくに歌がうまかった息子が子供時代にボーイソプラノで歌った《マタイ受難曲》のアリア〈憐れみ給え、わが神よ〉のテープを繰り返し聴く。まるで亡き妻を偲ぶ儀式のように。

この曲はタルコフスキーの「サクリファイス」（86年）にも使われた、キリストへの鎮魂曲。妻を亡くした初老の男にはこの曲が慰めになるのだろう。

二〇一六年三月二日。文京区のトッパンホールで、フランスのピアニスト、アレクサンドル・タローが演奏するバッハの《ゴルトベルク変奏曲》を聴く。

一九六八年生まれというからまだ四十七歳。若く端整な美男子。演奏も若々しく、華麗で力強い。愛聴しているコンスタンチン・リフシッツとも、前年、オーチャード・ホールで、この曲を弾いたわがミューズ、小山実稚恵とも違う新しいバッハ。素晴しい演奏だった。

アレクサンドル・タローは映画にも出演している。ジャン＝ルイ・トランティニャンとエマニュエル・リヴァが老夫婦を演じたミヒャエル・ハネケの「愛、アムール」(12年)。

ピアニストだったエマニュエル・リヴァの弟子という役で、本名が役名になっていた。シューベルトの《即興曲》の他に、バッハの〈コラール前奏曲　主イエス・キリストよ、わたしは汝の名を呼ぶ〉を弾いた。あの女性の最期を思うと、この曲も鎮魂曲だったのだろう。

（2016年5月上旬号）

「ヒトラーの忘れもの」の地雷のこと、「手紙は憶えている」のピアノ曲のことなど

少年たちが浜辺に埋められた無数の地雷を手さぐりで撤去してゆく。いつ爆発するか分からない。死と隣り合わせの作業が、まるでシジュフォスの試練のように続いてゆく。

デンマークの監督、マーチン・サントフリート（脚本も）の「ヒトラーの忘れもの」（15年）は、息詰まるような緊張感がただごとではない。

実話だという。第二次世界大戦下、デンマークを占領したナチス・ドイツは連合軍の上陸を阻止するために海岸線に厖大な数の地雷を埋めた。戦争が終わって、地雷を撤去しなければならないが、デンマークはイギリスの提案で、その危険きわまりない作業にドイツ軍の捕虜を当らせることにする。

ドイツ兵が狩り出される。まだ頬の紅い少年兵が多い。彼らは地雷撤去の技術も知らない。爆発し

たら、それで終わり。震えながら地雷を探る。当然、次々に犠牲者が出る。「家に帰りたい」「お母さん」と言って死んでゆく少年兵たちが痛ましい。

戦争末期、敗色濃いドイツでは、兵力が足りなくなり、十代の少年たちを戦場に送り出すようになった。

それで思い出すのは、私などの世代では、高校生の時に見たドイツ映画、ベルンハルト・ヴィッキ監督の「橋」(59年)。

一九四五年の四月。中部ドイツの小さな町に連合軍の戦車隊が接近してくる。町の十代の高校生七人が、町はずれにある小さな橋を守備することになる。指揮官は少年たちを安全な任務につかせたつもりだったが、アメリカ軍はその橋にやって来る。退却すればいいものを少年たちは必死になって戦う。そして一人を残し、次々に死んでゆく。

最後、生き残った少年が「家へ帰ろう、家へ帰ろう」と狂ったように言いながら友人の遺体を引きずってゆくところで終わる。

戦闘が始まるまでは少年たちは意気軒昂だった。敵をやっつけると意気ごんでいた。しかし、いざ戦闘が始まると、その激しさ、むごたらしさを前に恐怖する。はじめて戦争の現実を思い知らされる。

戦場は、母親のいる温かい家庭の対極にある。「家へ帰ろう、家へ帰ろう」と言って去ってゆく「橋」の少年は、「ヒトラーの忘れもの」の「家へ帰りたい」と泣く少年たちの姿と重なり合う。

ナチスがあまりの絶対悪だったために戦後、ドイツは自分たちも被害者だったとは言いにくくなってしまったが、一九四五年二月のドレスデン爆撃では一般市民を主に十三万余の犠牲者を出した。当時、ドレスデンで捕虜になっていたカート・ヴォネガットはその悲惨な体験から、のちに『スローターハウス5』（伊藤典夫訳、早川書房）を書く。

戦後のドイツは無惨だった。二〇一五年に出版された歴史家、イアン・ブルマの『廃墟の零年1945』（三浦元博、軍司泰史訳、白水社）によれば、いたるところで女性がレイプの犠牲になったという。とくにソ連軍がひどかった。スターリンは、血と炎の数千マイルを行進した兵士たちには「女と少し楽しむ」資格があると言い放った。

捕虜を使役することは厳密にいえば国際法に違反するが、戦勝国が無理を通してドイツの少年兵を地雷撤去に当らせたのだろう。ナチスの被害者がこんどは加害者になる。憎しみの連鎖だった。「ヒトラーの忘れもの」はデンマークとドイツの共同製作という。そこに救いがある。

英題は“Land of Mine”（地雷の地）。

地雷を撤去するには、空爆でいっぺんに吹き飛ばしてしまえばいいと素人は考えてしまうが、そうは簡単にゆかないようだ。結局は、手作業によるしかないという。

イギリスの戦争映画、北アフリカ戦線を舞台にしたJ・リー・トンプソン監督の「恐怖の砂」（59

年）に地雷の恐怖が描かれていた。

イギリスの大尉（ジョン・ミルズ）が部下や看護婦らと砂漠をジープで突っ切る。途中、南アフリカの軍人（アンソニー・クエイル）を乗せる。この男が間違って地雷を踏んでしまう。動けば爆発する。ジョン・ミルズが手作業でなんとか地雷を無事に処理する。

地雷には信管というものがあって、これが厄介なのだろう。

地雷の怖さを描いた映画といえば、二〇〇二年に日本公開された、ボスニア紛争を描く「ノー・マンズ・ランド」（01年、ダニス・タノヴィッチ監督）が忘れ難い。

一九九三年、相争うボスニアとセルビアの中間地帯《ノーマンズランド》でボスニア兵が砲撃を受け、地雷の上に倒れてしまう。助けようと動かせば、地雷が爆発する。兵士は身動き出来ないまま、地雷の上に取り残される。残酷なブラック・ユーモアで衝撃を受けた。

その危険な地雷を掘り出して金に換える子供たちがいる。イランのバフマン・ゴバディ監督の「亀も空を飛ぶ」（04年）。

イラクにあるクルド人の難民キャンプには、片脚のない子供や、両腕のない子供がいる。地雷の犠牲になった。その子供たちが、地雷の埋まっている危険な草原に入り込み、地雷を掘り出す。まるで畑から野菜を収穫するように。

なぜ、子供たちはそんな危ないことをしているのか。彼らは掘り出した地雷を仲買人を通して国連事務所に売る。それで得た金で暮しを支える。無謀というか、たくましいというべきか。

ゴバディ監督にインタビューする機会があったが、実際に起きていることだという。しかも、回収された地雷は闇の市場で売られ、また使われる！　この事実には愕然とした。

「スウィート　ヒアアフター」（97年）「アララトの聖母」（02年）で知られるアトム・エゴヤン監督（アルメニア系カナダ人）の新作「手紙は憶えている」（15年）のラストの大どんでん返しには驚嘆した。マイケル・アンダーソン監督の「生きていた男」（58年）以来の驚き。

アウシュヴィッツで家族を殺された男（クリストファー・プラマー）が九十歳になる人生の終わりに、ついに元ナチスの犯人をつきとめる。復讐の旅に出る。

その先、詳しいことは書くことは出来ないが、以下は書いてもいいかもしれない。

この男は、若い頃、ピアノを習っていた。ある場面でピアノを弾く。曲はメンデルスゾーンの《ピアノ協奏曲第一番》。いうまでもなくメンデルスゾーンはユダヤ人。

最後、男はもう一度、ピアノを弾く。そこで弾く曲は……。

ジュリアン・デュヴィヴィエ監督のサスペンス「自殺への契約書」（59年）が、これと同じ伏線を使っていた。

戦争が終わって十五年。かつてのレジスタンスの仲間九人が、パリ郊外のある屋敷に集まる。女主人のダニエル・ダリューが「このなかに一人、裏切者がいる」と告げる。そのために、リーダーがナチに殺された。

犯人は誰か。疑心暗鬼のなか犯人探しが始まる。最後、犯人が分かるのだが（俳優名はここでは書けない）、その前に絶妙な伏線がある。

まだ全員が、裏切者がいると知らされず、なごやかに歓談しているとき、一人が部屋にあるピアノを弾き始める。もう一人が、ある曲をリクエストする。……だった。

「手紙は憶えている」でも……が重要な伏線だったと最後に分かる。

（2016年12月下旬号）

第三章

戦後70年を過ぎて

「風立ちぬ」と「零戦燃ゆ」のこと、ウィリアム・ロスのことなど

瓦屋根の日本家屋、緑なす田圃、帆かけ舟の行き交う川、川辺の柳、煉瓦の煙突……。

宮崎駿監督「風立ちぬ」(13年)の冒頭、堀越二郎少年の故郷の町が上空から俯瞰でとらえられるが、その風景が牧歌的な箱庭のようで美しい。

二郎少年は絣《かすり》の着物に袴《はかま》という「日本の少年」の姿で、町を、野を歩く。下駄を履いている。学生帽をかぶっているが、夏なので白いカバーをかけている。昔の学生は夏にそうしたものだった。

「風立ちぬ」は一方で零戦という最新鋭の戦闘機をめぐる物語でありながら、同時に大正から昭和を生きた人間の物語として、随所にいまは失われた懐しい風物を描きこみ、日本人はこういう時代と生活空間を生きてきたのだと振り返らせる。

二郎少年は母親にだけではなく妹にまで「ます」「です」と丁寧な話し方をする。妹はおかっぱ頭をしている。関東大震災のあとの東京では、隅田川を一銭蒸気（ポンポン蒸気船）が走っている。二郎少年の下宿には大きな設計図のそばに卓袱台《ちゃぶだい》があり火鉢がある。

飛行機の設計図と卓袱台と火鉢という組合せが面白い。西洋列強に追いつき追い越そうとしている近代日本の必死さ、けなげさが二郎少年の下宿の部屋にあらわれている。

それは名古屋の三菱の工場で完成した戦闘機を、牛を使って運ぶという珍妙な、どこかユーモラスな姿にもあらわれている。

他方、二郎が愛するようになる菜穂子が過ごす夏の軽井沢には擬似西洋がある。菜穂子はパラソルを持つ少女であり、どこか印象派の絵画から抜け出たよう。ホテルでは客は、西洋風にテーブルにつき食事をする。

ドイツ人がドイツ映画「會議は踊る」（31年、エリック・シャレル監督）のなかでリリアン・ハーヴェイが歌い、日本でも愛唱された〈ただ一たび〉を歌い、日本人の客もそれに加わる。平和な時代の最後のくつろぎのように。

シベリアが出てくるのも懐しい。羊羹をカステラで挟んだ三角形のお菓子。昭和二十年代、子供の頃、シベリアはご馳走だった。

なぜシベリアなのかは諸説ある。シベリアの人が作った。シベリア帰りの人が広めた。白いカステラのなかに黒い羊羹、それがシベリアの雪原を走る列車に似ている、などなど。

三菱の社員になった二郎が夕食がわりにシベリアを食べる。戦後に登場したお菓子かと思ったら戦前にすでにあったか。

そういえば、グルメで知られた古川緑波は食のエッセイ『ロッパ食談』（55年、東京創元社）のなかで大正時代、早稲田中学の学生だった頃、市電の早稲田終点の近くにあったミルクホールでよくシベリアを食べたと書いている。

大正時代からあったようだ。零戦の設計に没頭する二郎がシベリアを食べる。ここにもやはり近代日本の必死さ、けなげさがある。

「日本は貧しい国だ」という言葉が何度か出てくるが、当時の日本人は、豊かな欧米先進諸国に勝とうと必死だった。

だが零戦を牛で運ぶような国力でアメリカに勝つのは至難の業だろう。零戦は登場した時にはアメリカに脅威を与えたが、すぐに追いぬかれてしまう。

堀越二郎が登場した映画がある。一九八四年に公開された舛田利雄監督の「零戦燃ゆ」。柳田邦男のノンフィクションの大作を笠原和夫が脚本にした。堀越二郎を北大路欣也が演じている。いかにも真面目な技術者という清潔感がある。

この映画のなかで零戦がなぜ敗れたか、興味深い事実が描かれている。

零戦は当初から攻撃力はすぐれていた。ところが防御力が弱かった。防御壁はペラペラで敵に攻撃されるとひとたまりもなかった。

零戦をよく知る軍人は、その欠陥を指摘し、改良しようと試みるが、海軍の上層部がそれを阻害した。「われわれには大和魂がある」。技術の不備を精神力で補えというおよそ神がかった精神主義がまかりとおる。

結局、飛行士は死んでもいいと消耗品扱いしている。日本の敗因のひとつはこの精神主義にあったことを「零戦燃ゆ」は明らかにしている。

「零戦燃ゆ」にはマッカーサーが出てくる。フィリピンで初めて零戦の脅威を知る。演じているのはウィリアム・ロスという、日本に在住し、数々の日本映画に外国人役で出演した俳優。

俳優というか、正確にはエキストラとして映画出演しているうちにいつのまにか俳優のような存在になったというのが面白い。

普通、誰もこの人のことを知らないだろう。私も知らなかった。たくさんの映画に出演しているから見たことはある筈だが、まず、顔と名前が結びつくことはなかった。

そこに本が出た！　染谷勝樹氏がウィリアム・ロスと日本人の奥さん美智恵・ロスにインタビューした『ウィリアム・ロス映画人生五〇年——妻、そして外国人俳優の仲間たち——』（ブイツーソリュージョン)。

これには二重の意味で驚嘆した。まず、こういう俳優がいたということに。次に、彼について長年、調べている人がいたということに。傍役好きの人間もこれには脱帽した。

ウィリアム・ロスは一九二三年、オハイオ州シンシナシティの生まれ。第二次世界大戦には応召しノルマンディ上陸作戦に参加している。朝鮮戦争にも行っている。戦後、日本語を学ぼうと昭和三十一年に来日し、日本語学校で学んだ。日本語が少し出来るので映画に出ないかという話が来た。

それで出演したのが「明治天皇と日露大戦争」(57年)のロシア軍人。そのあと石原裕次郎主演の「海の野郎ども」(57年)では船の機関士。

その後、次々に日本映画に、さらに日本でロケされたアメリカ映画に出演するようになった。日本でロケされたジョン・ヒューストン監督の「黒船」(58年)に出演した時、事務の仕事をしていた美智恵さんと知り合い、結婚。タウンゼント・ハリス役のジョン・ウェインが仲を取り持ったという。

面白い話が次々に語られてゆく。後年は、日本映画の海外版の吹替えもするようになる。なんとそのひとつがJALやANAの機内で上映される「男はつらいよ」。三十本以上この吹替えをしたという。寅さんのセリフを英語で話したわけだ。

こういう人がいたとは。またそれを丹念に調べてインタビューする人がいるとは。

(2013年9月上旬号)

「ハンナ・アーレント」のこと、ウィリアム・ショーンのことなど

第二次世界大戦中、ユダヤ人を大量虐殺したナチスの高官たちは、一般的には冷酷な悪魔、残忍なモンスターと思われていた。

ところが、そのなかの一人、元親衛隊隊長でユダヤ人虐殺の責任者、アドルフ・アイヒマンは、悪魔でもモンスターでもなく、平凡な役人、組織のなかの歯車でしかなかった。

マルガレーテ・フォン・トロッタ監督の「ハンナ・アーレント」(12年)は、一九六〇年、アルゼンチンに潜伏中、イスラエルの諜報機関モサドに逮捕され、イェルサレムで裁判を受けることになったアイヒマンを法廷で観察したドイツ系ユダヤ人の哲学者ハンナ・アーレント(バルバラ・スコヴァ)の物語。

裁判を傍聴したハンナは、悪名高き虐殺者が、意外なことに、どこの組織にもいるような平凡な男でしかないことを知り、驚く。彼はただ、「上官の命令に従っただけ」と自己弁護を繰返す。絶大な権力を持ち、ユダヤ人を殺戮した男とはとても思えない。彼にとってはユダヤ人虐殺は、日常的な仕事のひとつに過ぎず、上官に命じられて、ただ仕事を機械的に能率的にこなしていったに過ぎなかった。

ハンナ・アーレントはその事実に驚き、率直に文章にした。それがアイヒマンを悪魔視するユダヤ人社会の大反発を引き起してゆく。

この映画を見ながら思い出すのは、政治学者、丸山眞男の名論文「軍国支配者の精神形態」(『現代政治の思想と行動』未来社、64年)。

丸山眞男は戦前の日本の指導者と、ナチスの高官を対比的に論じた。戦後の、戦争責任追及裁判での両者の態度はまったく違った。ナチスの指導者たちは、ゲーリングに見られるように裁判でなんら悪びれることなく悪の論理を貫いた。丸山眞男の言葉を借りれば「無法者の痰呵」を切った。

これに対し、日本の支配層は、裁判で戦争責任をなんとか回避しようと逃げ続けた。無責任であり、悪の認識に欠けていた。

丸山論文を読んだうえで「ハンナ・アーレント」を見ると、イェルサレムでのアイヒマンに「悪の凡庸さ」を見たハンナ・アーレントは、東京裁判での支配層に「悪の矮小さ」を見た丸山眞男と同じことを考えていたことになる。

彼女は丸山論文を知っていただろうか。

ハンナ・アーレントのアイヒマンについての論文を思い切って掲載したのは『ニューヨーカー』誌。二代目の編集長ウィリアム・ショーン（映画では、ニコラス・ウッドソンが演じている）の決断だった。『ニューヨーカー』は都会的なおしゃれな高級誌のイメージが強いが、ジャーナリスティックな面もある。

ジョン・ハーシーの『ヒロシマ』、トルーマン・カポーティの『冷血』、レイチェル・カーソンの『沈黙の春』という二十世紀に書かれた重要な作品はウィリアム・ショーン時代の『ニューヨーカー』が掲載した。ヴェトナム戦争に対して批判の論陣を張ったのも同誌である。

『東京人』の元編集長、粕谷一希さんは一九八六年の十一月にニューヨークで、当時七十九歳のショーンに会っている。

『東京人』八七年新春第五号（当時は季刊）にそのインタヴュー記事が載っている。高齢にもかかわらず現役のウィリアム・ショーンは、『ニューヨーカー』の三つの原則を語っている。

第一にジャーナリスティックであること、第二に文芸的であること、第三に美的であること。ジャーナリスティックであることを第一に挙げるところは、ハンナ・アーレントの論文を掲載したショーンらしい。

粕谷一希さんによれば、ショーンは「四十四丁目の幽霊」と呼ばれるほど、表に出るのを嫌い、インタヴューはすべて断わっているという。晩年の『東京人』でのインタヴューはきわめて異例ということになる。

ウォーレス・ショーンという傍役がいる。ウディ・アレンの「マンハッタン」(80年)で、ダイアン・キートンの新しい恋人として登場する。どんな素晴しい男が登場するかとウディ・アレンが案じていると、そこに自分より背が低く、頭の毛が薄い、冴えない男があらわれたのでほっとする。

それがウォーレス・ショーン。ジョン・アーヴィング原作、トニー・リチャードソン監督の「ホテル・ニューハンプシャー」(84年)の態使いも忘れ難い。

このウォーレス、ウィリアム・ショーンの息子である。

「ハンナ・アーレント」には作家メアリー・マッカーシーも登場する(ジャネット・マクティア)。ドイツから亡命してきたハンナと親しくなる。ハンナが『ニューヨーカー』にアイヒマンについて論文を書き、モンスターではなかったと評したため、加えて、ユダヤ人のなかにはナチスに協力した者もいたと書いたため、ユダヤ人社会の大バッシングを受ける。メアリーはこの友人をかばい、守り続ける。

メアリー・マッカーシーといえば、日本では、シドニー・ルメット監督によって映画化された「グループ」（66年）の原作者として知られ、大衆作家のイメージが強い。ハンナ・アーレントと深い交流があったとは知らなかった。

あわてて、Carol Gelderman の伝記"Mary McCarthy"（88年）を読んだ。なんと俳優のケヴィン・マッカーシーは弟だという。

アーサー・ミラー原作、ラースロー・ベネデク監督の「セールスマンの死」（51年）や、日本ではビデオで発売されたジャック・フィニイ原作、ドン・シーゲル監督の「ボディ・スナッチャー／恐怖の街」（56年）などで知られる。

モンゴメリー・クリフトと親しく、モンティが交通事故を起した時、その車を先導していたのがケヴィン・マッカーシーだった。

「刑事コロンボ　偶像のレクイエム」（73年）にはアン・バクスターの恋人役で出演している。メアリー・マッカーシーの弟だったか。

（2013年12月下旬号）

荒井晴彦監督「この国の空」のこと、是枝裕和監督「海街diary」のこと

戦時下、東京は静かだった。

意外に思われるかもしれないが、空襲が連日のように続いていたからこそ、時折り訪れる静寂がいつも以上に強く感じられた。

例えば、昭和五年東京生まれの文芸評論家、高橋英夫は『文人荷風抄』（岩波書店、13年）のなかで、昭和二十年二月二十五日の大雪の降った日は怖ろしいほどの静けさだった、「戦争中の最も不気味な一日だった」と記している。その日（日曜日）、東京では朝から雪が降った。そのなかを米軍機が襲来した。雪と空襲。白い世界に爆撃機の音が聞えてくる。「この世の涯に来てしまった感じは、今でも一塊の不気味な記憶として残っている」

永井荷風も『断腸亭日乗』のなかでこの日の雪の異様さを記している。「窓外も雲低く空を蔽ひ音もなく雪のふるさま常に見るものとは異り物凄さ限りなし」

連日の空襲によって死を意識せざるを得ない者にとっては、雪の白さ、雪の静寂が普通以上に強く迫ってきたのだろう。

東京空襲と言えば、三月十日の下町を襲った東京大空襲がよく知られるが、二月二十五日の雪の日の空襲も当時の東京人には忘れられない異様な記憶になっている。

高井有一（昭和七年生まれ）の長篇小説『この国の空』に、二月二十五日の空襲のことが出てくる。主人公の里子の伯母が、この空襲によって駒込の家を焼け出され、杉並に住む里子の家を頼って来る。里子は伯母に会って二月二十五日の空襲を思い出す。

「里子は、その日は早朝と午後三時近くの二度、激しい空襲があったのを思い出した。朝には艦載機約百機が、午後からはこれも百機を超す戦爆聯合の編隊が、東京と関東の各地を襲ったのである」

空襲と雪、爆音と静寂。戦争は思いもかけない「この世の涯に来てしまった感じ」を人の心に刻みつける。

高井有一原作、荒井晴彦監督（脚本も）の「この国の空」（15年）は、戦時下の東京の異様な静けさを見せてゆく。すぐ近くでは爆弾が落ち、人が死んでいるのに、主人公の里子（二階堂ふみ）の日常には、台風の目のような静けさがある。

町はがらんとしている。人の姿は少ない。青年たちは戦場に行った。子供たちは疎開した。田舎に伝手《つて》のある住人たちも町を去ってゆく。残されるのは、行くあてのない者。沈みかかった船に取り残されてしまったように心細い暮しをしている。

この映画は、近未来の死の都を思わせる、人の少なくなったからっぽの東京を静かにとらえてゆく。こういう戦争映画はこれまでなかったように思う。

舞台は杉並区の西、善福寺あたり。関東大震災のあとに開けていった郊外住宅地である。里子は十九歳。会社員だった父親は結核で亡くなり、母親（工藤夕貴）と二人で暮している。そこに家を空襲で焼かれた伯母（富田靖子）がやって来て、一緒に暮すようになる。

隣家には、銀行員の市毛（長谷川博己）が住んでいる。妻子は田舎に疎開した。一人、残留要員として残っている。若い里子は、一人暮しの市毛のことが気になる。町から男が少なくなっているなか、市毛は数少ない壮年男子である。徴兵検査では丙種だったため兵隊に取られないでいる。

冒頭、里子は市毛の家に行き、空襲対策としてガラス戸に襷掛《たすきが》けに紙を張るのを手伝う。市毛は紙の張り終わったガラス戸を見ながら「何だか、もの哀しいね」と言う。里子はそれにうなずく。

空襲対策として紙を張ったのに、かえってそのことが空襲を、さらには死を思い出させることになる。二人は言わば、末期《まつご》の目で町の風景を見ることになる。二月二十五日の雪の日の空襲に接し、当時十四歳の高橋英夫が「この世の涯に来てしまった感じ」を覚えたのに似ている。

この映画が、終始、静けさに浸されているのは、二人が末期の目で世界を見ているからだろう。高井有一の原作には、当時の杉並区では、下町などで焼け出された被災者が流入してきたとあるが、映画はあえてそれを見せずむしろからっぽの町を強調している。二人の末期の目を大事にしているからだろう。この世にはもう自分たちしかいない。

ある日、市毛と里子は大森あたりに買い出しに行く。誰もいない静まりかえった神社のなかで抱き合う。戦争という現実を忘れている。そのあと近所の女性に注意されて現実に引き戻される。

空襲が迫ってくればくるほど里子は現実から離れようとする。里子のほうから市毛に抱かれにゆく。恋愛というものとは少し違う。この世の最後に、一瞬燃え上がりたいという必死な思いなのだろう。

庭で育ったトマトの真赤な色は、一瞬の生の証しかもしれない。全体に色の乏しい映画のなかで、垣根のところに咲くヒマワリの黄色とトマトの赤が鮮やかに心に残る。

そして不意に戦争が終わる。「この世の涯」を見てしまった若い女性が突然に現実に戻される。その戸惑い、虚脱感、にもかかわらずもう一度、生きてゆかねばという強い思い。最後、歩き始めた二階堂ふみが、こちら側を振り返る一瞬には、死から生への大胆な転換がある。静かな映画が、ここで初めて叫び声を上げたような。

日本映画専門チャンネルで放映されたドキュメンタリー『映画「海街diary」が生まれるまで』(15年、浦谷年良演出)を面白く見る。

何よりも、是枝裕和監督が現場で、新人の広瀬すずをはじめ女優たちに、丁寧に演技指導しているのに感じ入る。怒ったり、怒鳴ったりはまったくない。終始、穏やかに、言葉を選びながらどういう気持で演じて欲しいかを説明してゆく。

これを見たら、どんな女優も「是枝作品に出たい」と思うのではないだろうか。

長女（綾瀬はるか）の恋人の医師を演じる堤真一が撮影中、「この役は必要ないのではないか」と思いがけないことを言い出す（是枝監督には俳優は自分の意見を言いやすいのだろう）。しばらく考えたあと、是枝監督はいつも母親の役割をしている長女の女らしさを見せるために恋人は必要なのだと説明する。堤真一は納得する。俳優と監督のあいだにいいコミュニケーションがある。

気になっていたロケ地も知ることが出来た。すずの父親が働いていた旅館は、花巻市の鉛温泉にある老舗の藤三《とうさん》旅館。ここは、昭和三十一年の日活作品、田宮虎彦原作、新藤兼人監督、乙羽信子、長門裕之主演の「銀《しろがね》心中」の舞台になったところ。当時、このあたりを走っていた、〝馬面《うまづら》電車〟の愛称で知られた花巻電車が出てくるので鉄道好きには名高い映画。是枝監督はこの映画に思い入れがあるのだろうか。

吉田秋生の『海街diary』が発表された時、すずが鎌倉から山形の温泉町にやって来た三人の姉を見送るローカル線の小さな無人駅がどこか気になった。架空の駅になっているが、推定してみる楽しさがあり、山形県を走る、沿線に温泉の多い陸羽東線のどこかと考えていた。

ドキュメンタリーを見ると、映画では、わたらせ渓谷鐵道の足尾駅で撮影されていた。

（2015年8月下旬号）

ドイツ映画「顔のないヒトラーたち」で描かれたアウシュヴィッツ裁判のこと

ドイツ人の多くは、戦後、長いことアウシュヴィッツの悲惨を知らなかった。あるいは知っていても口を閉ざしていた。

初めて公けにされたのは、心ある検事たちの努力によって、一九六三年から六五年にかけてフランクフルトで行なわれたアウシュヴィッツ裁判でだったという。

ドイツ映画「顔のないヒトラーたち」(14年、ジュリオ・リッチャレッリ監督)は、この、これまで語られることの少なかったアウシュヴィッツ裁判がいかにして可能になったかを描いた力作。事実に基づいているという。戦後の西ドイツで、アウシュヴィッツのことが長く「嘘と沈黙」によって明らかにされていなかったとは、この映画で初めて知った。

一九五八年。戦争の時にはまだ子供だった若い検事（アレクサンダー・フェーリング）が、ナチスの犯罪を追及しているジャーナリスト（アンドレ・シマンスキ）によって強制収容所で何が行なわれていたかを知り、衝撃を受ける。この検事は架空の人物だが、実在の数名の検事を組合せているという。

一九五八年の西ドイツでは、アウシュヴィッツのことがほとんど語られていなかったとは驚くに足る事実である。主人公の若い検事でさえ知らなかった。だから衝撃を受けた。

検事は、幸い理解あるユダヤ人の上司や同僚たちの協力を得て、収容所の残虐行為に関わった者たちを探し出し、裁判を行なおうとする。若い勇気である。

怖いのは、当然のように妨害が入ること。上司は「一歩外に出れば敵だらけだ」と危惧する。権力組織のなかには元ナチスが多数いることを語っている。戦争体験のある先輩は「父親たちを犯罪者にするのか」と批判する。ナチスと戦ったアメリカは「我々の現在の敵はソ連だ」と腰が引けている。収容所から奇跡的に生きのびたユダヤ人さえ「何をしても無駄だ」とあきらめきっている。

犯罪者を探す検事の部屋に、ある夜、カギ十字が書かれた石が投げ込まれるところは不気味。

ナチスの犯罪を追及することが、当時、いかに大変だったかが分かる。「自分の国の人間を裁くのか」と非国民扱いされてしまう。弱気になった主人公が、一時、裁判から手を引こうとする姿は、身につまされる。

それにしても、戦後、西ドイツでなぜアウシュヴィッツが語られなかったのか。いろいろな理由が考えられる。

ナチスの指導者たちを裁くいわゆるニュルンベルク裁判は、一九四五年に始まり、案件ごとに数度にわたる裁判が行なわれたあと、四九年に終了した。ここではアウシュヴィッツは裁かれなかった。

ちなみにスタンリー・クレイマー監督の「ニュールンベルグ裁判」(61年)は、いくつかの裁判のひとつ、一九四七年に行なわれたナチス・ドイツの裁判官たちを裁く裁判を描いている。裁判の過程でアメリカの検事(リチャード・ウィドマーク)がブーヒェンヴァルト強制収容所の記録映像を法廷で映写する場面があるが、アウシュヴィッツは語られていない。

一連のニュルンベルク裁判が四九年に終了したことで、ドイツ人は「過去の清算」は終わったと判断したのだろう。

アデナウワー首相はひたすら経済復興に力を入れた。「顔のないヒトラーたち」で描かれたように、東西冷戦が始まり、アメリカが「新しい敵はソ連だ」と考えたことも大きい。一方、ソ連圏の東ドイツではナチ戦犯の追及は厳しかったというが、「鉄のカーテン」の向こうのこと、これについてはよく分かっていない。

そして、西ドイツでアウシュヴィッツが語られなかった最大の要因は、それが「触れられたくない過去」だったからだろう。うしろめたさがあるから善良の市民でさえ口をつぐんだ。

映画「ニュールンベルグ裁判」のなかに印象的な場面がある。アメリカからやって来た裁判長(スペンサー・トレイシー）が町の屋敷に滞在することになる。中年のドイツ人夫妻が身の回りの世話をする。実直な小市民である。

ある時、裁判長は彼らにあえて聞く。「あなたたちは戦争中、何をしていたのか」「この近くにダッハウの収容所があったが、そこで何が行なわれていたか知っていたか」

夫婦は「そんなことを聞くなんて」と困惑する。多くの普通のドイツ人にとっては「触れられたくない過去」なのだ。

それで思い出したのが、ロナルド・ニーム監督、ジョン・ヴォイト主演で映画化（74年）されたフレデリック・フォーサイスの『オデッサ・ファイル』（角川書店、74年、篠原慎訳）。戦後育ちのジャーナリスト（映画ではジョン・ヴォイト）が、元ナチスの国外逃亡を助ける組織オデッサを追及する。時代設定はケネディ暗殺のあった一九六三年。

この時点でも、若い主人公は、はじめナチスがしたことをよく知らなかった。自殺した老ユダヤ人が書き残した文章ではじめて収容所の実態を知る。あまりに想像を絶していた。

あの時代を知っている母親（映画ではマリア・シェル）に「母さんは、ああいうことが行なわれているってことを……感づいていた？」と聞くと、母親は答える。

「恐ろしいことだわ。ひどいことよ。戦争が終わってから、イギリス軍に映画を見せられたわ。あのことについてはもう何も聞きたくありませんよ」「いいかげんにしてちょうだい」

そして、息子がナチスの犯罪を追おうとしていると知ると「そっとしておきなさい」と仕事をやめるように懇願する。「過去のことを詮索しても、なんにもならないわ。もうすんだことなのよ。忘れるのがいちばんいいのよ」

こうした「過去のことは忘れたい」という空気が強かったなかで、アウシュヴィッツ裁判に取り組んだ検事たちの悪戦苦闘には心うたれる。

とくに——、この人物は、フィクションだろうが、検事たちを支える中年の秘書の女性（ハンジ・ヨフマン）が素晴しい。太った気のいい彼女が、最後、法廷に出てゆく若い検事に法衣を着せるところは、「肝っ玉おっかさん」のようで微笑ましい。

ドイツはいまナチスの戦争犯罪に厳しい態度をとっている。つい最近も、アウシュヴィッツでユダヤ人虐殺に関わった九十四歳になる元ナチス親衛隊員が有罪判決を受けた。

こうした過去への深い反省のひとつのきっかけになったのが、一九六三年に始まったアウシュヴィッツ裁判だったのだろう。

しかも、重要なのは、ニュルンベルク裁判が「勝者による裁判」だったのに対し、アウシュヴィッツ裁判は「自国民による裁判」だったこと。戦後の日本では、ついにこれが行なわれなかった。その結果、「靖国問題」など、いまだに尾を引いている。

（2015年10月下旬号）

「ミケランジェロ・プロジェクト」「大列車作戦」と、ジュ・ドゥ・ポーム美術館のことなど

パリのコンコルド広場に面して、ジュ・ドゥ・ポームという小さな国立美術館がある。十九世紀後半、「宮廷テニス」の球戯場《ジュ・ドゥ・ポーム》として建設された建物を美術館にした。一九三〇年代には、外国現代美術館として、ピカソ、モディリアーニ、シャガール、ヴァン・ドンゲンらの作品が展示された。

この美術館が有名なのは、一九四〇年六月のナチス・ドイツのパリ占領のあと、ドイツ軍が、フランスをはじめ占領した国から略奪した美術品をここに収蔵したため。

ジョージ・クルーニーが監督、主演した、連合軍の美術品奪回作戦を描く「ミケランジェロ・プロジェクト」(14年)では、冒頭、一九四三年三月、ヒトラーの腹心ヘルマン・ゲーリングがジュ・ドゥ・ポームにやって来て、満足そうに戦利品を眺め、何点かをヒトラーへ贈ることに決める。

祝盃をあげようとシャンパンの用意を命じる。美術館で働いているフランス人の女性がキッチンに行き、グラスを持ってゆく。その前にグラスのなかにつばを吐きつける。彼女は、ドイツのために働いているように見せながら、ひそかにナチスの美術品略奪の実態（どの作品がどこに移されたか）を記録している。弟はレジスタンスに参加して殺された。

ケイト・ブランシェット演じるこの女性（役名はクレール）のモデルは、ローズ・ヴァランという実在のジュ・ドゥ・ポームの学芸員。彼女が命がけで美術品を守った。奪回作戦の影の立役者ということになる。

ナチスによる美術品略奪は、二〇一〇年の作品「ミケランジェロの暗号」（「ヒトラーの贋札」のヨゼフ・アイヒホルツァーが製作）でも描かれている。

ウィーンに住むユダヤ人の画商の子（モーリッツ・ブライプトロイ）が、父親の大事にしていたミケランジェロの作品『モーゼ』をナチスの手から守り抜く。こちらは「ミケランジェロ・プロジェクト」とは対照的に個人の戦い。戦時下の死の恐怖から生き残った主人公が、最後、思いもかけない場所で、父親が子に託したミケランジェロを見つけ出すところはミステリの面白さもあった。

ナチスによる美術品強奪の史実が広く知られるようになったのは、一九六四年に公開されたジョン・フランケンハイマー監督の「大列車作戦」（64年）によってだろう。

戦争末期、敗北濃いドイツ軍の将校（ポール・スコフィールド）が、ジュ・ドゥ・ポームに保管された略奪美術品を鉄道によってドイツへ持ち出そうとする。

しかし、当時、独仏間の鉄道は、フランス人の鉄道員たちによって管理されていた。持ち出しには、フランス人の力が必要になる。当然、機関士（バート・ランカスター）らがレジスタンスを開始する。

この映画にも、冒頭、ジュ・ドゥ・ポームが出てくる。美術館では、フランス人の女性（役名はヴィラール）が働いている。ひそかにレジスタンスに通じている。

ヴィラールというこの女性が、「ミケランジェロ・プロジェクト」でケイト・ブランシェットが演じたクレールと同じで、実在のローズ・ヴァランをモデルにしている。

「大列車作戦」は彼女のメモをもとに作られた。冒頭にヴァランの名が原作者としてクレジットされる。演じているのはシュザンヌ・フロン。ジョン・ヒューストン監督の「赤い風車」（52年）で、自分は不具だと卑下するロートレック（ホセ・ファーラー）をかばい、愛しながら画家のコンプレックスをなくすことが出来ずに悲しく去ってゆく心優しい女性を演じたのが心に残っている。

一九四四年八月。六月にノルマンディ上陸を果たした連合軍はパリに迫る。ドイツ軍は退却を余儀なくされる。略奪した絵をドイツへ運ぼうとする。

「大列車作戦」も、ジュ・ドゥ・ポーム美術館から始まる。ポール・スコフィールド演じるドイツ軍将校は、美術好きで、名画の価値を知っているのは自分だけだと自負している。敗北の混乱のなか、まるで絵を私物化するように独断で、ドイツへ運ぼうとする。

それを知った学芸員のシュザンヌ・フロンが、フランスの国鉄の機関士、バート・ランカスターに、絵画の救出を頼みにゆく。

ルノワール、セザンヌ、ドガ、マネ、ブラック、ピカソ……をなんとか守ってほしい。列車がドイツに行かないようにしてほしい。

「絵画は国の一部です。フランスの精神を培ってきた。心のよりどころです。私たちはそれをずっと守ってきたことを誇りにしています」。彼女は、必死に絵画を守るように訴えるが、はじめ、機関士は拒絶する。

列車をとめたら犠牲者が出る。仲間が殺される。絵を守るために、かけがえのない人間の命が失われていいのか。

「大列車作戦」は戦争アクション映画に見えながら、「ミケランジェロ・プロジェクト」以上に、「名画か、人の命か」の問いを見つめている。アクション映画にとどまっていない。

機関士のバート・ランカスターは、結局はレジスタンスに協力し、ドイツ軍と戦い、名画を守り抜くのだが、その勝利はあくまでも苦い勝利でしかない。

最後、バート・ランカスターは、勝利を誇っていいのに、殺された仲間たちの無惨な遺体に目をやると、ひとり悄然と去ってゆく。彼のなかでは「名画か、人の命か」の疑問は消えていない。いや、前よりも深く、重くなっている筈だ。

「大列車作戦」は、原題が"The Train"とあるように、全篇、蒸気機関車が活躍し、鉄道好きには、愛すべき鉄道映画になっている。

操車場での貨車の入れ替え、ポイントの切り替え。機銃掃射を受けた列車が、難をのがれようとトンネル内に走りこむところや、列車どうしが衝突するところなど迫力がある。

それだけに、機関士のバート・ランカスターが、戦い終わり、走り終えて静かに停車している先頭の機関車の機関室に入り、すべての機器をとめてゆくところは胸を打つ。よく走った機関車をいたわっている。冒頭に命を賭けて戦ったフランスの鉄道員への敬意がクレジットされるのもうなずける。

ジュ・ドゥ・ポーム美術館が出てくる映画がもうひとつある。

ピーター・オトゥールが戦時下の異常な殺人者を演じたアナトール・リトヴァク監督の「将軍たちの夜」(67年)。

冒頭、一九四四年の夏、ドイツの将校、ピーター・オトゥールがジュ・ドゥ・ポームを訪れる。ゴッホの『自画像』を見つめ、異様に目を輝かせる。ナチスにとっては、狂気の収蔵庫でもあった。

(2016年3月上旬号)

アニメ「この世界の片隅に」のこと、「ニコラス・ウィントンと669人の子どもたち」のこと

はじめに水があった。

こうの史代の漫画をアニメにした片渕須直監督の「この世界の片隅に」（16年）の冒頭、主人公のすず（声のん）は、親の使いで、海に近い家（現在の中区江波《えば》あたり）から養殖の海苔を広島市中の料理屋に届けにゆく時、帆掛け舟に乗せてもらう。川は太田川。広島は太田川が六つに枝わかれしたデルタ地帯に町が作られていった水都だった。

すずは、その川を帆掛け舟に乗って市中へと出る。水に浮かぶ少女である。いくつもの川筋、そこに架かる橋、瓦屋根。水都としての広島がよみがえる。

すずは、広島の繁華街、中島本通りを歩き、さらに川辺に建つ産業奨励館のドームを眺めやる。あ

とで、すずは呉の婚家から江波の実家に帰った時、このドームの建物を絵にする。この映画は、ヒロシマではなく、あくまでも惨劇前の水都、広島を美しくよみがえらせる。原爆ドームではなく、産業奨励館の建物を画面に丁寧に描き出す。その点で、長崎の原爆投下一日前の市井の人々の暮しをよみがえらせた井上光晴原作、黒木和雄監督の「TOMORROW　明日」(88年)を思い出させる。

昭和十九年、十八歳のすずは見初められて呉に嫁にゆく。呉は軍港だが、この映画では、緑の山に囲まれ、瀬戸内海の穏やかな海に面した港町として描かれる。とくに、すずの暮す婚家が坂の上にあり、町と海を一望出来るところにあるので、呉はいっそう美しい海辺の町に見える。

映画は、絵の好きなすずの視点でとらえられた広島と呉の町の風景を愛しく再現してゆく。その町が空襲によって、原爆によって、消えていった。無論、人もまた。

この映画は、随所で、何年何月と時を明示してゆく。それはいわば、八月六日の原爆投下、八月十五日の終戦へのカウントダウンの意味を持っている。すずはまだ知らないが、作り手も観客も、やがて惨劇が訪れることを知っている。観客は、そのあとに来る死を知って、広島を、呉を、すずたちの暮しを見ている。「末期の目」で見ていることになる。だから、川を上る帆掛け船が、産業奨励館が、瀬戸内の海が、坂の上の家が、たとえようもなく懐しい。

小さなところだが、この映画で呉には、白いタンポポがある、と知った。普通、タンポポの花は黄色い。しかし、九州の柳川では白いタンポポが咲く。だから北原白秋は「廃《すた》れたる園に踏み入りたんぽぽの白きを踏めば春たけにける」と詠んだ。呉でも、白いタンポポが咲いたのか。

その白いタンポポが咲く野に、すずはいる。「戦争しよってもセミは鳴く、蝶々は飛ぶ」とすずは言うが、戦時下であっても、市井の日常生活は続く。食事の用意をする。洗濯をし、掃除をする。買い物に行く。配給の列に並ぶ。「戦争しよっても」、普通の暮しがある。

この映画は、丁寧にすずの暮しを描いてゆく。卓袱台、炬燵《こたつ》、火鉢、蚊帳《かや》。昭和の暮しが再現されてゆく。ここでも、やがて消えてしまう暮しが「末期の目」で愛しく見つめられてゆく。細部の充実が、物語にリアリティを与える。

そしてカウントダウンが始まる。軍都でもあった呉は激しい空襲に遭う。すずが偶然、知り合った遊廓の女性、リンは、おそらく空襲で死ぬのだろう。

すずも幼ない姪の晴美と町を歩いていて空襲に遭う。いったんは防空壕で難を免れはしたものの、安全と思って外に出た瞬間、時限爆弾が爆発する。昭和十九年生まれで、戦時中の知識はあるほうだと思っていたが、米軍が時限爆弾を投下していたとは初めて知った。それだけに、この場面は衝撃を受けた。

すずは、時限爆弾の爆発で利き腕の右手を失なう。ちなみに、こうの史代は、このあと背景をあえて不自由な左手で描いたという。そのために、背景は不安定に歪んでしまっている。世界は完全に失なわれてしまった。

すずは助かったが、幼ない姪は死んでしまった。すずは、そのために罪責感にとらわれる。井上ひさし原作、黒木和雄監督の「父と暮せば」（04年）で、宮沢りえ演じる広島の若い女性は、自分が原爆に生き残ったことに苦しんだが、戦争で生き残った者は、自分だけがという罪責感にとらわれる。

だから、すずが最後、広島の焼跡で、孤児の女の子を家に連れ帰って育てることになるのが、自然なこととして受け容れられる。最後のクレジットのところで、この女の子が、すずと夫の周作に育てられ、すくすくと育ってゆく姿が描かれてゆく。ここは「その後の物語」として、素直に、心あたたまる。

第二次世界大戦の直前、ユダヤ人の子供たちの生命をナチスから救ったニコラス・ウィントンというイギリス人がいたとは知らなかった。

それも仕方がない。本人が長く、その事実を明かさなかったのだから。ドキュメンタリーと再現ドラマから成る「ニコラス・ウィントンと669人の子どもたち」（11年、チェコのマテイ・ミナーチュ監督）は、この勇気あるイギリス人を描いている。

彼は、戦後、長いあいだ、ユダヤ人の子供たちを助けたことを口にしなかった。奥さんが、たまたま屋根裏で子供たちの資料を見つけて、その事実が公けになった。

ニコラス・ウィントンはなぜ、誇っていい事実を、人に言わなかったのか。

これは、推測になるが、彼は「669人の子どもたち」を助けたことより、他の子どもたちを助けられなかったことを無念に思っていたのではないだろうか。自分は子供たちをもっと助けたかったのに、それが出来なかった。その罪責感が彼を苦しめたのではないか。

ニコラス・ウィントンは、第二次世界大戦が始まる直前に、チェコにいるユダヤ人の子供たちをイギリスに移送し、助けた。しかし、戦争が勃発すると、そんな奇跡を繰返すことは出来なかった。彼はそのことに苦しんだ。助けたことを誇らし気に語るより、助けられなかったことを悔んで沈黙した彼にこそ良心を見る。彼は、戦後、奥さんに先立たれる。そこでこんなことを言う。「時間が悲しみを癒すというが、そんなことはない。むしろ時がたつにつれ悲しみは増す」。彼は、助けられなかった子供たちのことを思い続けていたのだろう。


この映画で、悲しい事実を知った。イルゼ・ウェーバーというユダヤ人の詩人、作曲家。強制収容所のなかで子供たちのために子守歌を作曲した。ガス室に送られる子供たちがその歌を歌えば、知らずにガスを吸い込むことで苦しまずに死んでゆけるからと。自分も子供と共にその歌を歌って死んでいったという。

映画のなかで、彼女が作った「子守歌」が流れる。世界で、もっとも悲しい歌だろう。

（2017年1月下旬号）

チェコのレジスタンスを描く「ハイドリヒを撃て！『ナチの野獣』暗殺作戦」のことなど

ナチスへのレジスタンスほど凄惨な闘いはなかっただろう。相手は暴力のプロであり、殺人だけではなく密告、拷問、報復とあらゆる冷酷な手を使ったのだから。

最近公開された英仏、チェコ合作の「ハイドリヒを撃て！『ナチの野獣』暗殺作戦」（16年、監督はイギリスのショーン・エリス）は、一九四二年にプラハで起きた、ナチスの権力者、ラインハルト・ハイドリヒのレジスタンスによる暗殺を描いている。

ハイドリヒはユダヤ人虐殺の責任者の一人。ヒトラーの片腕で「第三帝国でもっとも危険な男」「プラハの死刑執行人」「金髪の野獣」と恐れられた。その虐殺者を暗殺する。

第三帝国を揺るがせた大事件。事件後の一九四三年にはハリウッドで、ベルトルト・ブレヒト脚本、フリッツ・ラング監督によって「死刑執行人もまた死す」が作られている。

ただ、この映画は、事件後一年、しかもナチスがまだ権力を握っていた時代だったので、相当にフィクションの要素が濃い。

四年前に出版された、この事件をメタ・フィクションの手法で描いたフランスの作家ローラン・ビネの『H《エイチ》H《エイチ》h《エイチ》H《エイチ》プラハ、1942年』(高橋啓訳、東京創元社)によると、やはり一九四三年にダグラス・サーク監督が「ヒットラーの狂人」というこの事件を描いた映画を作っている。幸いDVDになっている。ハイドリヒをジョン・キャラダインが演じていて、死ぬ前に「私は毎日三十人処刑してきた。三百人、いや三千人殺すべきだった」と悔む。

フリッツ・ラングもダグラス・サークもドイツ映画界で活躍したあと、ナチスから逃れアメリカに亡命した監督だけに、多くのチェコ人が犠牲になったこの事件に深い関心を持ったのだろう。

ケネス・ブラナーがハイドリヒを演じたテレビ映画『謀議』(01年、フランク・ピアソン監督)もあるが(DVDになっている)、これは、ハイドリヒが議長になり、アイヒマンらナチスの高官とひそかに「ユダヤ人虐殺」の最終討議をする物語。彼らは冷静に事務的にこの問題を処理してゆく。私などの世代では、一九七五年のルイス・ギルバート監督、ティモシー・ボトムズ主演の「暁の7人」ではじめてこの暗殺事件のことを知った。ハイドリヒを演じたのはハリウッドの戦争映画でナチス役といえばこの人と言われたアントン・ディフリング。

「ハイドリヒを撃て！」は、レジスタンスのあいだでも暗殺に反対の意見があったことを描いている。そこが興味深い。暗殺はロンドンに移ったチェコ亡命政府とイギリス政府が決めた。ロンドンからチェコの若者たちが暗殺に送り込まれる。

これにプラハのレジスタンスが反対する。

彼らはナチスが冷酷な暴力組織であることをいやというほど知っている。これまで仲間を何人も殺されてきた。支配者を暗殺したら、そのあとどんな苛酷な報復が待っているか分からない。

事実、暗殺には成功するが、直ちにナチスは報復を始める。関係者を逮捕するだけではない。事件とは関係のないリディスという小さな村を襲撃する。男は全員銃殺。女子供は収容所送り。見せしめである。

ナチスの残虐さを知っているプラハのレジスタンスが怖れていたとおりになった。いわば現場の人間が、ロンドンにいる、現場を知らない人間に命令されたことで悲劇が起きた。

レジスタンスという英雄的行為にはいかに多くの犠牲が伴うか。「ハイドリヒを撃て！」はそこをきちんと描いている。単純な英雄賛歌にはなっていない。

強く印象に残るのは青酸カリ。

ナチスに逮捕されると、すさまじい拷問が待っている。拷問を受ければ耐え切れずに、仲間の名前を言ってしまうだろう。それを怖れ、逮捕されたらその場で青酸カリを呑んで自殺する。だから、レジスタンスの闘士にとって青酸カリはいわば必携品だった。

実際、若者たちを匿ったプラハの主婦はナチスに踏み込まれた時、一瞬の隙に青酸カリを飲んで自殺する。それが出来なかった彼女の子供（ヴァイオリンの好きな少年）は、逮捕され、すさまじい拷問を受ける。

青酸カリで思い出すのは、フランスのレジスタンスを描いたジャン＝ピエール・メルヴィルの「影の軍隊」（69年）。

闘士の一人、ポール・クローシェがゲシュタポに逮捕され、拷問を受ける。仲間たちは、なんとか助けようするが手立てがない。そこで同志のジャン＝ピエール・カッセルが思いがけないことをする。自分で自分を密告する手紙を書き、ゲシュタポに逮捕される。仲間と同じ獄に入れられると、過酷な拷問で瀕死の状態にあるポール・クローシェに、これ以上苦しまずにすむようにそっと青酸カリを渡す。「影の軍隊」のなかの衝撃的な場面のひとつ。

アウシュヴィッツから奇跡的に生還した思索者ジャン・アメリーは、収容所体験を綴った『罪と罰の彼岸』（池内紀訳、みすず書房、新版16年）のなかで簡潔に書いている。「拷問こそナチの本質だった」。

戦争が長びき、状況が悪化してくるとナチス内にも反ヒトラーの空気が広まる。トム・クルーズ主演、ブライアン・シンガー監督の「ワルキューレ」(08年)は、一九四四年に実際に起きたヒトラー暗殺事件を描いている。結局は、失敗に終わり、関係者は処刑される。

「ワルキューレ」のDVDにはドキュメンタリー特典が付いている。そこで暗殺に立ち上がった軍人の遺族がこんなことを語っている。暗殺が失敗したと分かった時点で、軍人たちは次々に自決した(軍人だから銃で)。拷問を受けて仲間の名を出してしまうのを怖れたからという。

ヒトラー暗殺に関わり、処刑された悲劇の軍人に諜報機関の長、カナリス提督がいる。一九五四年の西ドイツ映画「誰が祖国を売ったか?」(アルフレート・ヴァインデンマン監督)は、カナリスを主人公に、ヒトラーに抵抗した良心的な軍人と称えている。演じるO・E・ハッセが重厚で素晴しかった。

この映画(DVDになっている)で終始、カナリスと対立したのが、ヒトラーに心酔している保安警察長官ハイドリヒ(マルティン・ヘルト)。反ヒトラーの動きを摑み、カナリスを追いつめようとした矢先に、プラハで暗殺事件が起り、カナリスは危機を免れる。チェコのレジスタンスが一時とはいえ、カナリスを救ったことになる。

ちなみに『HHhHプラハ、1942年』によると、ハイドリヒはフェンシングと、そしてピアノとヴァイオリンの名手だったという。

(2017年9月上旬号)

第四章

ミニシアターからあふれ出る

韓国映画「私の少女」のことなど

十四歳の少女の肩甲骨はあんなにもかぼそいものなのか。

ある重大な決意をした少女は、酔いつぶれている継父の前に立つと着ている服を脱ぎ始める。カメラはその姿をうしろからとらえる。下着を脱ぐと、背中の肩甲骨が目立つ。天使の羽根のようにも、風に揺れる花びらのようにも見える。そういえば、イギリスの作家、デイヴィッド・アーモンドに『肩胛骨は翼のなごり』（東京創元社）がある。

肩甲骨は「かいがらぼね」とも言う。貝殻は時にもろく壊れやすい。

韓国映画「私の少女」（14年）は、この場面から一気に緊張を増してゆく。少女を演じているのは

「冬の小鳥」(09年)で(私の好きな言葉を使えば)「たった一人で全世界と戦っている子供」を演じたキム・セロン。この映画でも素晴しい。

雨のなか、車が走るところから始まる。韓国映画では実によく雨が降る。ぺ・ドゥナ演じる警官が小さな海辺の町の派出所(交番を大きくしたようなところ)に所長として赴任してくる。ソウルから来たようだ。

彼女は町に溶け込まない。年長の部下が気を遣っても不愛想にしている。一人、家で酒を飲む。誰とも打ち解けない。町の人間から見ると「お高くとまった嫌な女」「田舎町を見下《みくだ》している他所《よそ》者」である。

彼女が、継父とその母親に虐待を受けている少女の存在を知る。少女を守るために自分の家に保護する。二人の関係がこの映画の核になるのだが、警察官の女性は同性愛者であることが分かってくる。そのことが知れ、ソウルから地方に左遷された。

彼女が同性愛者であることが二人の関係を複雑にしてゆく。それまで人に優しくされたことのなかった少女(母親は彼女を置いて家を出たらしい)は自分を守ってくれる女性に甘える。なつく。その少女をどう扱ったらいいのか。

所長は保護者として少女を守ろうとしているのか。それとも愛らしい少女に性的関心を抱いてしまったのか。どちらともとれる。おそらくその両方のあいだで気持が揺れている。ぺ・ドゥナが表情だけで揺れ続ける気持を見せてゆく。とくに少女が甘えて一緒に風呂に入るところは彼女の動悸が聞こえてきそうだ。

監督、脚本のチョン・ジュリは女性。イ・チャンドンが製作をしている。女性の同性愛、児童虐待という難しいテーマに挑む若い監督を、製作者として支えているのはイ・チャンドンらしい。

継父が性的虐待で所長を訴える。同性愛者であることが不利に働き、彼女は逮捕される。少女が事情聴取を受けるのだが、そこでの婦人警官たちのすることが怖い。少女の前に、人形を置き、どこを触られたか指でさせと迫る。少女が、笑顔を見せながら、ここここと人形に触れてゆくのも驚く。自分を保護してくれた女性との親密な時を思い出しているのだろうか。


子供の気持は大人には理解出来ないところがある。大人自身、子供の頃の自分を思い出して、あれは本当に自分だったのだろうかと怖ろしくなることがあるだろう。

町の若い警官は少女のことを「どこかモンスターのようだ」と言う。少女はおそらく天使とモンスターのあいだにいる。

少女は、最後、自分を保護してくれた女性を助けるために、大人たちが予想もしなかった決意をする。被害者だった少女が一転して加害者になる。

少女が下着を脱いでからの後半約25分は、息苦しいほどの緊張に満ちている。ただごとではない。やせた背中の「かいがらぼね」が目に焼きついて離れない。

最後は、いちおうはハッピーエンドなのだが、この女性と少女がこの先、どうなるかは誰にも分かるまい。映画は冒頭と同じように、暗い雨のなか、車が去ってゆくところで終わる。雨が観客の心を冷えさせる。

エンドロールの謝辞に是枝裕和監督の名前が出る。是枝監督は釜山映画祭に来た折りに撮影を見に来たという。そのことへの感謝。

最近、ある本の原稿依頼で是枝監督の二〇〇四年の作品、「誰も知らない」をDVDで再見した。改めて凄い映画だと思った。これもまた「たった一人で全世界と戦っている子供」の物語である。

そして見ているうちに、柳楽優弥演じる長男が、この二月に起きた「川崎中一殺害事件」の殺された十三歳の少年と重なってしまい、心が震えた。

ひとり親家庭。貧困。そのなかで妹や弟たちをなんとか守ろうとする。母親に迷惑をかけないようにする。しかもこの長男は、時々、寂しくなると万引する連中と付き合おうとさえした。

十三歳の少年が殺された多摩川べりの河川敷には、いまも少年の死を悼む人たちの花束が絶えないという。現場の写真を見ていて、目を引くのは大きな水門。「川崎河港《かこう》水門」と言う。水門の上にカリフラワーのような大きな飾りがふたつ乗っているのでそれと分かる。

多摩川べりは、ナシやモモ、ブドウの産地として知られた。その果物が籠に盛られた形だと言う。

以前、このあたりを歩いた時、巨大な水門に圧倒された。散歩エッセイ『我もまた渚を枕　東京近郊ひとり旅』（晶文社、04年）にその時の印象を書いた。

「川崎河港水門」は、昭和三年に、運河を作る計画の一環として作られたが、計画は途中で中止となり、水門だけがまるで廃墟のように取り残された。

産業遺産ではあるが、一度も使われないままに廃墟になってしまったのは珍しい。映画に登場したこともある。以前、このコラムで紹介した船山馨原作、中平康監督の一九六〇年の日活作品、「地図のない町」。

映画のなかでは明示されていないが、この水門近くの「貧民街」でロケされていて、多摩川、土手、そして「川崎河港水門」がカメラでとらえられている。

事件の報道に接するたびに、けなげな少年が殺されたのは、この大きな水門のところだったのかといっそう胸が痛む。


最近、遅ればせながら、『月と蟹』（10年、文藝春秋）で直木賞を受賞した道尾秀介の作品を集中的に読んでいる。子供を描くのがうまい。とくに連作短篇集『光媒の花』（10年、集英社）。

思わぬ殺人を犯す子供、性的いたずらを受ける子供、親の不仲に傷つく子供、ひとり親家庭の子供……さまざまな子供が登場するが、とくに、母親の男に虐待される女の子を、彼女を好きになった男の子の視点でとらえた「冬の蝶」は、「私の少女」を見たあとに読んだだけに強く印象に残った。

（2015年5月上旬号）

ハリウッドの偉大な職人、ダルトン・トランボ

赤狩りと戦い続けた脚本家ダルトン・トランボを描くジェイ・ローチ監督の「トランボ　ハリウッドに最も嫌われた男」（15年）を面白く見た。

当時、愛国心を振りかざす連中がいかに理不尽に「アカ」に攻撃を加えたかをきちんと実名で描き出しているところがまず面白い。

ジョン・ウェインを堂々と悪役にしている。いかに彼が権力者に同調して「アカ」の映画人を弾圧したか。ブラック・リストに載せるかどうか、俳優の生殺与奪の権を握っている。

もう一人の悪役、コラムニストのヘッダ・ホッパー（ヘレン・ミレン）と共に、リベラルなエドワード・G・ロビンソンを追い詰めるところなど怖ろしくなる。

赤狩りというと、エリア・カザンやエドワード・ドミトリクの転向が語られるが、彼らは権力の圧力に屈したのであり、権力に協力したジョン・ウェインやヘッダ・ホッパーのほうがはるかに問題が多い。

カザンやドミトリクを「裏切者」と批判するのはやたすいが、本来、批判すべき相手は権力側にいた人間の筈である。

「トランボ」はその点、実に明快。ジョン・ウェインとヘッダ・ホッパーをみごとなまでにやりこめている。

面白い場面がある。

トランボ（ブライアン・クランストン）は自分を「アカ」呼ばわりするジョン・ウェイン（デイヴィッド・ジェイムス・エリオット）に反論する時、こんなことをいう。

「私は戦争中、従軍記者として沖縄に行った。きみは何をしていたのかね。映画のセットで空砲を撃っただけだ」

ジョン・ウェインに戦争体験がないことを批判している。国のために戦ったことがない人間に限ってタカ派となり、愛国心を振りかざす。痛いところを衝かれたジョン・ウェインはトランボに殴りかかろうとする。トランボは「殴るなら眼鏡をはずそう」と余裕で応じる。

トランボは偉大な職人だった。コロラド州の小さな町の生まれ。アングロ・サクソン。父親は靴屋で裕福な家ではなかった。早くにハリウッドに出て、低予算の西部劇や犯罪映画の脚本を書いた。「B級映画の脚本はともかく早く書かなければならない」と職人精神を叩きこまれた。

「トランボ」の原作となったブルース・クックの伝記"Dalton Trumbo"（77年、Scribner）でトランボは言っている。「私はハリウッドのベストの脚本家ではないかもしれないが、早さにかけては私の右に出る者はいないだろうな」

クックによれば、フランクリン・J・シャフナー監督の「パピヨン」（73年）は、はじめスティーヴ・マックイーン単独主演で構想された。ところが製作費が膨大になり、ヒットさせるために、もう一人、スターが必要になった。ダスティン・ホフマンが快諾した。ところが当然、脚本に彼の役はない。急遽、新しい脚本が必要になった。依頼されたのは「仕事の早い」トランボだった。

映画は、トランボが風呂場を書斎にし、バスタブのなかで脚本を書いているところから始まっている。まさに職人、仕事の鬼の感がある。

赤狩りでブラック・リストに載り、メジャーで仕事が出来なくなった時、ひそかに仕事を与えたのは、ハーマンとフランクのキング兄弟。非メジャーの自分たちの映画会社で、B級C級のホラーや犯罪映画を作っていた。彼らはべつに赤狩りに反抗したわけではないだろう。それまで縁がなかった一流の脚本家に安いギャラで仕事をしてもらえるのならと、ビジネスを優先させた。

結果的に、彼らが苦境にあったトランボを救った。ブラック・リストに載って仕事が出来なくなった脚本家のなかには、キング兄弟の作る映画を軽蔑する者もいたが、トランボはもともとB級映画の脚本で腕を鍛えてきた。ためらうことなく仕事を引き受けた。

「三日で書き上げる」と言って約束通り仕上げ、フランク（ジョン・グッドマン）を驚かせるのはさすが偉大なる職人。

フランクの部屋には、キング兄弟のヒット作、現在ではカルトムービーになっているローレンス・ティアニー主演の「犯罪王デリンジャー」（45年、フィリップ・ヨーダン脚本、マックス・ノセック監督）のポスターが誇らし気に貼ってある。この映画を配給した映画会社モノグラムは、ゴダールが「勝手にしやがれ」（60年）で献辞を捧げたので知られる。

ジョン・グッドマン演じるフランク・キングが最高に素晴しい。非メジャー、在野の一匹狼の迫力がある。赤狩りに協力する人間が「トランボを雇うな」と言いがかりをつけると、怒ってバットを振り回し、「余計なお世話だと」と叩き出す。気骨がある。

一九八三年に拙著『ハリウッドの神話学』（潮出版社、のち中公文庫）を出した。一章をトランボに割いた。日本でトランボについて書いた最初の文章ではないかと自負している。この時、資料として使ったのがブルース・クックの“Dalton Trumbo”だった。この本を読んで、トランボが偉大な職人だったと思ったし、キング兄弟の存在の大きさを知った。

トランボはブラック・リストに載りながら戦い続けた。その戦い方が職人トランボらしい。他の仲間が、裁判で戦おうとするのに対し、トランボは「仕事を続けることで戦う」という。

そして、偽名で「ローマの休日」（53年）「黒い牡牛」（56年）の脚本を書き、みごとにオスカーを受賞する。「黒い牡牛」の製作者はキング兄弟。

この点で、脚本家は俳優に比べて恵まれている。顔を出さなくて、偽名で仕事が出来るのだから。俳優はそうはゆかない。当初、赤狩りに抵抗していたエドワード・G・ロビンソンが、権力に負けて下院非米活動委員会に協力してしまうのも、俳優という職業を考えると気の毒になる。

最後、ハリウッドに復帰したトランボは、一九七〇年、米脚本家協会のローレル賞を受賞する。その時のスピーチが素晴しい。彼は誰も批判しない。あの最悪の時代、「いたのは被害者《ヴイクテイムス》だけです」。「ナポレオン・ソロ」シリーズで知られる政治意識の高いロバート・ヴォーンが書いた赤狩り批判の研究書はこの言葉からとられていて、"Only Victims"（72年、Putnum）。

（2016年7月上旬号）

「トランボ　ハリウッドに最も嫌われた男」のヘッダ・ホッパーのこと、リベラルなプロデューサー、ドア・シャーリーのこと

ハリウッドの全盛期にはスターの私生活を書きたてるゴシップ・コラムニストがいた。とくに力を持ったのがハースト系の新聞をバックにしたルエラ・パーソンズ（一八八一―一九七二）と、攻撃的な文章でスターを叩いたヘッダ・ホッパー（一八八五―一九六六）。

もう一人、シーラ・グレアム（一九〇四―八八）がいるが、彼女は噂より事実に基づく堅実な記事を書いたので、存在は前記二人に比べれば地味だった。スコット・フィッツジェラルドの恋人として知られる。ヘンリー・キング監督、グレゴリー・ペック主演の「悲愁」（59年）で、デボラ・カーが彼女を演じたことで分かるように、イギリス人で品がいい。

三人のなかで、派手で悪名高いのはヘッダ・ホッパー。珍奇な帽子がトレードマーク。その姿はビ

リー・ワイルダー監督の「サンセット大通り」(50年)や、ラッセル・ラウズ監督の「オスカー」(66年)で見ることが出来る。サイレント映画時代には女優だったが、成功はしなかった。ちなみに息子のウィリアム・ホッパーは俳優。テレビの『ペリー・メイスン』でのレイモンド・バー演じる主人公の助手ポール・ドレイク役で知られる。

ジェイ・ローチ監督の「トランボ ハリウッドに最も嫌われた男」(15年、日本の会社が付けたこの副題はひどい!)では、ヘッダ・ホッパーが、赤狩りの急先鋒となってトランボらを攻撃した憎まれ役として描かれている。

ヘレン・ミレンが悪役を生き生きと演じている。タカ派、保守派として確信犯なのでそれなりに筋は通っている。戦争体験のないジョン・ウェインと違って、息子は海軍で戦っている。その点は、映画のなかでトランボ(ブライアン・クランストン)も認めている。

それでも、映画会社に「彼らを使うな」と圧力をかけたり、トランボが脚本を書きカーク・ダグラスが自ら製作したスタンリー・キューブリック監督の「スパルタカス」(60年)の上映を阻止しようとするのは、どう考えてもやりすぎ。

それだけに新しく大統領になったケネディが「スパルタカス」を見て「いい映画だった」と賞めるのをテレビで知ったヘッダ・ホッパーが愕然として、「負け」を悟る場面は痛快。この映画が原作として使ったブルース・クックの伝記"Dalton Trumbo"にこのエピソードはないから、脚本の段階で加えられたのだろう。

ヘッダ・ホッパーがいかにあくどく品がなかったかは、「アカ」を解雇しようとしないＭＧＭの社長ルイス・Ｂ・メイヤーに会いに行き、「ユダヤ野郎《カイク》」と面罵するところによくあらわれている。

一九四〇年、五〇年代のハリウッドで活躍した名プロデューサーにドア・シャーリーがいる。Dore Schary（一九〇五―八〇）。近年ドーリーと表記されるが、日本では長くドア・シャーリーだったので、ここではそれに従う。脚本家から製作者になった人で、ＲＫＯ時代には、サスペンス映画史に残るロバート・シオドマク監督、ドロシー・マクガイア主演の「らせん階段」（46年）、ジャック・ターナー監督、ジェーン・グリア、ロバート・ミッチャム主演の「過去を逃れて」（47年）などを手がけている。

独立プロデューサー、デイヴィッド・Ｏ・セルズニックとも協力し、ロレッタ・ヤングにアカデミー賞主演女優賞をもたらしたＨ・Ｃ・ポッター監督の「ミネソタの娘」（47年）を手がけている。この映画は、農家の娘が貧しい者のために議員に立候補し、権力を持つ尊大な政治家を破るという理想主義を打ち出していて、ドア・シャーリーのリベラルな姿勢をよくあらわしている。

一九四八年に大金持のハワード・ヒューズがＲＫＯを買収したあとには、その下で働く気はなくＲＫＯを辞めた。

この時、ドア・シャーリーを製作主任として迎えたのがＭＧＭのルイス・Ｂ・メイヤー。

ＭＧＭでシャーリーは、自らも製作の現場に立ち、ジョン・ヒューストン監督の「アスファルト・ジャングル」（50年）、「勇者の赤いバッヂ」（51年）、ジョン・スタージェス監督の「日本人の勲章」（55年）、エドワード・ドミトリク監督の「愛情の花咲く樹」（57年）などの指揮を取る。

ルイス・Ｂ・メイヤーは、ドア・シャーリーをかつてのＭＧＭの〝プリンス〟、アーヴィング・タールバーグのような名製作者として評価した。

それを気に入らなかったのが、ヘッダ・ホッパー。ドア・シャーリーがＲＫＯ時代に、ユダヤ人差別を真っ向から取り上げたエドワード・ドミトリク監督の「十字砲火」（47年）の製作に関わったことを覚えていた。ちなみにドア・シャーリーはユダヤ人。

さらに――、ドア・シャーリーの自伝〝Heyday〟（79年）によれば、一九四七年にハリウッドで赤狩りが起きた時、他の多くの映画会社の首脳が赤狩りを支持したのに対し、ドア・シャーリーは、独立プロデューサーのサミュエル・ゴールドウィンやウォルター・ウェンジャーらと共にこれに反対した。

ヘッダ・ホッパーにとって、許し難いことだった。その「アカ」のドア・シャーリーが、あろうことか、ＭＧＭの製作主任になるとは。

ホッパーはのちに自伝〝The Whole Truth and Nothing But〟（63年、タイトルは法廷での証人の宣誓の言葉「真実のみを申し上げます」から取られている）を出すが、そのなかで、「ドア・シャーリーが入ったＭＧＭは、いまや Metro-Goldwyn-Moscow だ」と批判したと、得意気に書いている。

映画「トランボ　ハリウッドに最も嫌われた男」のなかで、ヘレン・ミレン演じるヘッダ・ホッパーがＭＧＭのルイス・Ｂ・メイヤーを攻撃するのは、こうした背景がある。

アメリカの二大政党では、おおまかにいって民主党はリベラル、共和党は保守。ジョン・ウェイン、ヘッダ・ホッパーが共和党支持だったのに対し、ドア・シャーリーは当然、民主党支持。

とくにドア・シャーリーのような、大恐慌の時代に青春を送った人間は、ニューディール政策を行なった当時のフランクリン・Ｄ・ルーズベルト大統領（ＦＤＲ）の信奉者が多い。彼ら「ルーズベルトの子供たち」「ニューディール・ボーイズ」が赤狩りの標的にされた。

ドア・シャーリーは、のちＭＧＭを離れたあとに、一九六〇年に独立プロデューサーとして、ラルフ・ベラミーとグリア・ガーソンがＦＤＲ夫妻を演じる「ルーズベルト物語」を製作する。ヴィンセント・Ｊ・ドナヒュー監督。ドア・シャーリーが舞台のために書いた脚本をもとにしている。ルーズベルトへの思いがこめられている。

（2016年7月下旬号）

タナダユキ監督「お父さんと伊藤さん」のことなど

タナダユキ監督の「お父さんと伊藤さん」（16年）を面白く見た。

三十四歳のフリーターの「あたし」（上野樹里）は伊藤さん（リリー・フランキー）と一緒に東京郊外のアパートで暮している。伊藤さんの年齢は五十四歳。親子ほど離れている。それでも結構うまくいっている。

それは何よりも伊藤さんの飄々とした人柄によるものだろう。過去にどんな暮しをしてきたのかよく分からない謎めいたところがあるが、およそギラついたところがない。仙人のように寡欲恬淡《かよくてんたん》としている。仕事は小学校の給食の手伝い。自分で悪びれずに「給食のおじさん」と言う。

小さな庭で野菜作りをするのが趣味。花ではなく、ナスやキュウリを作っているのが面白い。いくらもとれないだろうが。リリー・フランキーがこの伊藤さんをゆったりと演じていて映画全体に温かみを与えている。

「あたし」と伊藤さんの穏やかな暮しは、ある日、男やもめのお父さん（藤竜也）がやって来て、一緒に暮すことになり、揺るがされる。兄一家と暮していたのだが、どうも彼らとうまくゆかなくなり、「あたし」のところにやって来たようだ。

小学校の先生をしていたので何かと細かく注意する。口うるさい。とんかつのソースは中濃ソースではなくウースターソースだと妙なところにこだわる。

娘のところに厄介になるのが自分でも気が引けるから、かえって小うるさくなってしまうのだろう。藤竜也が「かな」を多用するのも面白い。娘がよくビールを飲むのを見ると「みっともないんじゃないかな」。本屋でバイトをしていると聞くと「再就職しようと思わないのかな」。語尾が「かな」になるのが口癖。「かな」が入ることで「みっともない」「思わないのか」より柔らかくなる。

フリーターのあたし、「給食のおじさん」の伊藤さん、とうに現役を引退したお父さん。三人とも格差社会の隅に生きている。それでいて三人のあいだにどこか温かい空気が生まれてくる。裏通りには、表通りの騒々しさとは無縁の思いがけない穏やかさがある。日だまりがある。

中澤日菜子の原作は、小説現代長編新人賞受賞作。二〇一四年に講談社で出版された時、ユーモラスな題名に惹かれて読んだ。面白かった。タイトルの良さ。これが「お父さんと伊藤さん」ではなく「父と彼」だったらどうしようもない。

父を「お父さん」に、一緒に暮す二十歳も年上の男を「伊藤さん」と呼ぶ。アットホームな感じがする。われらの隣人の親近感が生まれる。

小説の登場人物に「さん」や「君《くん》」を付ける。現代の小説、とりわけ女性作家の場合、もう珍しくはない。私見では、この現象は、男女共学があたり前の世の中になってからではないかと思う。その延長としての女性の社会進出の反映でもあるだろう。

近代の小説で、登場人物を親しげに「さん」「君」で呼ぶことはまずなかった。漱石の小説を見ても「三四郎」「美禰子《みねこ》」「三千代」と呼び捨てが普通。『二百十日』に「圭《けい》さん」「碌《ろく》さん」とあるのは異例。これだとどうしても「弥次さん」「喜多さん」ではないが、戯作の滑稽感が出てしまう。

昭和に入って「さん」が登場する。

かなり早い例は、昭和五年に出版されてベストセラーになった林芙美子の『放浪記』だろう。この、話すような飾らない文体で書かれた小説では「お母さん」「メリヤス屋の安さん」「お千代さん」「印刷工の松田さん」「画学生の吉田さん」と「さん」が頻出する。

若く、貧しい文学少女の物語には、この「さん」がよく合い、読者に親しみを与えた。林芙美子の「発見」といっても大仰ではないかもしれない。現代の多くの女性作家が「さん」を使うのは、この流れにある。

成瀬巳喜男監督の「妻」（53年）の原作は林芙美子の戦後の作品『茶色の眼』。主人公の中川十一（映画では上原謙）は妻（高峰三枝子）と倦怠期にあり、会社の同僚である戦争未亡人（丹阿弥谷津子）を好きになる。

この女性、相良《さがら》房子というのだが、林芙美子の小説のなかでは「相良さん」として登場する。小説の視点人物が十一であるためだが、「さん」が付けられることで、この女性に対する十一の愛情と、そして敬意が感じられる。

実際、小説のなかで「相良さん」は魅力的であり、映画では、「相良さん」を演じた丹阿弥谷津子が美人の高峰三枝子以上に素晴しかった。

若い女性が年上の妻子ある男性を好きになる。

呼び捨てではなく、「さん」を付けたくなる。それで思い出すのは、私の世代なら、昭和三十一年に出版され、ベストセラーになった原田康子の『挽歌』。

釧路に住む、少しませたお嬢さん、兵藤怜子（「わたし」）が、家庭のある建築家を好きになる。「わたし」は、この建築家を「桂木さん」と呼ぶ。自分の知らない世界を持っている年上の男は、「わたし」にとって「桂木」ではなく、あくまで「桂木さん」。

原田康子の『挽歌』が無名の新人作家の小説にもかかわらずベストセラーになったのは（林芙美子の『放浪記』と同じように）、この「桂木さん」という書き方が昭和三十年代はじめの読者には新鮮に感じられたからではないか。

『挽歌』はよく知られるように昭和三十二年に五所平之助監督によって映画化された。恋愛映画が苦手な人間だが、この映画は、霧のおりる釧路の町と釧路湿原の風景が素晴しく、大好きな一本。兵藤怜子は久我美子、「桂木さん」は森雅之。それぞれにとって代表作。桂木夫人は高峰三枝子、その愛人は渡辺文雄。二人がよくしのび逢いをする店は、名曲喫茶（懐しい！）。

ある時、渡辺文雄が先に店に来て桂木夫人を待っている。その時、店内に流れているのはヘンデルのよく知られた〈調子の良い鍛冶屋〉（組曲ホ長調）。タイトルはヘンデルではなく、後世の人が付けたものだが、この明るい曲に合っている。

個人的な「元気の出るクラシック」のひとつで、二日酔の朝などによく聴く（チェンバロの中野振一郎のCD）。

最近、この曲が印象的に流れる映画があった。

西川美和監督の「永い言い訳」（16年）。とてもいい映画だったが、連れ合いを亡くした人間にはつらい映画でもあった。

生き残った夫には厳しい映画だなと思って席を立とうとしたら、最後のクレジットのところで〈調子の良い鍛冶屋〉が流れた（途中でも一回）。その瞬間、ヘンデルの明るさに救われた。

（2016年10月上旬号）

ケン・ローチ監督「わたしは、ダニエル・ブレイク」のこと、ダルデンヌ兄弟監督「午後8時の訪問者」のこと

日本では現在、独居高齢者、つまり一人で暮す六十五歳以上のシニアは六百万人を超えるという。年々、増え続けている。

その一人である人間としては、ケン・ローチ監督の「わたしは、ダニエル・ブレイク」（17年）は他人事とは思えなかった。

主人公のダニエルは、六十歳になろうとする元大工。長年、実直に働いてきて、これからも働きたいと思っているが、もう仕事がない。心臓も悪い。仕方なく国の保護を受けようとするが、これが大変。福祉事務所の人間に規則、規則で応対され、簡単にはゆかない。

かつての福祉社会、イギリスはどこに行ったのか。「揺り籠から墓場まで」など過去の御伽《おとぎ》話にな

ってしまったのか。何よりもいけないのは、福祉事務所の人間たちが、ダニエルをはじめ、援助を求めてくる生活困窮者を、自己責任論（「貧しいのは自分の責任だ」）で見下《みくだ》し、誇りを傷つけること。大工としてきちんと仕事をし、税金も払ってきたダニエルには、それが許せない。ついに怒りが爆発する。

ダニエルは妻を亡くしている。介護した果ての死だった。これも身につまされる。子供はいない。アパートで一人暮しをしている。いよいよ暮しは困り、家具を売払い、がらんとした部屋にたたずむ。

独居高齢者を描いた最初の映画は、ヴィットリオ・デ・シーカ監督の「ウンベルトD」（51年）だと思うが、あの主人公（俳優ではなく、ある大学の先生が起用された）は、一人暮しの元公務員で、ベッドがひとつと簡単な家具だけのアパートの狭い部屋で暮していた。そこすらも家賃が滞ると、家主に追い出される。ローマの町を小犬と共にさすらう。

「ウンベルトD」と「わたしは、ダニエル・ブレイク」のあいだには五十年以上もの時間がたっているのに、独居高齢者の窮状は少しも変わっていない。

それでも「わたしは、ダニエル・ブレイク」には救いもある。ダニエルが親切にしたシングル・マザー（ヘイリー・スクワイアーズ）とその子供たちは、彼を慕う。ダニエルが寝こんでしまった時には上の女の子が心配して、様子を見に来る。

事務所の窓口には、なんとか人間的な対応をしようとする女性職員もいる。アパートの隣人の黒人の青年は、はじめどうしようもない奴に見えるが、意外に気がよく、ダニエルの役に立とうとする。最後、ダニエルの葬儀には彼らが集まって来て、ささやかだが温かいものになる。シングル・マザーの女性は、弔辞のかわりにダニエルが役所に出そうとした、人間の尊厳を訴える手紙を読み上げる。ダニエルはパソコンが出来なかった。そのために事務所とのやりとりに苦労した。最後の手紙が「手書き」だったというのも泣かせる。

葬儀は朝の九時から行なわれる。その時間は教会が空《す》いているから。イギリスでは「九時は貧者の葬儀」と言われるそうだ。

ダニエルを演じるデイヴ・ジョーンズが、実直武骨でいい味を見せる。イギリスで有名なコメディアンというから驚く。

この映画は、一昨年公開されたイギリス映画「おみおくりの作法」(13年、ウベルト・パゾリーニ監督)と対照的。あの映画では、誠実な公務員(エディ・マーサン)が、アパートなどで孤独死した老人の葬儀を黙々として行なっていた。ああいう公務員もいることを信じたい。

ベルギーのダルデンヌ兄弟の「午後8時の訪問者」(16年)も格差社会の現実を背景にしている。

主人公のジェニーという若い医師(アデル・エネル)は、いずれ大病院で働くことになっているが、現在は先輩の医師の代役で臨時に町の小さな診療所で働いている。

診療所に来る患者は、低所得者層が多い。一人暮しらしい老人もいるし、移民もいる。ジェニーは患者に思い入れすることなく、ビジネスライクに治療を行なってゆく。

ところがある夜、事件が起る。

夜の八時過ぎ、診療時間を過ぎてから診療所のベルを押した患者を断わってしまう（研修医は応じようとしたのに）。

翌日、警察が訪ねて来て、診療所の近くの川で、身元不明の少女の遺体が見つかったと告げる。昨夜、時間が遅いからと診察を断わった患者らしい。

ジェニーはその事実にショックを受ける。あの時、なかに入れていれば、少女は死ななかったかもしれない。ジェニーは、罪の意識にかられ、少女の身元を探ろうとする。

医者が診察時間を過ぎていたので診察を断わる。そのためにトラブルに巻き込まれてゆく。この展開は、アンドレ・カイヤット監督の「眼には眼を」（57年）と同じ。あの映画では、フランス人の医師（クルト・ユルゲンス）と、診察を拒まれたために妻が死んでしまったアラブ人の夫（フォルコ・ルリ）との異文化の衝突があったが、この映画では、死んだ少女はアフリカからベルギーにやって来た移民らしいことが分かってくる。

ベルギーの町には、日常的に黒人たちの姿が見える。自分は弱い立場の人間に冷たく接してしまった。その罪の意識が、ジェニーを苦しめる。だから、忙しい時間のあいだを縫って、少女が何者か知ろうと、さまざまな人間たちに尋ね歩く（彼女は実によく電話をしている）。それが、かえって正規に入国していない移民たちの不安をかきたてる。

時間外に診療所に来た人間の診療を断わった。法律的には咎められることではない。ただ、何もしなかったことに良心の呵責を感じる。不作為の罪である。

クシシュトフ・キェシロフスキ監督の「デカローグ」（88年）の十篇のなかで、とくに心に残る一篇は第八話「ある過去に関する物語」。

ワルシャワ大学で倫理学を教える教授が主人公。白髪の似合う、穏やかな女性である。ある日、彼女の前に、アメリカから女性がやって来て授業を受けたいと言う。

そこから教授は、思い出したくなかった過去を思い出す。ナチス占領下のワルシャワには、ユダヤ人の子供を助けようとしたポーランド人が少数ながらいた。自分の子供として預かり、かくまう。教授のもとにも、ユダヤ人の子供を助けてほしいという話があった。彼女はそれを「カトリックの教えに反するから」という、もっともらしい理由で断わってしまった。

授業を受けたいとやって来た女性は、奇跡的にホロコーストから助かった、あの時の子供だった。教授は、過去の不作為の罪がよみがえり、良心の呵責に苦しめられる。

エーリッヒ・ケストナーの児童小説『飛ぶ教室』のなかの言葉、「おこなわれたいっさいの不当なことにたいして、それをおかしたものに罪があるばかりでなく、それをとめなかったものにも罪がある」（高橋健二訳）を思い出す。

（2017年5月上旬号）

荻上直子監督
「彼らが本気で編むときは、」のこと

「である家族」と「なる家族」がある。

親子関係が自然のままにある家族と、他人どうしが一緒になり、新たに作ってゆく家族。

荻上直子監督の「彼らが本気で編むときは、」(17年)は、「なる家族」の姿を、柔らかく、優しく描き出していて素晴しい。「である家族」だけが、家族ではない。少し変わった「なる家族」も、現代では新しい、大事な家族になっているのではないか。

小学五年生の女の子、トモ(柿原りんか)は、母親(ミムラ)と二人暮し。「母」より「おんな」でいたい母親は、男を追いかけて家を出てしまう。そのあいだ、トモは叔父さん(桐谷健太)の家に預けられることになる。

驚いたことに叔父さんは、性転換したリンコ（生田斗真）と暮している。仲良く！トモの新しい生活が始まる。「なる家族」の一員になる。この映画がまずいいのは、書店の店員をしているだけではなく、リンコが、老人ホームで介護士として働いていること。きちんと二人の仕事を描いている。生活者の視点を大事にしている。トランスジェンダーという現代の問題を取り上げながら、「仕事」を描くことで、地に足が着いた二人の日常が、物語を支えてゆく。とくにリンコが主役になる。

観客はリンコを「性転換した女性」というより、老人ホームで生き生きと働く「介護士」として見るようになる。そもそも、叔父さんがリンコにひとめ惚れしたのは、面会に行った母親（りりィ。遺作になる）の介護をしているリンコの姿が「天使」のように見えたからだった。

「なる家族」の一員になったトモは、リンコが優しいことに気づく。歌舞伎の女形は女以上に女らしいとはよく言われるが、リンコも女らしい（とはいえ、「女らしい」とは何かの問題は残るが）。

自分の母親と違ってリンコは料理好き。母親はコンビニのおにぎりしか用意してくれなかったが、リンコは可愛らしいおむすびの弁当を作ってくれる。ちなみに、この映画は荻上直子監督の「かもめ食堂」（06年）と同じように料理がどれもおいしそう（料理担当は、飯島奈美）。

リンコは清潔好き。だからふだんは、トモにうるさいことは言わないが、ゲーム遊びの「あとかたづけ」はきちんとしなさいと叱る。そして、毛糸の編み物が大好き。この編み物が、「なる家族」のいい象徴になる。セーターや手袋を編むように、手作りで家族を作ってゆく。

「なる家族」の三人は、自分たちでは普通と思っているのに、世間一般から見れば、普通ではない。そこに悩みがある。横一線であることが求められる日本の社会では「変わり者」は生きにくい。

トモは、学校でいじめに遭う。同級生の母親（小池栄子）は、心配して児童相談所に訴える（この母親は、自分では「いいこと」をしていると思っている）。

「普通」であるのに、世間からは見れば、普通ではない。そこに三人の「なる家族」の試練がある。リンコは、苦しむトモに「そんな時には、怒りを抑えて編み物をするの」と言う。「女らしい抵抗」である。

トモの同級生の男の子（込江海翔）が、「女らしさ」に惹かれ、「女になりたい」と願うエピソードも、物語を豊かにしている。この可愛い男の子は、学校の先輩をひそかに好きになってラブレターを書く。それを母親に読まれてしまい、屈辱のあまり自殺を試みるくだりは胸が痛くなる。この少年がヴァイオリン好きで、ブラームスのソナタを弾くところは不覚にも涙が出た。

リンコの場合は、母親（田中美佐子）が、いい意味で「変わり者」だったため、息子が「女になりたい」と願っていると知ると、お祝いにブラジャーを買ってくるような理解があったからよかったが、この男の子の場合、母親は「普通」なので孤立する。それを助けるのは、「なる家族」の一員となったトモしかいない。トモが、自殺未遂したあと入院した男の子を見舞う場面も胸を打つ。

トモを、ただの優等生としていないのも、この映画のいいところ。反抗期の女の子らしく、リンコにあまりにうるさくかまわれると、「本当の母親でもないのに」とすねる。

それでいて、他人がリンコを「変な人間」と言うと、怒る。子供ながらに大人のリンコをかばう。子供が、つらい目に遭っている大人を守ろうとする。そこにトモの成長がある。

そしてクライマックスが来る。

母親が、男と別れたらしく帰って来る。トモを引取りに来る。トモを自分たちの娘のように思っていた「なる家族」の叔父さんと、パートナーのリンコにとっては、無責任きわまりないことで、なんとかトモを手元に置こうとする。

しかし、思いがけない展開になる。トモは、二人との暮しを大事にしながら、だらしのない母親の元に帰るという。ここでも、十一歳の子供が大人（母親）をかばっている。

このクライマックスのシーンは、一シーン一ショットで撮られ、息をのむ。とくに、子供が、リンコと一緒にいたいと思いながら、他方で母親を見捨てられないと思い直す感情の変化は、子役の演技の素晴しさもあって感動する。

いわゆる「母もの」のベタついた感傷はない。トモが、二人との幸せな暮しに別れを告げ、タクシーで母親の元に帰るところも淡々とした作り方が好ましい。

叔父さんが「（ダメな）姉をよろしくお願いします」と頭を下げるのがユーモラス。脚本が、荻上直子のオリジナルというのも驚いた。

この映画、シニア世代の人間が見て「懐しさ」の良さもあった。

まず、編み物。

手作りの温かさがあり、毛糸を手で編んでゆく姿が、「トランスジェンダー」の主題の重さを和らげてくれる。叔父さんの住む家が多摩川べりの団地というのも、生活者の慎ましさが出ている。

トモは、リンコに「本当のお母さんじゃないのに」と、言ってはならない言葉を言ったあと、自己嫌悪もあったのだろう。押入れに逃げ込む。押入れが効果的に使われている。これも、懐しい。昔、すねた子供はよく押入れに逃げ込んだものだった。切干し大根が好きなのも面白い。

心配したリンコが、気遣って、そっとラムネを置くのもいいし、そのあと、リンコがトモと直接話すのではなく、昔懐しい「糸電話」で話をする工夫も感心した。

この映画、「なる家族」という新しいテーマを描きながら、ディテイルで古さを大事にしている。編み物が、懐しさの象徴であることは言うまでもない。

「なる家族」は、もしかしたら、決して、新しい現象ではなく、昔から、日本の庶民のあいだでは、普通にあったものかもしれない。

（2017年6月下旬号）

石井裕也監督「映画 夜空はいつでも最高密度の青色だ」の素晴しさ

東京の雑踏のなかで、人とぶつかりながらそれでもなんとかころばないように生きている若い男女を切実に描いていて胸が痛くなる。

詩人、最果タヒの詩から構想を得たという「映画 夜空はいつでも最高密度の青色だ」(17年)。脚本、監督は石井裕也。

若者(池松壮亮)は建築現場で働く非正規の労働者。年収がわずか二百万円と言っている。格差社会のワーキング・プアの一人だろう。

女性(石橋静河)は看護師。若者よりずっと収入はいい筈だ。大きな病院だから寮もある(きれいなマンション)。若者が狭いアパート暮しなのに対し、おしゃれな部屋に住む。ただ、実家(母親は亡くなっていて、無職の父親と高校生の妹がいる）に仕送りをしているから、決して暮しは楽ではなく、夜はガールズバーで働いている。

この映画がまずいいのは、二人の仕事をきちんと描いていること。工事現場で働く。病院で働く。勤めを終えて家に帰ってから、夜の道を自転車を走らせ、バーに働きにゆく。

東京はいま、以前と違って、東京生まれのほうが、地方出身者より多くなっている。六〇年代の寺山修司の時代とは違う。地方から出て来た者は、嫌でも東京に同化しないと生きてゆけない。といって実家に帰るのも難しい。自力で生きるしかない。

この映画は、二人がそれぞれ一人でいる姿をよくとらえる。看護師の美香は仕事の合間に病院の裏手に行って、一人で煙草を吸う（いまどき珍しい。それも看護師で）。出勤でバスを待っている時、一人だけ、空に浮かんだ飛行船に気がつき、見上げる。

労働者の慎二は居酒屋で一人、本を読む。彼は本好きらしくアパートの部屋には文庫本がたくさん置いてある。隣りの部屋の本好きの老人（大西力）からよく本を借りて読む。

ちなみにこの本好きの老人は、野呂邦暢の『愛についてのデッサン』（角川書店、79年）に登場する本好きの一人暮しの秋月老人を思い出させる。

若い美香も慎二も決して孤独を楽しんでいるわけではない。といって、孤独に押しつぶされているわけでもない。他人に「孤独な若者」などと言われたら、怒るだけの気力を持っている。

とくに美香が面白い。一人、煙草を吸うのを見ても分かるように、世の中に簡単に同調しない。アルバイトをしてまで実家にも仕送りをしているのに、それで泣きごとを言うわけではない。世の中に媚びない。誇り高いところがある。

慎二と付き合うようになって、渋谷の町を歩く。渋谷が好きかと聞かれ「嫌い」と答える。新宿も「嫌い」。当然、東京全体も嫌いだろう。「嫌い」で世の中と関わっている。全身、ハリネズミのようにしている。若者から見れば、面倒臭い女性である。

慎二のほうは、左目が見えない。世の中を半分しか見ていない。身体に欠陥がある若者という点で、村上春樹の小説を思わせる。慎二もまた工事現場の仲間から見れば、付き合いにくい、面倒臭い若者だろう。

そんな二人が、次第に心を通わせてゆく。「嫌い」が「好き」に変わってゆく。「一人」が「二人」になってゆく。

印象的な場面がある。

朝、二人が一緒に出勤する。バス停に並ぶ。美香が空に浮かんだ飛行船を見上げる。ふと隣りを見ると、言われたわけではないのに、慎二も飛行船に気づいて、空を見上げている。この二人は、たとえ一緒になっても、それぞれ「一人」でいる時間を大事にし続けるだろう。

随所に死が語られているのも物語を深いものにしている。

慎二の建設現場の仲間で、慎二より先に美香と付き合っていたらしい若者（松田龍平）は突然死してしまう。

慎二のアパートの隣りに住んでいた本好きの老人は、熱中症であっけなく死んでしまう。

美香の母親（市川実日子）はどうも、美香が子供の頃に自殺してしまったらしい。

美香と慎二が渋谷あたりの路上で見かける捨て犬は、いずれ保健所に捕えられ、処分されるのだろう。若い二人の身近には、無造作に死がある。二人が空に浮かぶ飛行船を見上げている時、二人の心のなかには死者がいるに違いない。

そういえば、冒頭、美香の働く病院で入院患者が亡くなる。遺体が霊安室に運ばれてゆく。看護師たちは廊下に並び、手を合わせて遺体を見送る。そもそも、この映画は、死から始まっていたことに気づく。「空」にはいうまでもなく死者がいる。

散文が目に見えているものを書くとすれば、詩は見えないものを書こうとする。だから詩は当然のように死者に向かう。

美香を演じる石橋静河が素晴しい。表情豊か。ショートヘアがきりっとしている。女性の服のなかでいちばん美しいのは看護師の白い制服だと思っている人間として、制服姿の彼女に魅了された。白い制服に携帯のストラップの赤がよく合っている。一人でいる時に、しっかりした美しさを見せる。こういう若手女優は少ないのではないか。男に寄り添いはするが、決して寄りかからない。

この映画、時折、面白い作り方をする。

スプリット・スクリーンを使ったり、突然アニメが入ったりする。主人公の二人以外の人間が早送りになったりする。

この手法、どこか、他の映画で見たことがある。

なんだったか。最近、キネマ旬報社から、大森さわこさんの訳で出版されたデイヴィッド・エヴァニアーの『ウディ』を読んでいて思い出した。

「劇中で（ウディ・）アレンはアニメーションを使い、時制についても工夫があり、スプリット・スクリーン（分割画面）も登場する」

ウディ・アレンの「アニー・ホール」（77年）だった。

そういえば、「映画 夜空はいつでも最高密度の青色だ」は、「アニー・ホール」や「マンハッタン」（79年）の東京版、ワーキング・プア版と言ってもいいかもしれない。

ウディ・アレンは、ニューヨークへの愛情を描き続けているが、石井裕也監督は、東京で息苦しく生きる若い二人に、それでもなんとか東京を愛させようとしている。

（2017年7月下旬号）

第五章

鉄道、またはは辿りつくところ

山田洋次監督「東京家族」のこと、瀬戸内という「まほろば」のことなど

山田洋次監督の「東京家族」（13年）を三度見た。はじめ見た時は、どうしても小津安二郎の「東京物語」（53年）と比べてしまうのでいまひとつの感があったが、二度目では独立した作品と見るようになり、妻夫木聡の好演もあり、「東京物語」では登場しなかった次男に、現代の若者としてすがすがしい印象を持った。そして三度目に見た時には、自分と年齢の近い老夫婦、橋爪功と吉行和子に感情移入して、老いと死について考えさせられた。

映画のなかで吉行和子は六十八歳。まさに私と同じ年齢。その死は他人事とは思えない。最後、橋爪功が妻の遺骨を抱いて故郷に戻った時、ユキちゃん（荒川ちか）という隣りに住む純朴な中学生の女の子が泣き崩れるところは、不覚にももらい泣きしてしまった。

この映画の父親役、橋爪功は終始、不機嫌な顔をしている。妻の吉行和子がにこやかな優しい顔をしているのと対照的。

その不機嫌は、子供たちを訪ねて東京に出て来たものの自分の居場所がもうどこにもないと思い知らされてゆくからだろう。

家族のなかに居場所がないだけではない。社会のなかにも、そして時代のなかにも自分の居場所がない。もう自分は過去の存在だと思わざるを得ない。

印象的な場面がある。次男の妻夫木聡が両親を東京案内する。観光バスが下町を走る時に東京スカイツリーが見えてくる。妻の吉行和子はそれをにこやかに見上げるが、隣りに座っている夫の橋爪功は、不機嫌そのものの顔で塔を見る。こんなものは見たくもないという顔をしている。

スカイツリーに象徴される現代の東京への、そして日本そのものへの違和感である。嫌悪といってもいいかもしれない。現代の日本は、もう自分の知っている日本ではなくなってしまった。老いた自分の居場所はもうない。

老夫婦が子供たちに厄介払いされるように横浜の高級ホテルに泊った時も彼は居心地の悪さを隠さない。レストランでの食事の時にも不機嫌そのものの顔をしている。

そのあと、東京で暮している旧友の小林稔侍と居酒屋で酒を飲むことになった時に、不機嫌は頂点に達し、悪酔いする。「日本はどこかで間違ってしまった」と嘆き、怒る。不機嫌の正体はこれだったと分かる。

しかし、その老人の言い分も他人には、ただの老人の繰り言にしか聞こえない。居酒屋のおかみ、風吹ジュンは露骨に二人の老人を邪魔者扱いするし、隣りで飲んでいるサラリーマンたちは酔っておだをあげる老人たちにうんざりして退散する。「いやなもの見ちゃったな」という彼らのうちの一人の言葉が老人たちの居場所のなさをよくあらわしている。


そして決定的な言葉が発せられる。

故郷の島で、母親の葬儀を終えたあと、東京から来た子供たちが、一人になった父親をどうするか、相談する。長男の西村雅彦(現・西村まさ彦)が、一緒に暮そうと提案する。彼なりの親孝行である。それに対し、それまで黙っていた父親がきっとなって言う。

「東京には二度と行かん」

この言葉は重い。とくに東京に生まれ育ち、これまで東京のことを書き続けてきた人間には胸を突き刺される思いがした。

老いた父親の思いが一気に迫ってきた。彼はずっとこのひとことを言いたかったのではないか。

東京の下町、深川に生まれ育った小津安二郎は東京を舞台にした映画を作り続けた。だから小津は故郷である東京を愛していたと思ってしまうが、よく見ると東京への違和感、苦い思いも感じ取れる。

「一人息子」(36年)では母親の飯田蝶子は東京に息子を訪ねて来たものの、最後は信州へ帰って行った。「早春」(56年)の夫婦、池部良と淡島千景は最後、東京を去ったし、「東京暮色」(57年)の母親、山田五十鈴も東京から北海道へと旅立った。「彼岸花」(58年)の佐田啓二は広島へと転勤してゆく。恋人の有馬稲子はそれに従ってゆくことになるだろう。

小津の映画からも「東京には二度と行かん」という声が聴えてくる。東京を誰よりも愛した小津が、他方で明らかに東京への違和感を抱いている。それは「東京物語」で、東京に出て来た両親、笠智衆と東山千栄子が上野の公園で町を見下しながら交わす会話、「なあおい、広いもんじゃな東京は」「そうですなあ、うっかりこんなところではぐれでもしたら、一生探しても会わりゃしゃあしぇんよ」にもっともよくあらわれている。

「東京家族」の故郷は瀬戸内に浮かぶ大崎上島《おおさきかみしま》(広島県)。「東京物語」の舞台、尾道の沖合になる。妻の遺骨を持って悄然として戻って来た橋爪功を、故郷の人達が桟橋で迎える。瀬戸内の穏やかな海が人の心をやわらげる。山田洋次の初期の作品「愛の讃歌」(67年)は瀬戸内の古い港町、室津《むろつ》(山口県)、「故郷」(72年)は、倉橋島《くらはしじま》(広島県)で撮影されたが、瀬戸内は北海道と並んで山田洋次の好きな故郷なのだろう。「男はつらいよ」の寅も二度、瀬戸内の島を旅している。

前述したように、遺骨を迎えるユキちゃんという女の子が泣き崩れるところは涙を誘われる。映画の後半を支えるのはもちろん次男、妻夫木聡の恋人、蒼井優だが、このユキちゃんも忘れてはならないと思う。

最初、東京の長男の家にたどり着いた母親の携帯が鳴る。故郷で残された犬の面倒を見てくれている女の子から、犬が元気にしているという電話だと分かる。彼女がユキちゃんだった。

この純朴な女の子は、妻を失なった老人をなんとか慰めようといつも優しい声を掛ける。老いた両親にとっては孫のような存在だったことだろう。最後、ユキちゃんが犬を散歩に連れてゆくところは心なごむ。

そしてカメラはゆっくりと瀬戸内の島々を遠景でとらえる。まるで桃源郷のように。「麦秋」（51年）の最後、麦畑が穏やかな海のように広がる「まほろば」の大和を思い出させる。

無論、現実の島は過疎が進み、厳しい未来が待っているだろう。それでも、いま、この瞬間は確かに「まほろば」になっている。

（2013年3月上旬号）

チェーン・ストーリーのこと、ジャ・ジャンクー監督「罪の手ざわり」のことなど

この連載のタイトル「映画を見ればわかること」は、二〇〇一年に公開されたアメリカ映画「彼女を見ればわかること」(Things You Can Tell Just by Looking at Her、00年)に依っている。

監督は、四月に亡くなったコロンビア出身の作家、ガルシア・マルケスの息子、ロドリゴ・ガルシア。主演は、グレン・クローズ、ホリー・ハンター、キャシー・ベイカー、キャリスタ・フロックハート、キャメロン・ディアスら。

ロサンゼルス郊外の住宅地、いわゆるサバービアに住む女性たちを描く群像劇で、五話から成る。オムニバスといっていいが、面白い構成を取っている。

普通、オムニバス映画というと、オー・ヘンリーの五つの短篇を原作にしたアメリカ映画「人生模

様」(53年)や、日本映画では樋口一葉の三つの作品をもとにした今井正監督の「にごりえ」(53年)のように各話は独立していて関連しない。

それに対して「彼女を見ればわかること」では、各話の登場人物が微妙に交差して全体がつながるという構成をとっている。その作り方が新鮮だった。

例えば、一話の主人公、医師のグレン・クローズは二話では、銀行の支店長ホリー・ハンターが中絶手術を受ける時、その医師として登場する。三話の占い師キャリスタ・フロックハートはすでに一話でグレン・クローズの家に来ている。四話の盲目のキャメロン・ディアスは二話のホリー・ハンターが働く銀行の副支店長と付き合う。

人物が複雑につながり合い、別々の話が、ジグソー・パズルのようにひとつの形を成してゆく。音楽でいえばロンド形式、小説でいえばチェーン・ストーリー。

それぞれの人物が思わぬところでつながっている。三話に登場するキャシー・ベイカーは二話ではホリー・ハンターの銀行に客として来ている。セリフはない。二人は相手のことを知らない。ただ観客だけがそれぞれの人生を知っている。

"Six degrees of separation"という言葉がある。「私に近い6人の他人」(93年、フレッド・スケピシ監督)の原題。日本訳は「六次の隔《へだた》り」。どんなに赤の他人でも、六人を介してつながっているという意味。例えば、あの人は私の妻の友人の兄の、その友人の……と六人が入ると知り合いになる。

「彼女を見ればわかること」の登場人物の関係はこの“Six degrees of separation”に似ている。映画が公開されたあと、日本の小説にはそれに倣うかのようにチェーン・ストーリーがふえた。角田光代、桜木紫乃らの小説にある。私自身も短篇集『青いお皿の特別料理』（NHK出版、03年）でこの手法を真似た。

ジャ・ジャンクー監督の新作「罪の手ざわり」（13年）もまたチェーン・ストーリーの形を取っている。四話とエピローグから成るが、観客は、見ているうちにそれぞれの物語に登場する人物が思いがけない形で微妙に関わりあっていることに気づいてゆく。

例えば、四話の主人公の若者は広東省の縫製工場で働いている。ある時、不注意から同僚を怪我させてしまい、工場長に呼ばれ、厳しく叱責を受ける。

観客はその工場長が、三話の主人公、湖北省の町の風俗サウナで働く女性（チャオ・タオ）の不倫相手だったと気づく。別々の物語である三話と四話で思いがけずにつながっている。チェーン・ストーリーの面白さ。

この工場長は実は二話にもちらっと出ている。強盗を繰返す二話の主人公は、最後、長距離バスに乗る。夜の道を走るそのバスの乗客のなかに工場長がいる。

四つの、違う土地で起きる物語が、思わぬところでまるで神の采配によるかのようにつながっている。エピローグでは、三話の主人公の女性が田舎町を歩く。古い城壁がある。町角では京劇が演じられている。どこかで見た風景と思ったら、一話の主人公（チアン・ウー）が歩いていた町だった。

広い中国の各地にちらばって生きている人間たちが、一瞬とはいえ思いがけずにつながっている。運命の糸でつながっている。当事者たちは、そのことに気づいていない。観客だけに分かる。慄然とする。

なぜならわれわれ観客が「神の目」になっているのだから。そして「神の目」で見ればわれわれもまた、彼ら罪人たちとどこかでつながっているのだから。


「罪の手ざわり」には中国の最新の列車が登場する。第四話。広東省の省都広州《クアンチョウ》で働いていた若者は、工場長から叱責を受けたあと新しい仕事を得ようと、香港に近い東莞《トングアン》市へ行く。この時、彼は鉄道に乗る。日本の新幹線のような新しい列車。これに驚く。

というのは――、二〇〇〇年のジャ・ジャンクー作品「プラットホーム」に鉄道好きには忘れ難い場面があった。

一九八〇年代の中国。巡回文化劇団の若者たちが小さな町や村を旅する。ある時、荒れ野に鉄道の線路が通っているのを知って、そこに行ってみる。

線路の向こうからかすかに列車の音が聞えてくる。耳をすます。音が大きくなる。やがて貨物列車が姿をあらわす。彼らは興奮して列車に手を振る。歓声をあげる。長い貨物列車が走り去るまで手を振り続ける。

二〇〇二年に来日したジャ・ジャンクーにインタヴューした時、貨物列車の場面に感動したというと、一九七〇年生まれの若い監督はこんな話をしてくれた。

自分が生まれ育った汾陽《フェンヤン》という小さな町には鉄道が走っていなかった。父親から汽車の話を聞いて想像するしかなかった。

十四歳の時、どうしても汽車が見たくなって、友達と自転車に乗って汽車の走っている町に行った。線路のそばでずっと待っていた。やがて貨物列車がやって来た。目の前を通り過ぎてゆく。驚いた。これが汽車なのだと。列車が走り去ったあとも、ずっと線路の先を見ていた。あの先に何があるんだろうと思いながら。

それから三十年余、いまや工場で働いていた貧しい若者でも最新の列車に乗る。中国社会の急速な発展は、こんなところにもあらわれている。

第四話の舞台となる、香港人や華僑の金持のビジネスマンが遊ぶ東莞市のきらびやかなナイトクラブにも驚かされる。資本主義社会の歓楽郷と変わらない。

クラブで働くまだあどけない顔の女の子が主人公に実は子供がいると打明ける場面にも驚く。彼女のクラブでの名前は「水を求める魚」だという。そしてビニールの中の何匹かの金魚を池に放す。あの赤い色が忘れられない。

（2014年6月下旬号）

大林宣彦監督「野のなななのか」のこと、鉄道廃墟のことなど

「人口は過疎になっていっても、心は過疎にならない」

人口が減ってゆく町で看護婦として働く寺島咲がそういう。いま日本の社会の大きな問題は地方の過疎化だが、大林宣彦監督の「野のなななのか」（14年）は、小さな町にこそまっとうな暮しがあると、静かに語りかけてくる（「なななのか」は、「七つの七日」「四十九日」のこと）。

北海道のほぼ中央部にある芦別《あしべつ》市。倉本聰脚本のテレビドラマ『北の国から』で全国に知られるようになった富良野に近い。鉄道でいうと根室本線が走っている。

芦別駅の開設は大正二（一九一三）年。これを機に三菱、三井など大手の炭鉱が開発され、長く炭鉱の町として栄えた。

看護婦の寺島咲の説明によると、最盛期には七万人いたという。それが現在では一万六千人。かつては大きな町だっただけに人口減は寂しいことだろう。

その町を舞台に、長く病院の医師をしていた祖父（品川徹）と孫（寺島咲）を中心に家族のそれぞれの暮しが描かれてゆく。後半は祖父が、戦争末期に当時日本領だった南樺太に行き、旧ソ連軍の進攻を受け、悲惨な体験をしたことが語られてゆく。現在と過去が交錯する。

北海道在住の作家、桜木紫乃が長篇『凍原』で描いているように北海道と樺太は縁が深い。北海道から多くの人間が樺太開拓に渡った。終戦前後、旧ソ連軍の侵攻で多くの犠牲者が出た。

大林監督は北海道の現在に、過去の消えがたい戦争の記憶を重ねてゆく。大林監督は近年、戦争に敏感だ。


この映画、作り方が面白い。

基本はリアリズムなのだが、随所に大林監督らしい斬新な手法が取り入れられている。俳優たちは早口で喋る。時にセリフが重なり合う。どこか演劇を思わせる。野原をしばしば音楽隊が行進する。死んだ祖父が生きているように語る（ソーントン・ワイルダーの戯曲『わが町』で死者たちが、それぞれ町の思い出を語るように）。

色彩も豊かで、現実の物語なのにファンタジーの良さがある。とくにいいなと思ったのは、寺島咲が姪の山崎紘菜と森のなかを歩くところ。トンネルがある。入る時の季節は冬。周囲には雪が残っている。ところがトンネルを抜けると季節は夏になっていて、森は鮮やかな緑にあふれている。不思議な時間の流れ。

トンネルに入る前、寺島咲が「ここには、汽車が走っていたのよ」と説明する。すると、幻のようにかつての貨物列車がトンネルから走り出てくる。ジャック・フィニイの幻想小説『ゲイルズバーグの春を愛す』のように過去の鉄道が一瞬、現代にあらわれる。この一瞬が素晴しい。

炭鉱があった頃、芦別には石炭を運ぶ鉄道が二本走っていた。三井芦別鉄道と三菱鉱業芦別鉱業所専用鉄道。映画のなかの鉄道は、三井芦別鉄道のようだ（一九八九年に廃線になっている）。気動車《ディーゼル》が貨車を引いていたが、寺島咲は「汽車」と言っているのが面白い。北海道では長くSLが多く走っていたので、いまでも「気動車」や「電車」のことを「汽車」という人が多い。

寺島咲は好きな女優のひとり。十三歳の時に大林監督の「理由」（04年）でデビュー。深川、森下町の旅館の娘がういういしく、以来、好きになった。木下雄介監督「水の花」（06年）、和田秀樹監督「受験のシンデレラ」（08年）の時も可愛く、この二本、劇場プログラムに原稿を依頼された時には、喜んで書いた。

「野のななのか」では寺島咲は看護婦を演じている。近年、男性もこの仕事に携わるようになり「看護師」と言うようになったが、私などの世代では昔ながらの「看護婦」のほうがしっくりする。

冒頭、倒れた祖父を病院で看病する時、寺島咲は、看護婦の白い制服に濃紺のカーディガンを着ている。清楚で美しい。あらゆる女性のファッションのなかで、看護婦の白い制服と紺のカーディガンの組合せは最高だと思う。

祖父が亡くなる。そのあと、看護婦の寺島咲はおくりびとになって祖父の遺体をきれいにしようとする。看護婦の大事な仕事のひとつ、清拭《せいしき》。英語ではエンゼル・メイク。この姿に立会った者は、看護婦をまさに「エンゼル」と言いたくなる。

以前、芦別を舞台にしたテレビドラマがあった。高倉健が主演し、一九九二年にＮＨＫで放送された山田太一脚本、富沢正幸演出の『チロルの挽歌』。過疎に悩む北海道の、かつての炭鉱町がなんとか町を再生しようと「チロリアン・ワールド」なるテーマパークを作る物語。劇中、町の名前は架空になっているが、芦別でロケされている。

実際、芦別ではモンゴメリの『赤毛のアン』にアイデアを得て、カナディアンワールドというテーマパークが作られたが、うまくゆかなかったようだ。

「野のなななのか」では、寺島咲が大叔母の左時枝と野原のベンチで話す場面で、そのテーマパークの名残りらしいカナダ風の建物が見える。過疎になった町の再生がいかに難しいかを痛感させられる。

台湾でロケされた日台合作映画、萩生田宏治監督の「南風《なんぷう》」（14年）を見ていて、思わず息を呑む鉄道風景（正確には鉄道廃墟風景）に出会った。

日本から台湾に取材に出かけた若い編集者（黒川芽以）が、ガイド役の台湾の女の子（テレサ・チー）と自転車で、台北から日月潭まで取材の旅に出る。九份《キュウフン》、基隆《キールン》、淡水《ダンシュイ》などを見たあと、森のなかを走っている時、忽然と古代ローマの水道跡のようなレンガの遺跡が現われる。柱状のものが三本ほど立っている。台湾の女の子の説明によると、日本の統治時代、一九〇八年に造られた鉄道のアーチ橋で、一九三五年と一九九九年の二度の地震によって崩壊し、橋脚が遺跡として残ったのだという。鉄道は現役時代もさることながら、廃線になってからがまた素晴しく、人に知られない神さびた美しさを見せてくれる。

「龍騰《ロントン》断橋《デュアンチャオ》跡」というそうだ。

根岸吉太郎監督「雪に願うこと」（06年）に登場した、北海道の一九八七年に廃線になった士幌線の廃橋、タウシュベツ川橋梁を思い出させる。廃線になることで現代の騒々しさとは無縁の静けさを見せてくれる。

（2014年8月上旬号）

桜木紫乃原作、篠原哲雄監督「起終点駅 ターミナル」のこと

世捨人のように一人で静かに暮す初老の男と、格差社会の隅で傷つきながら生きているひかげの若い女性。温かさを忘れていた二人が冷えきった身体を寄り添わせてゆく。

桜木紫乃原作、長谷川康夫脚本、篠原哲雄監督の「起終点駅 ターミナル」(15年)は心寂しき人々の、身を切るような孤独と、それゆえの他者への優しさが胸を打つ秀作。

何よりもまず、佐藤浩市演じる完治という主人公の一人暮しぶりにしみじみとする。若い頃に恋人(尾野真千子)を死なせたという罪の意識からだろう、裁判官の仕事と家庭を捨て、知る人のいない釧路に流れ住み、弁護士になった。といっても出世栄達とは縁のない国選弁護人の仕事しかしない。他人とはほとんど付き合わない。ストイックにまで市隠《しいん》の暮しに徹している。

釧路の町はずれの小さな家で暮している。隠者の、庵《いおり》の侘住《わびず》まい。年齢は原作では六十五歳とある。回想シーンから、全共闘世代らしいと分かる。ただ完治は政治活動には参加しなかった。勉強に専念し、司法試験に受かった。一方、恋人は活動家だった。そのズレが二人を別れさせたのだろう。

一人暮しといっても決して荒《すさ》んではいない。きちんと家事をする。洗濯物を丁寧にたたむ。釧路駅に近い和商市場《わしょういちば》で買物をする。料理を作る。釧路が発祥の地というザンギ（鶏のからあげを独特のタレで食べる）を得意にしている。新聞の料理欄を切り抜いて、それを参考にする。切り抜きをノートに貼って料理の参考にする。

掃除もきちんとしているのだろう、粗末な家ではあるが、汚れてはいない。自分だけの孤独な世界を楽しんでいるように見える。麻布の自宅、偏奇館に独居隠栖した永井荷風を思わせもする。そういえば、この映画は、世を捨てた初老の男が、思いもかけず水商売の心延《こころば》えのいい若い女性と出会うことで、一瞬の心の高まりを覚えるという点で、荷風『濹東綺譚』に似たところがある。

この映画を二度見るまで惹かれてしまったのはそれもあったためかもしれない。

篠原哲雄監督は完治の一人暮しぶりを淡々と見せてゆく。佐藤浩市もオーバーアクトを抑えて、静かに孤独な男を好演している。

初老の男の家に、弁護を担当した敦子という女性が礼にやって来る。クラブかキャバクラで働いているらしいが、すれた感じがしない。まだ少女のようなういういしさがある。覚醒剤使用で逮捕された。常習ではなかったので執行猶予がついた。

敦子を演じている本田翼について、恥しいことに何も知らなかった。この映画ではじめて見て、素晴しいと思った。

冒頭、敦子は世話になった完治に丁寧に頭を下げる。裁判の直後、裁判所で、次に、完治の家で。完治は、このお辞儀を見て、彼女が罪名にはほど遠い素直な女性だと直感したに違いない。

そのまま帰すのも気がひけたので完治は手づくりのザンギをふるまう。敦子は「おいしい！」とはじめて笑顔を見せる。

このあと、二人の気持は、言葉ではなく完治の作る料理であらわされてゆく。

イクラを漬ける。冷やし中華を作る。敦子が熱を出して倒れた時には、おじやを作ってやる。恋人のようにも、親子のようにも見える。おそらくこれまで大人の男に優しくされたことのなかった敦子が素直に甘える。初老の男は長く自分に禁じていた優しさを見せるようになる。

桜木紫乃は釧路出身。いまも札幌に近い江別に住む。その作品のほとんどは釧路をはじめとして北海道各地を舞台にしている。それも、次第に産業が振るわなくなり、過疎化してゆくさびれた町が多い。

映画「起終点駅　ターミナル」には、いかにも桜木紫乃らしい寂しい風景が出てくる。ここが、映画のなかで起承転結の転になっている。

敦子は道東の漁師町の出身。父親は漁師だった。ある時、長く帰っていない実家に一度帰るという。

完治が車で送ることになる。

家は釧路の東、厚岸《あっけし》のはずれにある。原生林を抜けると海が見えてくる。さびれきった海岸にボロボロになった家が残っている。そこが実家だという。貧しい暮しをしてきたことが分かる。

家は廃家になっている。両親は死んでいた。両親の位牌の隣りには、兄の子供の位牌もある。三人は同じ日に死んでいる。事故だったのか。心中だったのか。敦子は三人の位牌を丁寧に持ち出す。

この場面は、夏の光のなかで撮影されているのに寂寥感にあふれている。車を出そうとする完治に「待って」と言って、家に位牌を取りに戻る敦子は、それまで見せた甘えが消えている。自分の居場所を見つけた強さがうかがえる。

廃家には、やくざに追われて逃げていた敦子の同棲相手のチンピラが隠れていた。クスリで弱り切った男を助ける敦子だが、この先、もう男と一緒になることはないだろう。


これから一人で生きることを決めた敦子は釧路駅から別の町へと旅立ってゆく。見送る完治が小さな贈り物をする。ザンギのレシピであることは言うまでもない。

完治には男の子が一人いる。小さい頃に別れた。その男の子が成人して結婚する。思いがけず結婚式に東京に来てくれという。

最後、完治は釧路から東京に行く。

ここで鉄道好きにはうれしい場面がある。完治は釧路駅で東京までの切符を買う! 普通、釧路から東京まで鉄道で行く人間はいないだろう。札幌か函館あたりで一泊しなければならない。時間も金もかかる。

おそらく、完治は、途中、時間をかけることで、列車のなかでゆっくり、家族のこと、死んだ恋人のこと、そして敦子のことを考えて、生き直す元気を取り戻したいのだろう。

鉄道の駅といえば、この映画には、もうひとつ重要な駅が出てくる。冬、雪の降るこの駅で、恋人は入線してきた列車に飛び込む。実在のJRの駅で撮影されているが、自殺のシーンということもあってクレジットされていない。ここでも伏せておこう。

桜木紫乃の直木賞受賞作『ホテルローヤル』は、釧路湿原を見下す丘に立つ小さなラブホテルを舞台にしている。桜木紫乃の実家だという。

夏に釧路に行った時、湿原を見るために釧網《せんもう》線に乗った。釧路駅から二つ目の遠矢《とおや》駅に列車がさしかかった時、女性の車掌がこんなアナウンスをした。

「桜木紫乃さんの『ホテルローヤル』のホテルがあったのはこの駅の近くです」

桜木人気がうかがえる。

（2015年11月上旬号）

北九州市小倉で開かれた高倉健一周忌イベントのことなど

早いもので高倉健が亡くなってこの十一月で一年になる。

十一月十五日、北九州市小倉で開かれた追悼イベント「健さんに逢いたくて2015 in 北九州」(主催は北九州市、毎日新聞社などの実行委員会)に評論家として出席した。

サプライズがあった。東映時代に藤純子として多くの任俠映画で共演した富司純子さんが出席されたこと。

健さんの訃が報じられた時、取材が殺到しただろうが、富司さんはいっさい発言をされなかった。気持の整理がつかなかったからだという。一年たって、北九州市は高倉健の故郷、福岡県中間《なかま》市に近いこと、また北九州市ではしばしば任俠映画のロケがありよく訪れたこと(「日本俠客伝 花と龍」の原作者、火野葦平は北九州市若松の出身）から、今回のイベントに出席されたという。

公けの場で高倉健のことを話すのは、これが最初で最後ということ。これには会場の市民も感激していた。


もうひとつ驚いたことがあった。

市内には小倉昭和館という古い映画館がある。そこでイベントに合わせ、高倉健映画を上映している。富司純子さんは、前日、小倉入りすると、この映画館に行き、自分の出演作「俠骨一代」（マキノ雅弘監督、67年）と「あ・うん」（降旗康男監督、89年）の二本を見たという。突然の来館に観客は驚き、うれしかったことだろう。

壇上で「若い頃の作品で、演技が下手で、恥しかった」と言われたのが微笑ましかった。


小倉昭和館は昭和十四（一九三九）年創業の古い映画館（当初は芝居小屋も兼ねていた）。シネコン全盛の現代にあって町なかの映画館として健闘している貴重な存在。

小倉は戦後、炭鉱景気、鉄鋼景気に沸いた町で競輪の発祥地として知られる。二十四時間営業のスーパー、アーケード街もかなり早かったと聞いた。リーゼント・スタイルの発祥の地とも。そんな活気のある町で、映画館は人気があったことだろう。

三代目の館主、樋口智巳《ともみ》さんは映画の大好きな女性。プログラミングに努力が払われている。

例えば、高倉健特集は今回で八回目になるが、「網走番外地」や「昭和残侠伝」のような有名なシリーズの作品だけではなく、若い頃の、背広でネクタイで登場する源氏鶏太原作のサラリーマンもの「東京丸の内」（小西通雄監督、62年）を上映している。あまり語られない映画にもきちんと目配りをしている。

最近では、隠れた傑作「二・二六事件　脱出」（小林恒夫監督、62年）を上映したとも聞いた。青年将校の襲撃を受けた岡田啓介首相（役名は岡部。柳永二郎）が、高倉健演じる憲兵によって助けられるまでを描く、史実に基づいたサスペンス映画。よくぞ上映した。

小倉昭和館には1と2がある。1では高倉健特集。2では「戦後70年特集」として今年の話題作、塚本晋也監督の「野火」と、荒井晴彦監督の「この国の空」の二本立て。実に意欲的な映画館であることが分かる。

北九州市は、近年、映画のロケ地になることが多い。高倉健の遺作となった「あなたへ」（降旗康男監督、12年）は、ラストシーンが、関門海峡の見える門司区でロケされている。「おっぱいバレー」（羽住英一郎監督、09年）には筑豊電鉄（黒崎―筑豊直方《のうがた》）が登場している。他にも北九州ロケ作品は多く、市は近年「映画の街・北九州」を謳っている。

このコラムで、神保町シアターで秋に上映された芦川いづみ主演、中平康監督の日活作品「その壁を砕け」（59年）のロケ地、とりわけ「鉢木駅」という架空の名のローカル駅が、実際はどこで撮影されたのか分からないと書いた（一八六頁参照）。

と、そのあと拙文を読んでくれた日活版権管理チームのSさんが、すぐに教えてくれた。日活には、戦後公開されたほぼ全作品の新聞記事がファイルされていて、その記事のなかにあったと、コピーを送ってくれた。実に有り難い。

映画のなかの「鉢木駅」は新潟県のある駅となっている。それで当時の駅舎の写真を調べ、上越線の塩沢駅か信越本線の脇野田駅ではないかと推測した。

しかし、違った。そんな遠くではなかった。当時の新聞記事によると、埼玉県の高麗川《こまがわ》駅（現在のJR川越線と八高線の接続駅）だという。なるほど手元の『JR全線・全駅舎　東日本編』（学習研究社、03年）の高麗川駅の駅舎の写真を見れば、まさしく映画のなかの「鉢木駅」ではないか！

八高線は東京近辺のローカル線のなかでは好きな鉄道で、よく乗りに行っているのだが高麗川駅で降りることは少なく、駅舎をまったく見ていなかった。うかつだった。

映画のなかの駅前は田舎町らしくひっそりとしているが、新聞によれば、芦川いづみや長門裕之が撮影に来たというので駅前の通りは「車と人でお祭りのような騒ぎ」とある。映画の黄金時代の熱気を感じさせる。

実は、「その壁を砕け」の駅を確認したくて近々、塩沢駅と脇野田駅を見に行く予定にしていた。行っていたら無駄足になるところだった。Sさん、有難うございます。

濱口竜介監督の「ハッピーアワー」（15年）があまりに素晴しかったので、近く、四人の女性たちが住んでいた神戸の町を歩きたいと思っている。六甲山にも行ってみよう。

「ハッピーアワー」のなかの印象的な場面にワークショップの場面がある。三人の女性が参加する（一人は主宰者）。この場面の前後に、会場の建物が画面に映る。

建物は改装されているが、通りの風景といい、建物のたたずまいといい、どこかでみた記憶がある。クレジットを見ると、神戸市のデザイン・クリエイティブセンター神戸（ＫＩＩＴＯ）とある。それで、はたと思い至った。

この建物はもとは、昭和二（一九二七）年に建てられた神戸市立生糸検査所。その後、二十一世紀になって使用されなくなり廃工場のようになって残っていた。

拙著を原作にした映画、向井康介脚本、山下敦弘監督「マイ・バック・ページ」（11年）で、妻夫木聡演じる週刊誌記者が働く、週刊誌の編集部が、この建物のなかにセットで造られた。

二〇一〇年の夏の一日、ここに撮影を見学に行ったことを懐しく思い出す。ここで「ハッピーアワー」のワークショップが行われていたか！　ますます、この映画のことが好きになる。

（２０１５年12月下旬号）

アメリカン・ニューシネマに影響を与えたジョン・フォードの「怒りの葡萄」のこと

二〇一五年十二月、気鋭の評論家、町山智弘さんと公開対談をした（主催は文藝春秋）。アメリカン・ニューシネマについて大いに盛り上がった。「俺たちに明日はない」（67年）をはじめ「卒業」（67年）「真夜中のカーボーイ」（69年）「イージー・ライダー」（69年）などについて話をしているうちに、ふと、アメリカン・ニューシネマの原点は一九四〇年に公開された（日本公開は63年）ジョン・フォード監督の「怒りの葡萄」ではないかと思い当った。

前年に発表されたスタインベックの原作は綿密な取材によって、大恐慌下、中西部の農民たちが銀行に土地を奪われ、やむなく故郷を捨て「約束の地」カリフォルニアを目ざす、しかし、夢見た地は、決してエデンの園ではなかったという物語。現代の出エジプト記《エクソダス》になる。

アメリカン・ニューシネマの大きな特色は、ヴェトナム戦争によってアメリカの理想が崩壊してゆく「病めるアメリカ」を若者の立場から描き出したことにあるが、スタインベック原作、ダリル・F・ザナック製作、ナナリイ・ジョンソン脚本、ジョン・フォード監督の「怒りの葡萄」は、まさにこのアメリカの夢の終わりというテーマを先取りしていた。

オクラホマに住むジョード一家が、不況、旱魃《かんばつ》、砂嵐のために暮しが困窮し、ついに銀行（大資本）に追い立てられる。

六人乗りのボロのトラックに家族十二人と元伝道師の十三人がしがみつくように乗り込み、カリフォルニアを目ざす。国道六十六号線を走る。旅を続けるうちに同じ境遇の農民たちと出会う。彼らはイナゴの群れのように西へと移動してゆく。

農民が銀行に土地を奪われる。この悲惨な様子はまさに「俺たちに明日はない」に描かれている。物語の最初の頃、ボニー（フェイ・ダナウェイ）とクライド（ウォーレン・ベイティ）は、貧しい農民と彼の下で働く黒人に会う。

この農民の家はすでに銀行に取られ「この土地は銀行のものです」と看板がある。クライドは持っていた銃で看板を撃つ。その銃を農民と黒人に渡すと、彼らも看板を撃つ。土地を奪われた農民の「怒り」がこもっている。農民一家はこれからカリフォルニアを目ざすのだろう。大恐慌時代のこと、ジョード一家と同じである。

さらに、後半、警察の襲撃を受けたボニーとクライドは必死で逃げる。彼らが逃げ込むのは、ジョード一家のような西へ向かう農民たち（オーキー《オクラホマ野郎》と呼ばれた）のキャンプ。アーサー・ペン監督の「俺たちに明日はない」は明らかにジョン・フォード監督の「怒りの葡萄」を意識している。

アメリカン・ニューシネマのもうひとつの特色は、旅を描いたロードムービーが多かったこと。なかでも出色の作品はピーター・ボグダノヴィッチ監督の「ペーパー・ムーン」（73年）だろう。大恐慌下のアメリカ中西部を詐欺師（ライアン・オニール）と、みなしごの女の子（テイタム・オニール）が車で西へと旅をする。

途中、二人は国道で、ボロ車に家財道具一式を積んで移動中の一家を見かける。ジョード一家と同じオーキーである。

ボグダノヴィッチは批評家時代にジョン・フォードへの長いインタヴューを試みている。「ペーパー・ムーン」が「怒りの葡萄」の影響を受けていることは明らかだろう。

映画「怒りの葡萄」はグレッグ・トーランドのカメラが素晴しい（モノクロ）。冒頭、中西部の一本道（電柱が遠くまで並んでいる）をトム・ジョード（ヘンリイ・フォンダ）が歩いてくる。息を呑むような美しいそのシーンから始まり、カメラはしばしば、大草原《プレーリー》の一本道をとらえる。「ペーパー・ムーン」のカメラ（ラズロ・コヴァックス）がやはりモノクロで「一本道の風景」を見せた（たとえば、ラスト・シーン）のも、明らかに「怒りの葡萄」の影響だろう。

アメリカン・ニューシネマのもうひとつの特色は音楽の使い方。従来のスタジオ所属の作曲家たちがその映画のために作曲した映画音楽ではなく、その当時、若い世代のあいだでヒットしていたロックやフォークを積極的に使用した。

「卒業」のサイモンとガーファンクル、「イージー・ライダー」のザ・バンド、CCRなど数々のロックはその代表例。

実は「怒りの葡萄」がすでにこれを試みている。全篇に流れるのは、西部開拓時代のアメリカ民謡「レッド・リヴァー・ヴァレー」。作曲家のアルフレッド・ニューマンがこのカウボーイ・ソングをさまざまに編曲して使っている。

ちなみにこの曲は、わが古厩智之監督の「この窓は君のもの」（95年）で使われたのが強く心に残っている。

ジョン・フォードはすでに「駅馬車」（39年）で、アメリカ民謡「淋しい草原に埋めてくれるな《ベリー・ミー・ノット・オン・ザ・ローン・プレーリー》」を使っているし、「荒野の決闘」（46年）の原題はやはりアメリカ民謡の「いとしのクレメンタイン」で、劇中、この曲が流れる。

ジョン・フォードは、アメリカン・ニューシネマが試みた既成の曲の使用をすでに何年も前に行っていたことになる。ボグダノヴィッチが「ペーパー・ムーン」のなかで一九三〇年代のヒット曲を使ったのもジョン・フォードに倣ったのではあるまいか。

「怒りの葡萄」には、映画史上に名高い名セリフがある（スタインベックの原作にもある）。ヘンリイ・フォンダ演じるトム・ジョードが、母親《マー》（ジェーン・ダーウェル。アカデミー賞助演女優賞受賞）に別れを告げ、旅に出る。母親が、どこでまたお前に会えるのかと聞くと、トムはこう答える。「飢えて戦う人々がいれば私はそこにいる《アイル・ビー・ゼア》」「警官が人を殴っていれば私はそこにいる」「自分で育てた作物を食べ、自分が建てた家に住む人がいれば私はそこにいる」。

“I'll be there”（私はそこにいる）がリフレインされる。

一九八九年の作品「ドリーム・チーム」（ハワード・ジーフ監督）では、病院に入院したマイケル・キートンが病院のテレビで「怒りの葡萄」を見ていると、いつのまにか医者が来て、一緒にこの場面を見ながらヘンリイ・フォンダの“I'll be there”を唱和する。いかにこの映画が若い世代にも大事に記憶されているかが分かる。

スタインベックの『怒りの葡萄』は最近（二〇一五年十月）、新潮文庫で新訳が出た。訳者の伏見《ふしみ》威蕃《いわん》氏の解説によると、この小説はアメリカのフォーク歌手、ロック歌手に大きな影響を与えているという。

たとえば、ウディ・ガスリーには“Tom Joad”があり、ブルース・スプリングスティーンには“The Ghost of Tom Joad”がある。彼らの歌がアメリカン・ニューシネマと親近性を持つことは言うまでもないだろう。

（2016年2月上旬号）

山下敦弘監督「オーバー・フェンス」のこと
宮崎祐治著『東京映画地図』のこと

少年や少女たちが自転車に乗る姿はさわやかではつらつとしている。しかし、大人の男が乗るとどこかわびしい。

佐藤泰志原作、高田亮脚本、山下敦弘監督の「オーバー・フェンス」（16年）のオダギリジョー演じる義男はいつも自転車に乗っている。

幼い子供がいながら離婚し、東京から函館に戻ってきた。海辺の安アパートで一人で暮している。漁業と造船業と観光で持ってきた町はいま景気がよくない。東京の仕事を辞めて故郷に帰ってきた、もう若くはない男に新しいいい仕事は簡単には見つからない。

義男は職業訓練校に通って、大工の腕を身につけようとする。『海炭市叙景』の一篇「まっとうな男」に、若者に交って職業訓練校に通う元炭鉱夫が描かれているが、佐藤泰志はつねに人間を、身体を使って働く仕事、職業との関わりでとらえた。

山下監督もそれに倣うように、訓練校にやって来る人間たち、ありていに言えば失業者たちを人間群像として見せてゆく。

誰もが、それまでの職を失った。次に少しでもいい仕事を見つけようと、訓練校で自動車整備や大工の技術を学ぶ。

しかし、誰もがやる気を感じさせない。どうせ自分たちは負け組だというあきらめがある。「大工は馬鹿には出来ないが、利口はやらない」と自嘲している。

「オーバー・フェンス」はこの職業訓練校の部分が面白い。学校は規則に厳しく、制服を着た彼らが教官に小うるさく指示される姿は、学校というより刑務所を思い出させる。

オダギリジョー演じる義男は、この学校からアパートまで自転車で帰る。もう若くはない男が自動車ではなく自転車を漕ぐ姿は、みすぼらしく見える。こういう男を主人公にするところが、アウトサイダーの好きな山下敦弘らしい。

函館はいうまでもなく北国。夏は短い。寒くなったら自転車には乗れなくなる。冬に備えて車を買わなければならないが、さし当ってその余裕がない。夏のあいだだけの自転車は、学校を終え、大工として社会復帰するまでの義男の不安定なモラトリアム状況を象徴している。

義男は訓練校で、まわりの人間とは深く関わらないようにしている。付かず離れず。相手とは距離を置く。「フェンス」とは義男と社会、人間との塀である。家具らしい家具のないアパートの部屋に一人で住み、自転車に乗って学校から帰る時には、からあげ弁当と小さな缶ビールを二本買うのを日課にしている。義男は自分からまわりに「フェンス」を作っている。それだけ、挫折感が深いのだろう。

その一人でいた義男が、聡《さとし》というややエキセントリックで面倒くさい女の子（蒼井優）と知り合い、一人の穴蔵から外に引きずり出されてゆく。「フェンス」を取り除いてゆく。「オーバー・フェンス」は再生の物語になっている。

この女の子も、社会の隅にいる。夜はキャバクラで働き、昼は遊園地で子供相手の仕事をしている。この遊園地は現在の大資本のテーマパークに比べれば、横町の遊び場。お菓子で言えば駄菓子。動物園が併設されているがゾウやライオンはいない。小動物ばかり。

聡という女の子は、佐藤泰志の原作には出てこないが、この小さな動物園は、せいぜい山羊やアヒル、リスとウサギくらいしかいない〈よい子のための移動動物園〉で働く若者たちを描いた初期の『移動動物園』から想を得たのかもしれない。

動物園から逃げ出して来たらしい一羽のワシが夜、義男の窓辺にとまる不思議な場面はひっそりと静かで幻想的。一瞬、映画は「遠くを見る」。この場面が物語を引き締めた。

古い日本映画のなかにいまは失われた東京の町の風景を見るのが好きな人間にとって、宮崎祐治さんの、本誌での連載をまとめた『東京映画地図』は素晴しく面白い本。

小津や成瀬、黒澤だけではなくマイナーな監督のプログラムピクチュアまで、宮崎さんは実によく見ている。一見、つまらない映画と思われていたB級作品が「映画を東京で見る」視点で見てみると、生き返る。映画の錬金術。映画は監督論や映像論などの王道だけではなく、こんなふうに見てもいいのだという柔らかさ、楽しさがある。

東京の中心から多摩まで、さらには伊豆諸島まで、東京の全エリアが語られるのは圧巻だが、個人的には下町篇が面白い。

日高繁明監督「青春を賭けろ」(59年)の夏木陽介はバンドボーイから人気歌手になる。実家はお化け煙突が見える足立区あたり。幼なじみの清野太郎と江東区大島にあった小松川閘門《こうもん》で遊ぶ。

並木鏡太郎監督の新東宝映画「花嫁吸血魔」(60年)では顔に包帯を巻いた池内淳子が有明の埠頭に立って復讐を誓う。

丸山誠治監督「憎いもの」(57年)では東北で雑貨屋を開いている藤原釜足が東京に出て来て、浅草橋の問屋街で仕入れをする。

こんなマニアックな記述が続く。宮崎さん、実に楽しそう。「青春を賭けろ」も「花嫁吸血魔」も「憎いもの」も私は未見。無念。

昭和三十年代の浅草のランドマークのひとつは、浅草の松屋デパートの屋上遊園地にあった遊具、スカイクルーザーだった。サミュエル・フラー監督の、日本でロケした「東京暗黒街・竹の家」（55年）に出て来たことで知られる。

宮崎さんによれば、春原政久《すのはらまさひさ》監督の「おヤエのあんま天国」（59年）に出てくるという。こんな映画まで見ているとは！　脱帽。

「若水ヤエ子はスカイクルーザーの上で柳沢真一に結婚指輪を貰って、『私は幸せで目がまわりそうだわ』と喜ぶけれど、柳沢は結婚詐欺師だった」。うーん、見たい。

この七月、神保町シアターが三回目となる「恋する女優　芦川いづみ」特集を組んだ（実にうれしい！）。

未見だった藤原審爾原作、堀池清監督の「その人は遠く」（63年）を見ていたら、何とスカイクルーザーが出てくるではないか。

芦川いづみが、親戚の少年、山内賢と浅草に遊びに行く。その時、二人が乗るのがスカイクルーザー。これにはうれしく驚いた。

宮崎さん、見ましたか。

（2016年9月上旬号）

「永い言い訳」のひとことのこと、「君の名は。」の小さな町のことなど

西川美和監督の「永い言い訳」(16年)は、連れ合いを亡くした身には、見るのがつらい映画だった。妻(深津絵里)を突然のバス事故で失なった夫(本木雅弘)の「自分は本当に妻を愛していたのか」「妻のために尽くしたのか」という自責の思いは、妻を亡くし、残された夫の誰もが持つ罪の意識だろう。妻は死に、自分は生き残った。そのこと自体の痛み。生存罪責感である。

その意味で、「永い言い訳」には忘れ難い、心に痛い場面がある。夫が、妻、夏子の美容院仲間の女性に責められるところ。

スキーバスの事故は山形県であった。夫は東京から山形へ行き、現地の火葬場で遺体を荼毘《だび》に付した。火葬には美容院の仲間たちは呼ばなかった。東京での葬儀の時、妻と共同経営者だった女性が、

なぜ山形に自分たちを呼んでくれなかったのか。なぜ夏子さんの死を悲しんでいる自分たちに声を掛けてくれなかったのかと詰め寄る。

「私たち十五年間、朝から晩まで夏子さんと一緒に働いてきたんです。夏子さんには、夏子さんの時間があったって、先生、どうしてお考えにならなかったんですか」

その通りだと思う。どんなに仲が良かった夫婦でも、それぞれに別の時間、暮しがある。夫は、妻の死を伝えるべき友人、知人を完全には把握していなかった。そこを妻の同僚に責められた。

十五年間、美容院で苦労を共にしてきたこの女性にとっては、もしかしたら夏子は、夏子の夫が妻を思う以上に、大事な存在だったのかもしれない。だから葬儀の場をわきまえず、喪主である夫に怒りをぶつけた。なじった。夫は彼女の怒りを受け入れるしかない。

連れ添いを亡くす。「永い言い訳」では、それがバスの事故という形で突然に来た。そのために夫は動揺した。気持が混乱した。妻の死をどう受けとめていいか分からなくなった。妻にとって誰が大事な友人であるかも思いつかなかった。

もし妻が、交通事故ではなく病死だったら、彼の妻への思いも、別の形になったかもしれない。事故死と病死の違いを考えさせられる。

「永い言い訳」で夫を責める女性を演じた女優は文学座の松岡依都美《いずみ》。いまもっとも気になる女優。

白石和彌監督「凶悪」（13年）で、死刑囚（ピエール瀧）の元内縁の妻を演じ注目された。是枝裕和監督「海よりもまだ深く」（16年）では、興信所で働く阿部寛に浮気を見つかり、そのあとふてぶてしく居直って取引に応じる人妻を演じ、これも凄かった。そして「永い言い訳」。

「夏子さんには夏子さんの時間があったんですよ」。わずか一場面の出演だが、彼女の言うこの言葉は、忘れられない。

若い人でいっぱいの日本橋の映画館で、新海誠監督のアニメ「君の名は。」を見る。アニメが得意ではない人間だが、最後には不覚にも涙が出てしまった。

正直、ストーリーについてゆくのは苦労した。大林宣彦監督の「転校生」（82年）のように、男の子と女の子が入れ替わってしまう話だが、場面によっては、どちらなのか分からなくなってしまう。時間も現在と過去が入りくんでいて、いまがいつなのかこんがらがる。

にもかかわらず最後には感動してしまう。

瀧《たき》（声は、神木隆之介）が、入れ替わる女の子、三葉《みつは》（上白石萌音）の住む町に、やがて彗星が落ちてきて町は消滅すると知り、なんとか助けようとする。その必死さが愛しくなる。三葉の高校の仲間たちも、町の人たちになんとか危険を知らせようと懸命になる。

後半、子供たちはよく走る。町を救おう、町の人を助けようと走る。その走る姿が自然に感動を呼んでゆく。「シン・ゴジラ」（16年）では自衛隊が最新兵器でゴジラに立ち向かった。この映画では、少年少女たちが自分の身体で危機にぶつかってゆく。自分の足と自転車で。

アナログ人間としては、そこに共感した。


もうひとつ、「君の名は。」がいいのは、女の子の住む町の緑広がる牧歌的な風景だろう。湖を囲むようにして小さな町がある。学校、町役場、神社。昔ながらの古い家が並ぶ。

町の子供たちは、24時間営業のコンビニも、カフェもないようなこんな田舎町は退屈で嫌だ、東京に行きたいと言っているが、この町には、宮崎アニメ「となりのトトロ」（88年）の町のような緑の美しさがある。東京にはない静けさがある。

この町には、二時間に一本とはいえ鉄道が走っている。鉄道の駅を中心に作られていった昔ながらの町が懐しい。東京では、鉄道の高架化と共に消えていっている野良踏切がきちんと残っているのも、鉄道好きには大事なことに思える。まるで模型で作られた町のようにシンプル。

こういう緑豊かな小さな町が、彗星によって消滅してしまう。そうさせまいとして、少年や少女たちが必死に走る。「国を守る」のではなく「町を守る」。その小さな視点が素晴しい。

この町は、糸守町《いともりまち》という架空の町になっているが、少年が、入れ替わる女の子にどうしても会いたいと、町を探しに行くくだりで、飛驒（岐阜県）のある町らしいと想像できる。とすると、町を走る二時間に一本しか来ない鉄道は高山本線（岐阜―富山）になるだろうか。女の子が東京に行く時、鉄道に乗る。列車の行先表示を見ると、ちゃんと美濃太田となっている。高山本線の駅で、この駅で、長良川《ながらがわ》鉄道と接続する。奥田瑛二が監督した、緒形拳主演の「長い散歩」（06年）には、この長良川鉄道が出てきた。

男の子は、消えた糸守町のことを調べるために、近くの町の図書館に資料を調べに行く。この図書館のモデルは岐阜県飛騨市の図書館ということで、「君の名は。」のファンが、映画の公開後、ここを訪れるようになったという。

映画を見たあと、そのロケ地を訪ねる。いいことだ。私も「男はつらいよ」シリーズで渥美清の寅さんが歩いた町は、ほとんど旅した。日本には、小さないい町が多いと教えられた。「国家」より「町」を大事にしたい。

高山本線は途中に、飛騨の小京都、高山があるのでその名が付いた。高山は、現在では観光地として全国に広く知られるようになったが、そうなったのは、高山でロケされた一本の映画から。昭和三十年に公開された松竹映画、木下惠介監督、高峰秀子、田村高廣主演の「遠い雲」（55年）。全篇、高山でロケされ、瓦屋根の町並みの残る高山が全国に知られるようになった。

この映画、冒頭、故郷に帰る田村高廣が高山本線に乗る。当時まだ蒸気機関車。その走る姿をさまざまな角度からとらえる。ここはいつ見ても、わくわくする。「君の名は。」で女の子が乗る高山本線は、さすがにディーゼル（気動車）になっていた。

（２０１6年11月上旬号）

「男はつらいよ」の「汽車」のことなど

「いま上野にいて、これから汽車に乗るんだよ。源公にカバンを駅まで届けるように言ってくれ」

山田洋次監督「男はつらいよ」シリーズの第十七作「寅次郎夕焼け小焼け」(76年、太地喜和子主演)で渥美清演じる寅が、妹さくらに電話でそう言う。

このなんでもないセリフが、二十一世紀のいま感動的なのは、寅が「汽車」と言っていること。ここで「電車」と言ったら興醒め。「上野」から乗るのは「電車」ではなく、「汽車」でないとさまにならない。当時、上野から出る東北本線も常磐線も電化されてはいるが、寅の頭のなかではあくまでも「電車」ではなく「汽車」という言葉が生きている。

いまや蒸気機関車そのものがイベント列車を除いてなくなっている時代に、「汽車」はもう死語になってしまった。ところが「男はつらいよ」のなかでは「汽車」が生きている。

「続　男はつらいよ」（69年、佐藤オリエ主演）では、散歩先生（東野英治郎）の家で酒をふるまわれた寅が酔ってとらやに電話する。旅に出ると言っていた寅がまだ近くにいた。電話に出たおばちゃんが驚く。「汽車に乗ったんじゃなかったの」。

第七作「奮闘篇」（71年、榊原るみ主演）では冒頭、寅が只見線の越後広瀬駅で、東京に働きに出る集団就職の少年少女たちをホームで見送る。そのあと「俺もあの汽車、乗るんだった」と走り去ってゆく汽車を追いかける。

蒸気機関車は当時、まだ走っていたから、寅が「汽車」というのは自然だった。

日本の営業路線で最後の蒸気機関車が走ったのは、一九七五年、北海道の室蘭―岩見沢間でのこと。機関車は追分機関区のものだった。

ちなみに、追分機関区は国鉄労働者（保線労働者）と、その家族を描いた左幸子監督の「遠い一本の道」（77年）の舞台。蒸気機関車が消え、国鉄が合理化されてゆく姿が、労働者の立場からとらえられている。

一九七五年に公開された佐藤純彌監督の「新幹線大爆破」では、高倉健が、はじめに爆弾が本物だと証明するために仕掛けるのが、貨物を引いて夕張を走る蒸気機関車。追分機関区のものだった。

寅は、蒸気機関車が消えても「汽車」と言う。一九八一年公開の第二十七作「浪花の恋の寅次郎」（松坂慶子主演）でも「汽車の時間があるから」と言っている。

鉄道好きの山田洋次監督はあえて寅に「汽車」と言わせているのだろう。古い人間と言われようが構わない。寅にとって鉄道は「電車」ではなく、あくまで「汽車」なのだ。

主題歌にもきちんと「汽車が来る」とある。


「俺はここから汽車で行く」

山田洋次監督「幸福の黄色いハンカチ」（77年）では、高倉健が旅の途中で一緒になった若い二人、武田鉄矢と桃井かおりと、根室本線新得《しんとく》駅で別れようとする時に言う。

根室本線は当時、電化されていた筈だから本当は「汽車」はおかしいのだが、高倉健にはやはり「汽車」が似合う。

一般に北海道の人は、いまでも鉄道を「汽車」と言う。最後まで蒸気機関車が走っていたからだろう。もう一県、島根県の人も「汽車」と言うことが多い。電車が普及していないためという。若い人も「汽車」。なんだか、うれしい。

「男はつらいよ」の寅の旅は、ほとんどローカル線の旅。新幹線には、まず乗らない。当然、「汽車」という言葉が生きてくる。

話が細かくなるが、ここで面倒なのは「汽車」でも「電車」でもない「気動車」の存在。これをなんと言うか。よく間違える。

例えば、松本清張の『ゼロの焦点』(昭和三十四年)。

金沢出張のあと突然、行方不明になった夫の行方を新婚早々の妻が追う。東京から金沢まで出かける。警察から、能登半島の小さな漁師町で身許不明の死体が見つかったと連絡を受ける。もしや夫ではないかと、金沢から鉄道を乗り継いで漁師町(能登高浜)に行く。

原作にはこうある(引用は新潮文庫)。「汽車は本線から分れて、小さい駅に頻繁にとまりながら走った」「羽咋《はくい》の駅には一時間ばかりで着いた。この駅から乗りかえて、さらに小さい電車に移り、能登高浜まで行くには一時間以上要した」。

「汽車」とあるのは、国鉄七尾線(津幡《つばた》―輪島)のこと。主人公は、金沢からこの「汽車」に乗り、羽咋駅で「小さい電車」に乗り換える。

この「電車」はローカル私鉄の北陸鉄道能登線(羽咋―三明《さんみょう》)のこと。一九七二年に廃線になった。

実は、この鉄道は「電車」ではなく、「気動車」。あげ足をとるつもりではないが、松本清張は「電車」と「気動車」を間違えてしまった。

松本清張ですら「電車」と「気動車」を間違える。これは確かに外見だけでは区別は難しい(架線があるか、ないかで分かるのだが)。

「ゼロの焦点」は、一九六一年に野村芳太郎監督によって映画化された。久我美子演じる若い妻が、金沢から雪のなか、鉄道を乗り継いで、金沢から羽咋、三明、さらにその先の能登金剛に行くくだりは、いつ見てもわくわくする。もう二十年以上前、この久我美子の旅を追って能登半島を旅したものだった。

映画のなかで、久我美子は七尾線の羽咋駅から、能登線に乗り換えるのだが、カメラはしっかりと、能登線の「気動車」をとらえている。架線がないから、ひと目で「気動車」と分かる。映画の強みである。


「車ではなく、ディーゼルで行く」

鉄道好きには感動的なセリフが、もうひとつある。「汽車」でも「電車」でもなく、きちんと「ディーゼル」(気動車)と言っている。こういう区別をしている例は珍しい。

連城三紀彦原作、高田純脚本、神代辰巳監督の「離婚しない女」(86年)。萩原健一演じる根室に住む若者が、根室に住む女、倍賞千恵子と、釧路に住む女、倍賞美津子の両方と関係を持つ。

根室と釧路のあいだを鉄道(根室本線。現在は花咲線)で行ったり来たりする。この鉄道は、「汽車」でも「電車」でもなく、「気動車」。萩原健一は、それをきちんと使い分けて「ディーゼルで行く」と言った。

これには感心した。


(2017年6月上旬号)

第六章

映画の中の文学

石井裕也監督「舟を編む」のこと、ハワード・ホークス監督「教授と美女」のことなど

出版物のなかで国語辞典の出版ほどの難事業はないだろう。言葉の採集、語釈、そして校正。大変な作業であることは容易に想像しうる。日本最初の近代的国語辞典、大槻文彦の『言海』は明治二十四（一八九一）年に全冊完成するまで十七年の歳月を要している。世界最大の辞典といわれるイギリスの『オックスフォード英語辞典』（ＯＥＤ）は一九二八年の第一版完成までに実に七十年かかっている。

三浦しをんのベストセラー小説の映画化、石井裕也監督の「舟を編む」（13年）は、辞書作りの苦労を描いていて面白い。辞書作りの大半は、机に向かう座業。それをモーション・ピクチュア（動く絵）にする。難しかったと思う。

面白さのひとつは、辞書作りの過程を丁寧に見せてゆくプロジェクトX的な展開。「右」という言葉の語釈をスタッフが検討してゆくところなど、なるほどここまで考えるのかと驚く。普通の人間が考えるのは「多くの日本人が箸を持つほう」だろうが、編集監修の先生（加藤剛）は「10という数字の0のほう」と語釈してみせる。なるほど。もっともそれでは「10」の語釈はどうなるのかと心配になるが。

試みに手元の『新明解国語辞典』（三省堂）で「十」を引くと「九に一を加えた数」とある。それでは「九」は、「一」は、となんだか堂々めぐりになりそうだ。ちなみに『新明解』は「恋」の語釈がいいので評判になった。「舟を編む」でも「恋」をどう説明するか議論している。

もっとも「10」や「恋」を辞書で引いてみる人間がどれだけいるかは疑問だが、現代の辞書はあらゆる言葉を載せようとする。

シェイクスピアの時代、十六世紀から十七世紀にかけてイギリスにはまだ辞書はなかった。十八世紀になってサミュエル・ジョンソンが独力で『英語辞典』を作った。近代的な辞書の嚆矢《こうし》といっていいだろう。

ただ、この辞書は選ばれた言葉しか載せなかった。俗語などは除外された。そこで十九世紀になってすべての英語を収めようとする『ＯＥＤ』が企画された。「舟を編む」の編集方針もこれを踏襲し、流行語まで拾おうとするから大変な作業になる。完成まで十五年かかっている。

「舟を編む」の面白さのもうひとつは、松田龍平演じる主人公の風変わりぶり。本の虫。人と付き合うのは得意ではない。好きになった女の子（宮﨑あおい）へのラブレターはなんと巻紙に筆。「こんなの読めない」と返されてしまう。

役名は「馬締《まじめ》光也」。まさに真面目。こういう、名は体をあらわす名前の付け方は現代の小説では珍しい（漫画ではよくあるが）。名前でその人間の性格をあらわす。この命名法を「名詮自性《みょうせんじしょう》」という。近世文学にはあった。近代文学でも初期にはあった。例えば末広鉄腸『雪中梅』の自由民権運動家、国野基《くにのもとい》や、尾崎紅葉『金色夜叉』の間貫一《はざまかんいち》（恋と金のはざまに生きる）と、その恋人のお宮を奪う大金持、富山唯継《ただつぐ》がそうだ。その後、すたれた。「舟を編む」の馬締は久々に見る名詮自性。

辞書や辞典作りに関わる人間には、浮世離れした変わり者が多い。映画ファンがすぐに思い浮かぶのは、ビリー・ワイルダー、チャールズ・ブラケット脚本、ハワード・ホークス監督の「教授と美女」だろう（41年。日本未公開だが、ジュネス企画からDVDが発売されている）。

ニューヨークのある富豪（トースターを発明したという）がイギリスのブリタニカに対抗して百科事典を作ることになる。屋敷に八人の学者が集められ、事典作りが始まる。当然なことに簡単には進まない。映画が始まった時点ですでに五年で、やっとSの項まで。あと三年かかるといっている。

学者たちはみんな変人（ただし気はいい）。いちばん若い学者、ゲイリー・クーパーは若くて二枚目だというのに独身。女性と付き合ったことがない。

この教授が、ある時、俗語の採集もしなければと決心して、ノートを持ってニューヨークの町へ繰り出して行く。一種のフィールドワーク。そこでクラブの歌手でギャングの愛人、バーバラ・スタンウィックと出会い、彼女が話す俗語を採集しているうちに、恋をしてしまう。

そう、ジョージ・キューカー監督の「マイ・フェア・レディ」(64年)でも、音声学者のレックス・ハリスンは、町の花売り娘オードリー・ヘプバーンの話す俗語に興味を持ち、ノートにメモしていた。もっともこちらは、音声学者が、花売り娘をきれいな英語を話すレディに仕立てあげる話。一方、「教授と美女」では、象牙の塔の教授が、町の美女に恋をしてしまう。

とりわけ教授が興味をもったのは「ヤムヤム」なる語。美女によると「キス」のことだという。そして説明をしてもらったうぶな教授は美女に生まれてはじめてキスをしてもらい、うっとり。「もう一度」と頼むクーパーが可愛い! 手元の『ランダムハウス英和大辞典』でyum-yumを引くと「おいしいもの」「欲しくてたまらないもの」とある。たしかにキスはおいしい。そういえば林芙美子の短篇に、キスをしたあと女性が「ああ、おいしかった」というのがあった(『荒野の虹』)。

辞書作りに関わる人間には変わり者が多い。その最たる者は『OED』に関わったウィリアム・マイナーなる人物だろう。これについてはサイモン・ウィンチェスターの快著『博士と狂人　世界最高の辞書OEDの誕生秘話』(鈴木主税訳、早川書房、99年)で知った。

OEDはジェームズ・マレーという博士によって作られたが、厖大な語を収めるために外部に言葉の採集をしてくれる「篤志協力者」を募った。そのなかにウィリアム・マイナーという優秀な人物がいた。いつも適切な言葉のカードを送ってくれる。それが十年以上も続く。

ある時、マレー博士はマイナーがどういう人物なのか、直接会いに行ってみる。そこで驚くべき事実を知る。マイナーは精神病院に入れられていた患者だった。

南北戦争に従軍した軍医で、そこで悲惨な体験をしたため精神に異常をきたし、殺人を犯した。しかし、もともと知的レベルは高く発作が出ない限り、読書は出来る。そこで喜んで「篤志協力者」の仕事に励んだ。

事実だという。マイナーはさらに驚くべきことをするのだが、それについて書くのは、ここでは控えよう。


『言海』を作った大槻文彦については、高田宏の名著『言葉の海へ』（新潮社、78年）に詳しい。

辞書作りに没頭する大槻文彦は、明治二十三（一八九〇）年に幼子と、そして妻を病いで相次いで亡くした。仕事は終わりに近づいていた。「ろ」の部にかかっていた。「露命」の語があった。語釈は「ハカナキ命」。

翌二十四年に辞書を完成させた。


（2013年4月下旬号）

寂しい北海道の風景。「私の男」のこと、「そこのみにて光輝く」のことなど

北海道には一年は九カ月しかないという。いうまでもなく冬は寒さのために暮しにくくなるから。

桜庭一樹の直木賞受賞作の映画化、宇治田隆史脚本、熊切和嘉監督の「私の男」（14年）は、道北、オホーツク海に面した紋別が舞台になる。

地震で家族をなくした少女（二階堂ふみ）は、この町で、遠い親戚の男（浅野忠信）に育てられる。

紋別は流氷の町として知られる。冬になると流氷が海をおおう。白い町に変わる。

冬の紋別で撮影されていて、その白が画面をひきしめている。北海道は札幌一極集中が進んでいて他の町は急速に過疎が進んでいる。

紋別には以前、名寄《なよろ》本線が走っていたが一九八九年に廃線になってしまった。北海道のオホーツク

海側の北部には昔は、天北線《てんぽく》、興浜北線《こうひんほく》、枝幸線《えさし》、興浜南線《こうひんなん》などの鉄道が走っていたが、次々に廃線になり、いまやひとつもない。

従って鉄道の旅が好きな人間は残念ながら網走以北のオホーツク海沿岸を旅したことは一度もない。

降旗康男監督の「駅-STATION」（81年）で、刑事の高倉健が冬の増毛《ましけ》で出会った居酒屋の女性、倍賞千恵子は、自分の故郷は歌登《うたのぼり》だという。かつて枝幸線が走っていた道北の小さな小さな町。ふつう、誰も知らない。

ところが高倉健は「知っている。妹が枝幸に嫁に行ったから」と答える。枝幸はオホーツク海に面した小さな漁師町。歌登はそこから少し内陸に入ったところにある。

一方、刑事の高倉健の故郷は増毛の少し南の雄冬《おふゆ》。日本海に面した小さな漁師町。増毛から船で行く。「駅-STATION」は、歌登の女と雄冬の男が、冬の増毛で知り合いつかのまの恋をする寒い、寒い冬の物語になる。

「私の男」の舞台になる紋別も冬は寂しい。鉄道がなくなってからはいっそうだろう。桜庭一樹の原作にはこうある。

「北海道紋別市は、人口三万人弱のほんとうにちいさな町だ。デパートも映画館もなくて、何年か前まではあったちいさな駅も、国鉄の民営化と過疎のあおりでとっくに廃駅になってしまった。ふるびた木製の駅舎はいまはバスターミナルとして使われていて、町から出るときはみんなここからバスに乗る」

季節は冬。海に面しているから豪雪にはならないが、それでも町は雪におおわれる。流氷が町の出入り口をふさぐように押し寄せる。

孤独な少女と、養父となった男がいつしか抱き合うのは近親相姦というどぎつい性のためというより、ただ冷えた身体と心を温め合いたい思いからだろう。

少女は道南の日本海に浮かぶ奥尻島に生まれた。山田洋次監督「男はつらいよ」シリーズの第二十三作「寅次郎かもめ歌」（80年）では伊藤蘭がこの島の出身だった。

一九九三年の七月、北海道南西沖地震で奥尻島は大きな被害を受けた。高い山がない平たい島なので津波に襲われた。少女はこの津波で家族を失なった。

遺体安置所で小さな女の子が、毛布に覆われた母親の遺体を、生きているかどうか確認したかったのだろう、足で蹴るところは胸を突かれる。

そのあと彼女は、遠い親戚の浅野忠信によって紋別で育てられる。物語は後半、東京に移るが、その背後にはつねに北海道の過疎化してゆく寂しく、厳しい風土がある。

呉美保《おみぽ》監督の新作「そこのみにて光輝く」（14年）は、熊切和嘉監督の「海炭市叙景」（10年）に続く佐藤泰志の長篇の映画化。後半、かなり小説と変えてあるが、原作より、男女の愛のささくれた痛みがより強く出ていて見ごたえがある。

佐藤泰志は函館の出身。上京して小説を書いていたが、その後、故郷に戻り、次第にさびれてゆく函館を舞台にした作品に取り組むようになった。函館を「小説の生まれる場所」と思い定めた。映画「そこのみにて光輝く」は夏の函館をとらえているが、夏だというのに風景はどこか冷たく寂しい。

安アパート、海辺の掘立小屋、さびれたラブホテル、採石場、がらんとしたスナック、パチンコ屋。観光絵葉書にある函館とはまるで対照的な、裏通りのような町の風景がとらえられてゆく。

そこは、職を失なった若者、綾野剛や、身体を売って生きている女、池脇千鶴、半端仕事をするしかない彼女の弟、菅田将暉らが暮す、吹きだまりのような町、いわば季節のない町である。

池脇千鶴一家が暮す海辺は、かつて函館の北東、津軽海峡に面する一画にあった貧しい集落を想定している（現在は再開発できれいになったため、撮影は函館湾に面した上磯あたりで行なわれている）。

佐藤泰志の原作には、主人公の達夫（映画では綾野剛）がはじめてこの一画に足を踏み入れたときの様子がこう書かれている。

「この辺一体はバラック群がひしめき、周囲は砂山だったのだ。子供の頃には近づかなかった。どの家でも犬の皮を剝ぎ、物を盗み、廃品回収業者や浮浪者の溜り場で、世の中の最低の人間といかがわしい生活があると聞かされていた」

達夫は職を辞め、社会とのつながりが切れた時にはじめて、いままで気づかなかった町の一画に足を踏み入れる。自分もまたアウトサイダーになった時に、いままで目に入らなかった忘れられた人々の存在に気づく。
そしてバラックに住む、けだるい、しかし誇りを失なっていない女、千夏（池脇千鶴）に惹かれてゆく。

この物語の背景にも確かに北海道のさびれてゆく風景がある。

最後、達夫と千夏は寒々とした浜辺で身体を寄せ合う。この場面が胸を打つのも、二人が冷えきった身体を温め合うかのように自然に近づくからだろう。

この映画の池脇千鶴は素晴しい。

もう青春の盛りはとうに過ぎている。身体にたるみが出ている。長いあいだの荒んだ暮しのためだろう、どこか投げやりで、それでいて安っぽく同情しようとする男を断固として拒絶する強さがある。

彼女が寝た切りの父親に手をかけようとするところは慄然とする。追いつめられた人間の必死さ、切なさ。ここではもう怒りと悲しみが重なっている。

函館は北海道のなかでも好きな町で年に一度か二度は行く。町に着くとまず駅前の小さな食堂に入る。昔ながらの大衆的な駅前食堂。カウンターでイカの刺身やホッケの塩焼きを肴にビールを飲む。

「そこのみにて光輝く」には、池脇千鶴、綾野剛、菅田将暉の三人がビールを飲む明るい場面があるが、その駅前食堂で撮影されていた！

（2014年5月上旬号）

宮沢りえ主演「紙の月」のこと、船山馨原作の日活映画「地図のない町」のことなど

犯罪はなぜ起るのか。その真相はいくら説明されても永遠の謎のところがある。

犯人が逮捕されると警察は必ず「なぜやった」と動機を追及する。たとえ快楽殺人のような動機なき殺人であったとしても。それは誰にとっても、犯罪がなぜ起るのかが謎だからだろう。

角田光代原作、早船歌江子脚本、吉田大八監督の「紙の月」（14年）が面白いのは、単に社会派犯罪映画にとどまらず、ひとはなぜ一線を越えてしまうのかという犯罪の謎に迫っているからだろう。

桐野夏生の『OUT』、宮部みゆきの『火車』、桜庭一樹の『私の男』、角田光代の『八日目の蟬』、桜木紫乃の『硝子の葦』など現代の女性作家に、女性が犯罪に関わる小説が多いのも、作家たちが、なぜひとは、安全な世界の一歩外に出てしまうのか、考えたいからに違いない。

普通の女性が、思いもかけない犯罪を犯し、社会の秩序からはみ出してしまう。なぜなのか。「紙の月」の宮沢りえ演じる女性は、まず端から見れば恵まれた女性だろう。短大を出て、結婚し、郊外の一戸建てに住んでいる。子供がいないこともあり銀行に働きに出ている。仕事は出来、評価もされている。

その女性が、銀行の金に手をつける。最終的には一億円もの大金を横領する。彼女はなぜそんなことをしたのか。

さまざまな理由は考えられる。仕事人間で家庭を顧みない夫（田辺誠一）との生活に満たされなくなっていた。若い学生（池松壮亮）に入れあげた。金の魔力に振りまわされた。張り合いのない退屈な日常の外に飛び出したかった。テレビのありきたりのドラマなら「欲求不満の主婦の犯罪」ですませてしまうだろう。

しかし、この映画の主人公、宮沢りえには何を考えているのか分からない不気味さがある。同じ角田光代原作でも成島出監督の「八日目の蟬」（11年）の、赤ん坊を盗んでしまう永作博美には、赤ん坊が欲しいという分かりやすい動機があった。それに比べ、この映画の宮沢りえの動機はよく分からない。謎めいている。

若い学生に貢いでもさほど楽しそうではないし、高額の買物をしてもそれで満足しているとも思えない。女学生の時、貧しいアジアの子供に寄付をした。その気持のままに学生に援助しているのかもしれないが、人を助けているというそれなりの喜びもない。

犯罪はある。しかし、動機が分からないまま。いわば中心がからっぽになっている。そこに従来の犯罪映画と違う、この映画の新鮮な面白さがある。誰も彼女の心の中に入り込むことが出来ない。

この映画、働く宮沢りえの姿をよく描いている。金を持っている老人たち（石橋蓮司、中原ひとみら）の家を営業で回る。いつも自転車に乗っている。生活感がある。大手銀行というより町の信用金庫の雰囲気。着ている銀行の制服が、おしゃれにならず野暮ったくもならず、よくデザインされている。幼稚園児の服のような可愛らしさもある。

定額預金口座や金融商品案内をカラーコピーで偽造してゆくところも丁寧に描いている。この女性は知能犯で、つねに冷静。横領が上司（近藤芳正）にバレそうになると、表情ひとつ変えず上司を不倫のネタで脅す。自分の犯罪を若手（大島優子）になすりつけようとする。あくまでもクール。

彼女の仕事と、横領の手口は丁寧に描かれているのに、なぜ、彼女が犯罪に走るのか、中心がない。原因と結果のつながりがない。宮沢りえは終始、冷静で、しかも、この映画は彼女の主観描写、心理描写がほとんどない。観客は、彼女が何をしているのかは正確に分かるのだが、なぜそうしているのかは、ついに分からない。

おそらくそれは、彼女自身にもよく分からないのではないか。犯罪とは魔であり、一種、心のなかのファンタジーなのかもしれない。彼女はもう夢のなかにいる。

この映画の宮沢りえは、観客が手をのばそうとすると（理解しようとすると）、するりとその手を抜けて、遠くへ、向こうへと行ってしまう。次第に現実から消えてゆく。異国の雑踏に消えてゆく最後が感動的なのはそのためだろう。

神保町シアターの《生誕100年記念　宇野重吉と民藝の名優たち》で上映された昭和三十五（一九六〇）年の日活作品、中平康監督「地図のない町」を面白く見る。未見だった。

川崎（明示されていないが）の工場地帯、多摩川べりのスラム街を舞台にしている。掘立小屋に住む人々（小沢昭一、浜村純、三崎千恵子ら）のために良心的な医師（宇野重吉）が若い医師（葉山良二）と小さな診療所を開いている。現代の赤ひげ。

ところが、市による再開発が計画され、住民も医師も追い立てられる。再開発を請け負うやくざ（滝沢修）に対し、若い医師が立ち上がる。医師の妹（吉行和子）は以前、やくざの組員たちにレイプされていた。その復讐でもある。

脚本は中平康と橋本忍。プログラムピクチュアだが、サスペンス映画としてよく出来ている。

原作は船山馨《かおる》の『殺意の影』。現在、船山馨は読まれているかどうか。戦後、活躍した作家で、昭和四十年代のはじめ、自分の祖母をモデルにして北海道の近代史を描いた『石狩平野』がベストセラーになった。

最近、小学館文庫でその評伝、由井りょう子『黄色い虫　船山馨と妻の壮絶な人生』が出版された（解説を書いた）。

この作家は、戦後の混乱期、ヒロポン（覚醒剤）中毒になった。昭和二十三（一九四八）年、太宰治が自殺した。太宰は当時、『朝日新聞』に『グッド・バイ』を連載していた。それが頓挫した。誰かが穴埋めしなければならない。

船山馨がピンチヒッターとなり、新しく連載小説を書くことになった。準備期間もなく引き受けた。その重圧から船山馨はヒロポンに手を出した（当時は合法だった）。夫に従うように妻までもが、ヒロポン中毒になった。由井りょう子さんの『黄色い虫』は、その壮絶な姿を描いている。

船山馨はのち『石狩平野』で復活するのだが、長く文壇から見放された。その時代に、ミステリを多く書いた。「地図のない町」の原作『殺意の影』は、その不遇時代の作品だが、映画の出来がよかったのは慰めになっただろう。

多摩川の東海道線などの鉄橋の見える草土手でロケされていて、いまも残る産業遺産「川崎河港《かこう》水門」がとらえられているのも見逃せない。

（2014年12月上旬号）

個人商店が輝く「繕い裁つ人」のこと、「さいはてにて」のことなど

小さな自分の店を持ちたい。好きなものを売ってつましい暮しをしたい。女性たちのあいだにはその夢があるのだろう。

「繕い裁つ人」(15年)は、神戸で小さな洋裁店を営む女性(中谷美紀)の物語。祖母から受け継いだ店をひとりで守っている。自分でミシンを踏む。

原作は池辺葵の漫画。この人の絵は綿菓子のように淡く、映画化は無理と思っていたが、ふんわりとした、品のいい作品になっている。

監督は「しあわせのパン」(12年)の三島有紀子。パン屋の次は洋裁店に着目した。

はじめにパレットのようにカラフルな絵が映る。宝石箱か鉱石の標本かと思ったらきれいに並べら

れたボタンだった。日常の身近にあるボタンがこんなにきれいなものだったか。この映画、小さなものを愛おしむ気持を大事に作られている。

池辺葵の漫画では洋裁店の場所は明示されていないが、映画では神戸になっている。坂の上にある。何度か人が坂をあがって店に行く姿がとらえられる。まるで天国への階段をあがってゆくよう。

古い洋館。大きな柱時計がある。玄関にはステンドグラス。大正ロマンの雰囲気。《南洋裁店》の看板は祖母の頃と同じだろう。ミシンの絵があしらわれている。

現在のように既製服全盛の時代にはもう見失われた風景だが、昭和三十年代まではどんな町にも洋服店《テイラー》があった。主人がミシンを踏んで洋服を仕立てていた。

妹尾河童原作、降旗康男監督「少年H」(13年)は神戸の洋服店一家の物語だった。父親(水谷豊)はミシンを踏んで服を作る。ミシンが大事だった。だから戦争中、空襲で家が焼かれた時、留守を守る母(伊藤蘭)は必死になって子供とミシンを運び出した。

神戸は明治になって開かれたハイカラな港町。だから洋服店が多かった。神戸市役所隣りの東遊園地には《日本近代洋服発祥の地》の碑が建てられている。「繕い裁つ人」の中谷美紀が一人でミシンを踏む神戸の洋裁店は、この神戸の洋服の歴史を受け継いでいることになる。

しかし、既製服全盛の時代、オーダーメイドの洋服店の経営は大変だろう。映画のなかでは神戸市内の古い店(主人は伊武雅刀)が次第に立ちゆかなくなり、店閉まいを考えている。そんな時代だからこそ、丘の上の小さな洋裁店は貴重なのだろう。

東京での暮しを切り上げて、故郷に帰り、小さな喫茶店を開く。ささやかだが小さな夢を実現する。「さいはてにて　やさしい香りと待ちながら」（15年）は、柿木奈子のオリジナル脚本を、台湾の女性監督、姜秀瓊《チアン・ショウチョン》が映画にした。ここでも「自分の店を持ちたい」という女性の夢が大事にされている。

奥能登の小さな町に戻ってきた女性（永作博美）が、漁師だった父親の使っていた小さな舟小屋を改造して、喫茶店を開く。喫茶店は海に向かっている。舟のよう。

喫茶店といっても、人口の少ない町では、来客をさほど期待できない。だから焙煎したコーヒーを通信販売で売る。なるほど、こういう方法があるのか。

店のなかに置かれた焙煎の機械はだるまストーヴのように見える。人の心も温めてくれる。人を乗せて走る蒸気機関車のようでもある。店の名前は「ヨダカ珈琲」。宮沢賢治の童話からとられている。

珈琲店の温かい雰囲気に惹かれて、近所のさびれた民宿に住むシングルマザー（佐々木希）とその二人の子供がやって来る。やがて四人が家族のようになってゆく。二人の女性が中心になって家族を作る。女性の脚本家、女性の監督ならではだろう。

小学校の三年生ぐらいの女の子がコーヒー豆を袋に入れる手伝いをするのが可愛い。そういえばこの子供の担任の先生も女性（臼田あさ美）。

女性たちに比べて男たちの影は薄い。町のやくざっぽい男（永瀬正敏）が、ある時、永作博美を犯そうとする。佐々木希が駆けつけて助ける。そのあと二人が温かい珈琲を飲む場面がほろりとさせる。「平気か」と声を掛ける佐々木希に永作博美がしっかりという。「平気じゃない。でもあんなことに負けたくない」。

この映画、もうひとつ、小さなことだがいい場面がある。永作博美が大事な封筒の手紙を受け取る。普通、たいていの映画では封を手で破る。永作博美はそれをしない。丁寧にハサミで封を切った。

個人商店を好んで撮った監督がいる。作品によく店が出てくる。成瀬巳喜男。

「おかあさん」(52年)の田中絹代が切りまわすクリーニング店をはじめ、戦前の「噂の娘」(35年)の深川あたりに長く続く酒屋、「石中先生行状記」(50年)の弘前市の古本屋、「めし」(51年)の川崎市矢向の洋品店、「夫婦」(53年)の池上本門寺近くの鰻屋、「妻の心」(56年)の桐生市の喫茶店、「秋立ちぬ」(60年)の新富町あたりの八百屋、「乱れる」(64年)の清水市(現・静岡市)の酒屋……などなど挙げてゆけば切りがないほど。

大企業より町の小さな個人商店を愛する。成瀬巳喜男のよさだと思う。「さいはてにて」は、小学生の女の子が店の手伝いをするところなど「おかあさん」を思い出させる。チェーン店ばかりが増える時代、こういう個人商店の健闘を祈りたい。

「さいはてにて」は石川県の海に面した町、珠洲《すず》市で撮影されている。人口一万六千人ほど。この町には以前、のと鉄道能登線（穴水《あなみず》―蛸島《たこじま》）が走っていたが、二〇〇五年に廃線になってしまった。

廃線直前のこの鉄道が出てくる映画がある。高樹のぶ子原作、根岸吉太郎監督の「透光の樹」（04年）。道ならぬ恋をする永島敏行と秋吉久美子が最後の別れに、奥能登のランプの宿に泊る。

二人で夜を過ごし、翌日、穴水駅からのと鉄道に乗り、途中の駅で別れる。片面ホームがひとつだけの無人駅。レールの向こうに海が見える。波並《はなみ》駅と思われる。寂しい駅のたたずまいが秋吉久美子の悲しい恋に合っていた。そういえば、この鉄道の駅には「恋路《こいじ》」駅があり、いっとき恋人たちでにぎわった。

二〇〇五年の四月一日に廃線になったのだが、その直前に乗りに行ったことがある。途中、珠洲駅で降りた。検車区もある大きな駅だったが、駅前は閑散としていて「能登線は珠洲市の明日を築く道」「能登線を生かして伸ばそうわが郷土」という大きな看板が寂し気に見えた。

珠洲駅の開業は一九六四年だから四十年余と短命だった。

幸いに、のと鉄道の七尾線（七尾―穴水）はいまも健存。この鉄道は、水上勉原作、石井輝男監督のミステリ「霧と影」（61年）に登場する。海沿いを蒸気機関車が走る素晴しい場面がある。

（2015年2月上旬号）

成瀬巳喜男「秋立ちぬ」のこと、佐藤正午『鳩の撃退法』のことなど

二〇一四年十二月に新潮社から『成瀬巳喜男　映画の面影』を出版した。

本を書いてから、あとになって大事なことに気がつくことがよくある。今回もそうだった。出来上がった本に入れた写真に目を通していた時、「秋立ちぬ」（60年）の一場面の写真を見て「あっ！」と思った。「秋立ちぬ」はある文学作品に似ている。

信州から母親（乙羽信子）に連れられ東京に出て来た小学生の男の子（大澤健三郎）が、近くに住む女の子（一木双葉）と親しくなる（舞台は銀座に近い中央区の新富町界隈）。夏のある日、二人は晴海へ海（東京湾）を見に行く。当時の晴海は出来たばかりの晴海団地がある他は建物らしい建物のない新開地。

茫漠とした風景のなか、鉄道の線路が走っている。晴海の埠頭と越中島を結んでいた貨物線（平成元年に廃線になった）。

二人の子供はその線路の上をバランスを取りながら歩く。本に入れた写真は、左手の線路の上を野球帽にシャツと半ズボンの男の子が、右手の線路の上を浴衣の女の子が歩いている。二人は手をつないでいる。

この子供たちの写真を見ていて、「あっ」と思ったのは他でもない。これは樋口一葉『たけくらべ』の現代版ではないか。

言うまでもなく、『たけくらべ』では十四歳の少女、美登利は、吉原の遊女になることが暗示されて終わる（姉はすでに吉原の廓にいる）。幼なじみの十五歳の少年、吉原に近い寺の子供、信如《しんにょ》はそれをただ見送るしかない。

「秋立ちぬ」の女の子、小学四年生の順子は新橋の花柳界に近い築地川沿いにある旅館の娘。母親（藤間紫）は実業家らしい男（河津清三郎）の「二号」である。おそらく新橋の芸者をしていて旅館をまかせられたのだろう。

「秋立ちぬ」は、最後、順子がいずことなく引越してしまうところで終わる。二人の子供の夏は短かった。もともと住む世界の違った二人だが、順子のほうはいずれ母親と同じように芸者になってゆくのかもしれない。

脚本の笠原良三と監督の成瀬巳喜男は、当然、『たけくらべ』を意識していたのではないか。あるいは、永井荷風の、少年が、芸者になってゆく幼なじみの少女と別れることになる『すみだ川』を。「秋立ちぬ」は昭和の物語だが、そこには確実に明治の残り香が感じられる。

拙著『成瀬巳喜男　映画の面影』に入れた写真を見ながら、もうひとつ気づいたことがある。

林芙美子の『茶色の目』を映画化した「妻」(53年)は成瀬作品でも好きな一本。とりわけ妻(高峰三枝子)のいるサラリーマン(上原謙)が心を寄せる「相良さん」という戦争未亡人が素晴しい。新劇の女優、丹阿弥谷津子が演じている。

本に入れる写真は、小料理屋で二人がひそかに会う場面のものを使った。慎ましく、男の愛情を受け入れようとする丹阿弥谷津子が清楚な美しさを見せている。

この写真の丹阿弥谷津子(洋装)の髪型を見ていて、またしても「あっ」となった。髪が真ん中のところで分かれている。パート・イン・ザ・ミドル。

この髪型は「風と共に去りぬ」(39年)でヴィヴィアン・リーがしたことによって広く知られるようになった。スカーレット・ヘア。

もともとは、「スクリーンに現われたもっとも美しい女優」と言われるヘディ・ラマーの髪型だった。「風と共に去りぬ」でヴィヴィアン・リーがそれを真似たことで、女性たちに一気に知られるようになった。

「風と共に去りぬ」の日本公開は昭和二十七(一九五二)年。「妻」の前年になる。丹阿弥谷津子はヴィヴィアン・リーに倣って、あの髪型にしたのではあるまいか。そういえば、スカーレット・オハラも南北戦争で夫を失ない戦争未亡人になった。

昨年の十一月に小学館から出版された佐藤正午の長篇小説『鳩の撃退法』を面白く読む。

一時は気鋭の作家として活躍した男が、その後、忘れられてしまい、いまは小さな町でうらぶれた生活を送っている。風俗店（デリヘル）で女の子たちをホテルに送迎する運転手をしている。

その主人公が、偽札事件や隣人家族の失踪事件に巻き込まれてゆく。ミステリ仕立てだが随所にユーモアがあり、楽しめる。

何よりも「高峰秀子」や「司葉子」「淡島千景」が登場するので驚く。それというのも元作家が働く風俗店の社長は、古い日本映画のファンで、店の名前が「女優倶楽部」になっているだけではなく、女の子の名前を「高峰秀子」や「司葉子」にしている。もちろん、作者の佐藤正午が、彼女たちのファンなのだろう。「浅丘ルリ子」や「内藤洋子」も登場。

現代の若い女の子たちが、自分に付けられた往年の名女優のことをよく知らないというちぐはぐさがまた笑わせる。

この風俗店の社長がいちばん好きな監督はなんと成瀬巳喜男。「めし」（51年）や「浮雲」（55年）のような名作だけではなく「鰯雲」（58年）や「女の中にいる他人」（66年）まで見ているから渋い。

「鰯雲」では、木村功演じる新聞記者が、農家の女性の淡島千景と共に近在の村に出かけ、この村は

「狭い村だし秘密は筒抜けでおたがい、足の裏のホクロの数まで知ってますよ」というセリフに感心する。

いまふうの映像中心の批評とは一線を画しているのが好ましい。

この風俗店の社長はもうじき四十歳になる独り者。夜、成瀬映画をDVDで見るのを楽しみにしている。友人の床屋はそれに付き合わされる。ある時、「乱れ雲」(67年)を見て床屋の主人も成瀬の世界に感嘆する。元作家に「面白かった」と素直に語る。「しびれた」。

「考えたらすごい映画だよね? なにがすごいって司葉子はさ、自分の亭主を車で轢き殺した男を愛しちゃうわけじゃん、加山雄三のことさ、だんだんと。ふつうのおれらの頭じゃ、そんなのあり得ないよね、そんなストーリー絶対考えつかないよ」

床屋の主人まで、すっかり成瀬の映画に熱くなっているのが愉快。

「そんなストーリー絶対考えつかないよ」と評される「乱れ雲」の脚本は山田信夫。

拙著に書いたが、事故の被害者が加害者を愛してしまうストーリーは、昭和三十年に日本公開されたダグラス・サーク監督の「心のともしび」(54年)に想を得ているのではないかと推測している。

ヒロインのジェイン・ワイマンが、モーターボートの事故が原因で夫を死なせ、さらに自分も失明させた青年ロック・ハドソンを愛するようになる。これを見たら、床屋の主人は、もっと驚くだろう。

(2015年3月上旬号)

ダグラス・サーク監督「翼に賭ける命」のこと、ウィラ・キャザー『マイ・アントニーア』のことなど

成瀬巳喜男監督の遺作「乱れ雲」（67年）は、交通事故の被害者の司葉子が、加害者の加山雄三と愛し合うようになる物語だが、これはダグラス・サーク監督の「心のともしび」（"Magnificent Obsession"、54年）の、被害者ジェイン・ワイマンが加害者ロック・ハドソンと愛し合うようになるのに倣っている。このコラムでそう書いたら何人かの読者からダグラス・サークとは誰かと聞かれた。

一九五〇年代に活躍した監督だから若い世代がその名を知らなくても無理はないかもしれない。

それでも二〇〇七年にキングレコードからダグラス・サーク作品のＤＶＤボックスが発売されている。「ぼくの彼女はどこ？」（52年）「心のともしび」（54年）「天の許し給うものすべて」（55年）「自由の旗風」（55年）「翼に賭ける命」（57年）「愛する時と死する時」（58年）「悲しみは空の彼方に」

（59年）の七本が収められた。このうち「ぼくの―」と「天が―」は日本未公開。後者は二〇〇二年、トッド・ヘインズ監督、ジュリアン・ムーア主演で「エデンより彼方に」としてリメイクされている。

その後、ブロードウェイからもダグラス・サークの未公開作品のDVDが発売されている。

ダグラス・サーク作品の大半はメロドラマ。当時は、ユニヴァーサルのメロドラマ監督と低く見られていたが、後年、評価が高まった。ドイツ映画界出身なのでファスビンダーが評価した。

中学生の時に見た「愛する時と死する時」は、ドイツの作家レマルクの原作で、レマルク自身が反ナチスの教授の役で出演したので話題になった。ヒロインに、ドイツ映画界で活躍していたリゼロッテ・プルファーが起用されたのもダグラス・サークならではと言えようか。いま見ると傍役でクラウス・キンスキーが出ているのにも驚く。

「翼に賭ける命」は現在見てもメロドラマとしてよく出来ている。原作はウィリアム・フォークナーの『標識塔《パイロン》』。一九二〇年代のアメリカ中西部を舞台に、旅回りの曲芸飛行機乗り（ロバート・スタック）と、その妻（ドロシー・マローン）、妻を愛するようになる新聞記者（ロック・ハドソン）の物語。さらにこれに金持の興行主もからむ。

ドロシー・マローンはダグラス・サーク監督「風と共に散る」（56年）でのニンフォマニアックな女性の役でアカデミー賞助演女優賞を受賞している。美人ではないが妙に色っぽい女優だった。興行主を演じているのは五〇年代に西部劇やサスペンス映画で活躍したロバート・ミドルトン。

第一次世界大戦が終わったあと、戦闘機に乗って戦ったパイロットたちは仕事に恵まれず曲芸飛行機乗りになった。バーンストーマー（barnstormer）と呼ばれた。ジョージ・ロイ・ヒル監督の「華麗なるヒコーキ野郎」（75年）ではロバート・レッドフォードがこのバーンストーマーを演じている。

「翼に賭ける命」では、ロバート・スタックが曲芸飛行を見せ、妻のドロシー・マローンがパラシュートで飛び降りる（当然、この時、セクシーな姿を見せる）。

その美しい姿にロック・ハドソンが魅せられてしまい、愛し合うようになる。ここで興味深い場面がある。

ドロシー・マローンはある夜、独身のロック・ハドソンの部屋に泊り、そこにあった本を読み始める。彼女は、ふだんは本など読まないのだが、この本は少女時代に夢中になって読んだことがあるとロック・ハドソンに言う。

ウィラ・キャザーの『マイ・アントニーア』。キャザー（一八七三―一九四七）は、アメリカ中西部ネブラスカ出身で、開拓時代の厳しい暮しを描き続けた地味な作家。

『マイ・アントニーア』（一九一八年）は、日本では二〇一〇年に翻訳出版されている（佐藤宏子訳、みすず書房）。ネブラスカの小さな町で十一人もの子供を育てながら、農場を作り上げてゆくアントニーアという、大地に生きる女性の物語。

「翼に賭ける命」でドロシー・マローンが『マイ・アントニーア』を好きというのは、この女性がアメリカ中西部のスモールタウンの出身だということをあらわしている。

実際、夫が事故で死んだあと、彼女は小さな男の子を連れてアイオワ州のスモールタウンへと帰ってゆく。見送りに来たロック・ハドソンは思い出にと彼女に『マイ・アントニーア』を贈る。この映画ではキャザーが重要な役割を果たしている。


日本の作家でキャザーを愛したのは石井桃子。戦前から原書で読み、戦後は、「キャザー会」という読書会を作っていた。一九六七年には、研究社から20世紀英米文学案内の一冊として、石井桃子編著『キャザー』を出版している。

石井桃子は、戦時中から戦後にかけて、宮城県の農村で開墾生活を送ったことがある。これはもしかしたら『マイ・アントニーア』の影響かもしれない。

小説のなかでアントニーアはこう言うのだから。「あたしは、麦藁《むぎわら》の山の一つ一つ、一本一本の木を知っているところに住みたいの。大地があたしを受け入れてくれるところにね」(佐藤宏子訳)。


トルーマン・カポーティに「ウィラ・キャザーの思い出」という小エッセイがある。(以前、『yom yom』〈08年2月〉誌に訳出した)。

ニューヨークで作家修業をしていたカポーティは、ある冬、ニューヨーク公立図書館に通っていた。

そこで毎日のように会う老女性がいた。冬の寒い日、図書館を出る時、一緒になり、近くのレストランでお茶を飲むことになった。

その席で若いカポーティは気負って作家になりたい夢を語った。彼女は、「お好きなアメリカの作家はいるの？」と聞いた。

カポーティは、ヘンリイ・ジェイムス、マーク・トウェイン、メルヴィルと名をあげ、最後に「愛読しているのはウィラ・キャザーです」と言ったあと、「彼女の素晴しい中篇をお読みですか？——『迷える夫人』に『私の不倶戴天の敵　ウィラ・キャザーの人生と作品』」と聞いた。

真向かいの女性は「ええ」と答えたあと、ささやくように言った。「それを書いたのはわたしなの」。

カポーティは書いている。「私は仰天した。なんて馬鹿だったんだろう？　彼女の写真を寝室に持っていたではないか。まぎれもなく彼女はウィラ・キャザーだ！」。

この小エッセイは、一九八四年、カポーティが亡くなる前日に書かれたものだという。作家たちに尊敬される作家（writer's writer）だったのだからキャザーは幸せだ。

（2015年4月上旬号）

「チャイルド44　森に消えた子供たちの」のこと、「ロシア52人虐殺犯　チカチーロ」のこと

チカチーロ。名前からしてどこか不気味。世界犯罪史上に名高い。五十二人以上もの人間を殺した旧ソ連の連続殺人犯。十九世紀末のロンドンで次々に売春婦を殺した、かのジャック・ザ・リッパーをもじってレッド・リッパーとも言われる。

日本でも大評判になったトム・ロブ・スミスの原作をもとにしたリドリー・スコット製作、ダニエル・エスピノーサ監督の「チャイルド44　森に消えた子供たち」（15年）は、このチカチーロの事件をモデルにしている。

ただ、実際の事件は一九八〇年代から九〇年代のソ連崩壊期に起きているのに対し、映画（原作）は、スターリン時代、一九五〇年代に換えられている。共産党による支配体制がより強かった時代で、

連続殺人犯を描くと同時に、権力の恐怖と闘いながら犯人を追ってゆく捜査官（トム・ハーディ）と、その妻（ノオミ・ラパス）の命がけの探索行を描いてゆく。二重の面白さがある。

前半、妻がひそかに反体制の地下活動に加わっていたと知って捜査官である夫が愕然とし、妻の命か自分の命かの選択を迫られるところが物語の大きな核になっている。

反体制活動に関わる者への容赦のない弾圧——、逮捕、拷問、収容所送り、処刑、の恐怖のなかでの行動がいかに必死なものだったか。

単独で捜査を続けようとする夫に妻が怯えて言う。「この国では真実を求めようとするのは危険よ」。

原作は当然、ロシアでは出版禁止。この映画もチェコで撮影されたという。全篇、暗く、空はいつもどんより曇っている。スターリン体制下の恐怖を暗示しているのだろう。

チカチーロ事件そのものについては、日本でも西側のジャーナリスト、P・コンラディが書いた『ロシアの死神　レッド・リッパー』（河合修治訳、中央アート、94年）などがあるが、ノンフィクションとして面白いのはやはり西側のジャーナリスト、ロバート・カレンが書いた『子供たちは森に消えた』（広瀬順弘訳、早川書房、93年）だろう。

八〇年代のソ連においてもなお、ソ連という理想社会では犯罪、ましてや連続殺人などという異常な犯罪は起り得ない、それは腐敗堕落したブルジョア社会のものだ、というう奇妙なスターリンの〝憲法〟がまかり通った。その結果、連続犯が野放しにされた。

ブラコフという叩き上げの捜査官がひとり、頭の固い上層部と闘いながら事件を追ってゆく。

このノンフィクションを映像化した作品がある。アメリカではテレビで放送され（95年）、日本では劇場公開された（96年）「ロシア52人虐殺犯　チカチーロ」（クリス・ジェロルモ監督）。

スティーヴン・レイが捜査官ブラコフを、ドナルド・サザーランドが、ただ一人の彼の理解者である上官を演じている。この映画については以前、文藝春秋のPR誌『本の話』に書いたことがある。チカチーロが逮捕されたのは一九九〇年だから（事件発生から八年後）、当時はまだ生々しい事件だった。

この映画は、事件を追うブラコフの捜査に絞っている。捜査を進めようとすると、ことごとく共産党の幹部（ジョス・アクランド）に妨害される。スターリンの〝憲法〟があるうえに、自国の恥部を西側に知られるのを恐れる隠蔽体質、硬直した官僚主義のため。

捜査は進まない。そのあいだにも次々に殺人が続く。捜査官ブラコフは、犯人の手がかりをつかむために「次の殺人が起らないか」とまで思う。追いこまれ、精神を病み、一時、病院に入る。

病院のテレビで、ブラコフが偶然、「フレンチ・コネクション」を見るのが面白い。一九八〇年代だと、こういうことがあり得たか。ソ連とアメリカが近くなっている。

ＦＢＩが、すでにソ連で起きていた連続殺人事件を察知していたのも面白い。ブラコフは事件解決のために、なんとＦＢＩの協力を求めようとする。彼らのほうがコンピュータの情報処理能力がはるかに上だった。

　チカチーロは共産党員だった。そのために逮捕が遅れた。「党員が犯罪者である筈がない」のだから。しかも、彼には奥さんがいて、子供もいる。外見は平凡な市井人。とても異常な連続殺人犯には見えない。工場で働く人間だが、眼鏡をかけていて温厚な知識人に見える（ジェフリー・デマン）。精神異常者だったわけだが、当時のソ連では「精神異常」という概念すらなく、捜査は難航する。ブラコフはようやく、そのことに思い当り、大学の医学部で精神医学を研究する学者（マックス・フォン・シドー）の協力を得る。旧ソ連では、精神医学の地位はきわめて低かったという事実も興味深い。理想の国家では精神の病いなどあり得ないから。

　チカチーロは逮捕され、裁判を受け、処刑される。その処刑も無造作で怖い。処刑室に入ったところで兵士にいきなり銃で撃たれる。そこで映画は終わる。

　捜査官ブラコフがＦＢＩの協力を得ようとしたように、この映画の原作者ロバート・カレンは、西側のジャーナリストとしてペレストロイカ後のソ連に入り、ブラコフらに取材し、『子供たちは森に消えた』を書き上げたという。東と西の合作ということになる。

チカチーロの犯罪には鉄道が関わる。鉄道の駅の待合室で獲物を物色し、一緒に鉄道に乗り、犯行に及ぶ。従って、死体はいつも鉄道に近い森のなかで発見される。

「ロシア52人虐殺犯　チカチーロ」では繰返し鉄道が描かれる。田舎町の駅、線路、「エレクトリチカ」と呼ばれる郊外を走る電車。これは、映画「チャイルド44　森に消えた子供たち」でも繰返し踏襲されている。

鉄道好きとしては、決して愉快な話ではないが、ロバート・カレンの『子供たちは森に消えた』を読むと納得する。

旧ソ連では、自動車はまだ特権階級のもので、大多数の一般市民はバスか鉄道を使うしかなかった。チカチーロの事件は、そこを突いたことになる。殺された子供たちの多くは、駅や線路のそばでチカチーロに狙われている。鉄道好きの子供もいただろう。

個人的なことになるが、この六月に『サスペンス映画ここにあり』(平凡社)という本を出した。主として一九五〇年代のアメリカのサスペンス映画を論じている。

言うまでもなく、サスペンス映画は犯罪を扱っている。ということは、「犯罪のない」旧ソ連にはサスペンス映画というジャンルも当然、なかったことになる！

(2015年7月下旬号)

マリー・ウィンザー、セン・ヤンら
マイナーな俳優たちのことなど

私事になるが、六月に『サスペンス映画ここにあり』を平凡社から出した。主として一九五〇年代から六〇年代にかけての英米のサスペンス映画を紹介している。十代のころ、映画が好きになった世代としては、いま当時の映画が無性に懐しい。

サスペンス映画といっても、ヒッチコックのような巨匠の映画ではなく、フィル・カールソンやJ・リー・トンプソン、あるいは女優で監督もしたアイダ・ルピノらマイナーな監督たちの作品を取り上げた。

なるべく人に知られていない作品をという思いがあった。映画評論家としての初期に『傍役グラフィティ　現代アメリカ映画傍役事典』（ブロンズ社、77年）を作った人間の性《さが》である。

先だって「朝日新聞」（二〇一五年七月三十日夕刊）のコラムで三谷幸喜さんが『サスペンス映画ここにあり』を取り上げてくれた。これはうれしかった。映画評論家以外の人が素直に評価してくれたから。

三谷幸喜さんは私よりずっと若い。従って五〇年代のマイナーなサスペンス映画をほとんど見ていないという。世代的に当然のことだろう。

三谷幸喜さんは正直に、拙著で紹介した五十五本のうち「八割方は未見」と書いている。これにうれしくなった。なぜなら、そういうマイナーな映画を選んだのだから。

この本、私の好きな映画評論家の一人、秋本鉄次さんに献本したところ、礼状に「私の未見の作品も多数あり」とあった。こういう正直な人が好きだ。

そんな訳で今回は、少しマニアックな話を書きたい。

三谷幸喜さんは拙著を読んだあと、未見の映画をビデオで見た。そのなかで一番面白かったのはリチャード・フライシャー監督の「その女を殺せ」（52年）だったと言う。

マリー・ウィンザーの名を一躍高めた逸品である。この悪の花というべき女優は、映画ファンにはキューブリックの「現金《げんなま》に体を張れ」（56年）のエリシャ・クック・ジュニアの悪妻として知られる。

先だって驚いたことがあった。BSのテレビ番組で昨年、死去した山口淑子（李香蘭）のドキュメンタリーが放映され、それを見ていた。

戦後、山口淑子は女優として復活し、アメリカ映画にも出演する（シャーリー・山口）。その一本、「東は東」（52年、キング・ヴィダア監督）のスチール写真が番組で紹介された。よく見ると、山口淑子の隣りにいるのは、マリー・ウィンザーではないか！　山口淑子がサスペンス映画の悪のヒロインと共演していたとは。

四月に、『ハイジャック犯は空の彼方に何を夢見たのか』（亜紀書房、ブレンダン・I・コーナー著、高月園子訳）という面白いノンフィクションを読んだ。

現在では考えられないが、一九六〇年代から七〇年代にかけてはまだ保安体制が確立されていなく、ハイジャックの〝黄金時代〟だったという。

この本のなかに、ハイジャック犯の犠牲になった俳優が出て来た。

あるハイジャック事件でＦＢＩが強硬策に出た。武力で犯人を制圧した。そのため五人の死傷者が出た。

「負傷した二人のうちの一人は、『ボナンザ』というテレビ番組でコックの役を演じた中国系アメリカ人の男優だった」

私などの世代には誰か分かる。セン・ヤン。この人は拙著『サスペンス映画ここにあり』で紹介した一本、サマセット・モームの南洋ものの短篇『手紙』の映画化、ウィリアム・ワイラー監督「月光の女」（40年）に、愛人を殺害したベティ・デイヴィスを脅迫する中国人の役で出演している。ジュネス企画から発売されたＤＶＤで「月光の女」をはじめて見た時、ベティ・デイヴィスの美しさと共に原地（シンガポール）の謎めいた女性を演じたゲイル・ソンダーガードと、このセン・ヤンが強く印象に残った。その中国系俳優がハイジャック事件に巻きこまれ、負傷していたとは。

白水社から出版された清岡智比古著『パリ移民映画　都市空間を読む１９７０年代から現在』は、近年のフランス映画が大きく変わっている現状に着目している。

アフリカ系、アラブ系、ユダヤ系、中国系などさまざまな出自を持つ移民が主人公になっている。日本でもヒットした「最強のふたり」（11年）を思い浮かべればいい。

オマー・シャリフがトルコ移民の老人を演じた「イブラヒムおじさんとコーランの花たち」（03年）をはじめ、実に多くのパリ移民映画が紹介されている。

かなり早い作品としてシモーヌ・シニョレがユダヤ人の元娼婦を演じた「これからの人生」（78年）がある。原作はエミール・アジャールとあるが、清岡智比古さんによれば、これは実はロマン・ガリーの別名だという。

ジーン・セバーグと結婚していて、自作「ペルーの鳥」を彼女の主演で映画化した（68年）ので知られる。出自のよく分からない作家だが、リトアニア生まれのユダヤ人という。

ジーン・セバーグの不自然な死のあと彼女を追うように自殺した。

『パリ移民映画』には懐しい監督の名前も出てくる。ミシェル・ドラッシュ（日本での表記はドラックだった)。以前、このコラムで紹介したサスペンス映画の傑作「日曜には埋葬しない」(60年)の監督である。あれだけの作品を作りながらその後、名前を聞かないと思っていたが、この本によれば、一九七〇年に「エリーズまたは真の人生」というアルジェリア移民の青年を主人公にした映画を作っているという。

そういえば「日曜には埋葬しない」は、カリブ海に浮かぶマルティニーク島という小さな島からパリにやって来た黒人青年を主人公にした、いまにしてみればパリ移民映画だった。

一九七〇年代、私が都市論、東京論に興味を持つようになったきっかけとなった本がある。長谷川堯《たかし》『都市廻廊　あるいは建築の中世主義』(相模書房、75年。のち中公文庫)。明治末年に造られた現在の日本橋の構造についての分析は、目からウロコが落ちたものだった。永井荷風論にも影響を受けた。

最近、本誌の編集者から教えられたのだが、荒井晴彦監督の「この国の空」に出演した長谷川博己は、この長谷川堯の子息だという。

(2015年9月上旬号)

白い服を着た孤高の詩人を描いた「静かなる情熱　エミリ・ディキンスン」のこと

十九世紀のアメリカの詩人、エミリ・ディキンスンほど映画のなかによく登場する詩人はいないのではないか。

つい最近も、ジム・ジャームッシュ監督の新作「パターソン」（16年）を見ていたら、十二、三歳の詩を書く少女が、エミリ・ディキンスンが好きと言っていた。

ジョディ・フォスターの子役時代の作品、ニコラス・ジェスネル監督「白い家の少女」（76年）では、ニューイングランドの海の見える丘に立つ一軒家に一人で住む少女がエミリ・ディキンスンの詩が好きで、その詩をすべて暗誦していると言っていた。

ディキンスンは生涯、独身。マサチューセッツ州の小さな町アマーストにある父親（弁護士だった）の家に引きこもり、世捨人のような暮しをした。
「白い家の少女」の「母親は死に、父親は外出中」と言い続ける孤独を愛する少女は、自分を「アマーストの麗人《ベル》」と呼ばれた孤高の詩人に重ねたかったのだろう。

ウィリアム・スタイロン原作、アラン・J・パクラ監督の「ソフィーの選択」（82年）では、メリル・ストリープ演じる、戦後、ポーランドからニューヨークにやって来たソフィーが、英語を学ぶ教室で先生からはじめてディキンスンの詩を教えられ、惹きつけられる。
「私が止まって『死』を待てないから、『死』のほうで親切に止まってくれた。馬車に乗っているのはわたしたち二人と、それに『不死』だけ」（大浦暁生訳『ソフィーの選択』新潮社、83年）

アウシュヴィッツ収容所でつらい「選択」をし、奇跡的に生き残ったソフィーにとって、しばしば死を主題にした詩を書いたディキンスンは痛切に身近に感じられたのだろう。

ナチスの暴虐から自分だけが助かった苦しみから、最後、恋人（ケヴィン・クライン）と共に自殺してしまうソフィーを、作家志望の「ぼく」（ピーター・マクニコル）はディキンスンの詩を読んで見送った。

明るい女性も意外やディキンスンを読む。ケヴィン・コスナーがマイナー・リーグの野球選手を演じたロン・シェルトン監督の「さよならゲーム」（88年）では、スーザン・サランドン演じる野球ファンがエミリ・ディキンスンの詩が好きと言っていた（彼女は英語教師だから当然かもしれない）。

研究者もいる。

「ウィークエンド・ラブ」（73年）のヒットを受けて作られた姉妹篇、ジョージ・シーガルとグレンダ・ジャクソンのコンビによる「ロスト・アンド・ファウンド」（79年、メルヴィン・フランク監督。日本未公開だがビデオあり）は、妻を亡くした男性と、夫を亡くした女性のラブストーリーだが、ジョージ・シーガル演じる男やもめは、大学教授で、エミリ・ディキンスンの研究家だった。妻を亡くしたことで、孤独や死を主題にするディキンスンの詩を、より理解出来るようになったのかもしれない。

日本映画では作詞家の松本隆が監督した「微熱少年」（87年、筒井ともみ脚本）で、ヒロインの女子大生（西山由美）がエミリ・ディキンスンを好きと言っていたのが記憶に残っている。

さまざまな映画に登場するエミリ・ディキンスンだが、このほど公開された「静かなる情熱　エミリ・ディキンスン」（16年、テレンス・デイヴィス脚本、監督）は、この孤高の詩人の生涯を描いていて、さまざまなことを教えられた。

ディキンスンの一家はストイックなピューリタンだった。そのため詩人は若い頃から信仰の厳格さと、詩の自由との板挟みに苦しんだ。

さらに彼女の生きた時代に南北戦争があった（従って、ディキンスンは『若草物語』を書いたオルコットと同時代人になる）。アメリカを二分した南北戦争では死者は双方で六十万人にも及んだ。彼女はいわば戦中派であり、身近で多くの死を見ていた。決して世を離れてしまった世捨人ではなかった。「ソフィーの選択」で二十世紀の戦争を体験したソフィーがディキンスンに惹かれたのは当然かもしれない。

もうひとつ。「静かなる情熱」を見て知ったことがある。

姉エミリ（シンシア・ニクソン）を支えた、三歳ほど年下の妹ラヴィニア（ジェニファー・イーリー）の存在。姉が「選ばれし者」であるがために、時に傲慢、エキセントリックな態度を取るのに対し、妹はあくまでも謙虚な常識人。

姉が周囲の人間に辛辣なことを言うと、なんとか諫めようとするし、姉があろうことか既婚者である牧師に心を寄せていることを知ると、遠慮がちにたしなめる。

ジェニファー・イーリーという女優が、優しく、温かい笑顔で、この善良な妹を好演している。ディキンスンは生前は無名だった。死後、妹が姉の詩を整理し、発表したことで、世に知られた。二人の関係は、ゴッホと弟テオの関係を思わせる。

エミリ・ディキンスンは愛する父親（キース・キャラダイン）が亡くなった時、白い服を喪服とした。以後、つねに白い服を着た。

エリア・カザン監督「エデンの東」（54年）でジェームズ・ディーンの恋人を演じたジュリー・ハ

リスは、一九七六年にブロードウェイの舞台『アムハーストの麗人《ベル》』（ウィリアム・ルース作）で白い服を着た孤高の詩人を演じた。当時、ニューヨークに在住した演劇評論家、大平和登氏によると（『キネマ旬報』76年8月上旬号、「ブロードウェイ通信」）、この舞台が評判になり、エミリ・ディキンスンの名は広く知られるようになったという。また大平氏によると、ジュリー・ハリスは一九六〇年に《エミリ・ディキンスンの詩と手紙》という朗読レコードを出している。ほっそりとした清楚なジュリー・ハリスには、この詩人が似合うようだ。

意外なことにディキンスン好きのハードボイルドヒーローがいる。八〇年代に日本でも評判になったリチャード・ジェサップ『摩天楼の身代金』（平尾圭吾訳、文春文庫、83年）のヒーロー。ベトナム戦争で捕虜になった弟を助けるために大犯罪を犯す主人公は、やむなく恋人と別れる時、恋人に「お願い！　なにか思い出になるようなものちょうだい」と言われ、思いがけずエミリ・ディキンスンの詩を口にする。

「この世の甘美な時は去りぬ。ぽっかりと虚ろな空間が開け、かつて希望が戯れし場所は今や、墓所の暗やみ」

これから死を賭けた孤独な戦いに向かおうとするヒーローの言葉にふさわしい。

（2017年8月下旬号）

第七章

西部劇が描くもの

再上映された「天国の門」のこと、西部開拓と鉄条網のことなど

デジタル修復完全版と銘打たれて再上映されたマイケル・チミノ監督の大作「天国の門」(80年)を劇場の大きな画面で見た。

大失敗とされた悪名高い作品だが、その力強さはいまも否定し得ない。チミノのファンとしては何年ぶりかで見てやはり圧倒された。

大幅にカットされているためにストーリー展開に分かりにくさはあるものの、名手ヴィルモス・ジグモンドによるセピアがかかった映像に統一感、一貫性があるし、全篇、チミノの、西部開拓史を東欧移民というマイノリティの側から捉え直そうとする熱気に満ちている。

西部劇というより開拓史、歴史劇、あるいは一大叙事詩といっていいだろう。十九世紀の後半にな

ってアメリカに東欧から大量の移民がやって来る。先に来ていたアングロ・サクソンやアイリッシュに比べると、はるかに遅れて来た移民である。広大だった筈のフロンティアがいまや満員の状況になっている。

西部劇といえば広大な平原を馬に乗ったヒーローが一人行くというイメージが強いが、この映画はしばしば大混雑の列車や町の様子を見せる。先に移住して来た人間は、次々に押し寄せる東欧移民に「国に帰れ」と叫ぶ。人が多すぎる。

「天国の門」は一八九一年にワイオミング州で起きたジョンソン郡戦争を描いている。この映画で日本でも知られるようになった、牧畜業者と農民（入植者《ホームステッダー》）、つまり、先に西部に来ていた者とあとから来た者の争い。

牧畜業者と農民の争いは、西部劇ではおなじみの主題で、名作「シェーン」（53年）をはじめ、数多くで見られる。「シェーン」が公開された時、日本ではまだジョンソン郡戦争のことは知られていなかったが、今日では「シェーン」の牧場主対農民の対立の背後には、かの戦争があったことが分かっている。

手元の Herb Fagen "The Encyclopedia of Westerns"（03年）によると、ジョンソン郡戦争は西部小説の嚆矢《こうし》と言われるオーウェン・ウィスターの『ヴァージニアン』（一九〇二年。何度も映画化されている）で描かれてから西部劇の大きな主題になったという。

牧畜業者と農民の戦いでは「シェーン」がそうだったように牧畜業者が悪役にされることが多いが、彼らにも言い分はある。

農民が自分の土地を守るために当時、発明された鉄条網を周囲に張りめぐらし、それが牧畜業者の牛やカウボーイを傷つけた。それに怒った。

二〇一三年に出版された石弘之・石紀美子『鉄条網の歴史』(洋泉社)によると、鉄条網は一八七四年にジョセフ・グリッデンというイリノイ州の農民が特許を取り、またたく間に西部に広まったという。

「グリッデンの鉄条網は、農民にとっては『革命的』な発明だった。安価で軽量、持ち運びや設置、修理や取りはずしが容易だったことから、爆発的に普及していった」

鉄条網の急激な普及は大平原の光景を一変させた。「六連発銃」「電報」「風車」(西部劇によく出てる水を汲み上げるためのもの)「機関車」「鉄製犂《すき》」と並んで「西部開拓の強力な脇役になった」。

そういえば「天国の門」を最初に見た時には、移民たちの集まる酒場の主人ジェフ・ブリッジスが、たしか「鉄条網は文明を作る」と言ったと思うが(当時のメモにそうある)、こんど見たらその言葉はなかった。カットされたか、記憶違いか。

鉄条網が出てくる西部劇といえば私などの世代でまず思い浮かぶのは、一八八〇年代のテキサスを舞台にしたウィリアム・ワイラー監督、ゲイリー・クーパー主演の名作「西部の男」（40年）。

この映画では、冒頭、牛を追うカウボーイたちが鉄条網に行く手を阻まれ、「農民たちが昨日、張ったんだ」と怒る。しばしばこういうことがあるのだろう、カウボーイたちは用意していたカッターですぐさま鉄条網を切ってしまう。ここから戦いが始まる。

「西部の男」でも牧畜業者のほうが悪く描かれていて、ウォルター・ブレナン演じるロイ・ビーンは牧畜業者側にいて、牛泥棒を縛り首にする（「天国の門」で描かれたように貧しい農民が暮しに困って牛を盗んだ）。

ゲイリー・クーパー演じるヒーローは、牧畜業者と対立する農民の側につき、美しい娘ドリス・ダヴェンポートと恋をする。

また、キング・ヴィダア監督の「星のない男」（55年）でカーク・ダグラス演じるヒーローは流れ者のカウボーイ。以前、テキサスで牧場を持っていた時に、農民たちと争いになり、鉄条網で傷ついた。それればかりか弟を失なった。そのために鉄条網に対してトラウマを持っている。

タフガイのカーク・ダグラスが鉄条網を見ると顔色を変えてしまうのに驚かされたものだった。「鉄条網が文明を作る」。便利な有刺鉄線はたちまち西部に普及してゆき、ついには、牧場主までも自分の牛を守るために鉄条網を使うようになる。かつて鉄条網に苦しめられたカウボーイがいまや鉄条網を張る。

その悲しい姿を描いたのが、消えゆくオールド・ウェストを舞台にしたウィリアム・フレイカー監督の秀作「モンテ・ウォルシュ」（70年、ジャンヌ・モローが娼婦を演じた！）。原作は「シェーン」のジャック・シェイファー。

鉄道が敷かれ、東部資本が次々に西部に入ってくると、かつてのような牛を広大な敷地で飼育する大牧場は成り立たなくなってくる。

老いゆくカウボーイのリー・マーヴィンとジャック・パランスは東部資本のものになった牧場で働くことになる。

二人の仕事はなんと牧場の周囲に鉄条網を張ること。二人は、自分たちの時代が終わったことを思い知らされる。鉄条網がオールド・ウェストを亡ぼしていったことが分かる。


鉄条網はその後、二十世紀に入って、戦場で使われてゆく。

日本人が鉄条網を知ったのは日露戦争でロシア軍が陣地の守りに使い、苦しめられたのがきっかけ。これについては芥川龍之介が随筆『本所両国』（昭和二年）で書いている。芥川の知人は日露戦争に出征し、鉄条網にかかって戦死したという。

「鉄条網という言葉は今日では誰も知らない者はない。けれども日露役の起った時には全然在来の辞書にない、新しい言葉の一つだったのである」

イリノイ州の農民が作った極めてローテクな鉄条網が世界を変えていったことになる。

（2013年12月上旬号）

「真昼の決闘」とドイツの作家カール・マイのこと「捜索者」のモデルのことなど

「真昼の決闘」（52年）についてDVDの特典でフレッド・ジンネマンの息子のティムがこんなことを語っている。

父のジンネマンが「真昼の決闘」の監督に起用された時、関係者のあいだでは、ウィーン生まれの人間が西部劇を作れるのかと危惧されたが、父は、子供時代に「カール・マイの西部小説を読んでいた」から大丈夫だと思った、と。

ジンネマンがカール・マイ（一八四二―一九一二）を読んでいたというのは面白い。

カール・マイは十九世紀ドイツの大衆作家。ドイツ文学者、種村季弘さんは『愚者の機械学』（青土社、80年）のなかでカール・マイについて一章を割いている。題して「詐欺としての文学」。

「詐欺」と言うのは、この作家が、一度もアメリカに行ったことがないのに、もっともらしく西部小説を書き続け、それが大評判になったから。

『愚者の機械学』には西部の男の扮装をし、熊撃ちに使ったという二十五連発（！）の大きな銃を持ったカール・マイの写真が載っている。この写真を自画像として厖大な読者に配った。愉快な詐欺師、確信犯である。偽西部小説が次々に書かれ、それが歓迎されたというのは、当時のドイツ、その周辺の国々でアメリカ西部がフロンティアとして夢見られたからだろう。

カール・マイの西部小説の代表作はアパッチの英雄を主人公にした『ヴィネトゥ』シリーズ。日本でも山口四郎氏の翻訳が出ている。オールド・シャターハンド（鉄腕大人）と名乗る、野牛を狩り、熊と闘う無敵の白人が、ヴィネトゥを助ける。「自画像」は、このオールド・シャターハンドその人になっている。虚実が交り合っている。子供時代のフレッド・ジンネマンが、この偽西部小説を愛読していたとは。

カール・マイの西部小説は一九六〇年代にドイツで映画化され、日本でも五本公開されている。「シルバーレークの待伏せ」（64年）「アパッチ」（65年）「騎兵隊最後の砦」（65年）「最後の決断」（65年）「大酋長ウィネットー」（66年）。ドイツ製西部劇なので、まがいものとされ、ほとんど話題にならずに消えた。現在では忘れられている。

しかし、このシリーズはイタリアのマカロニ・ウェスタンの先駆をなすものとして映画史のなかでは重要だと思う。主役のオールド・シャターハンドを演じたのは、ハリウッドの十代目ターザン役者として知られたレックス・バーカー。ハリウッドからイタリアに流れたクリント・イーストウッドの先輩になる。

「真昼の決闘」のカメラはフロイド・クロスビー。六〇年代のロック・グループ、クロスビー・スティルス、ナッシュ&ヤングのデイヴィッド・クロスビーの父親。

この人は、せっかく「真昼の決闘」を撮りながら、その後、メジャー作品に恵まれず、B級ホラーを撮る。もしかしたら赤狩りの影響があったかもしれない。

それでもポー原作、ロジャー・コーマン監督の「アッシャー家の惨劇」(60年)と「忍者と悪女」(63年、すごい日本題名だが原作は「大鴉《ザ・レイヴン》」)でホラー映画史に名を残した。

西部劇ファンには興味深い本が、新潮社から出版された。

アメリカのジャーナリスト、グレン・フランクルが書いた『捜索者　西部劇の金字塔とアメリカ神話の創生』(高見浩訳)。

ジョン・フォードの「捜索者」(56年)を論じた本だが、映画そのものよりも、その背景となった、先住民による白人女性誘拐という、実際に起きた事件に多くのページが割かれているのが興味深い。

言うまでもなく「捜索者」は、コマンチにさらわれた幼ない姪を、ジョン・ウェイン演じる伯父が、何年もかけて捜し続ける追跡譚。

西部劇には、白人の女性が先住民にさらわれ、それを白人が奪還しようとする物語が多い。古くは、立体《3D》映画として話題になった「フェザー河の襲撃」（53年）、ランドルフ・スコット主演、バッド・ベティカー監督の「決闘コマンチ砦」（60年）、近年では、ケヴィン・コスナーが監督した「ダンス・ウィズ・ウルブズ」（90年）、ロン・ハワード監督の「ミッシング」（03年）などがある。

「捜索者」は、こうした誘拐、奪還の物語の代表作。グレン・フランクルの本によれば「捜索者」は、実際にテキサス州で起きた事件をもとにしているという。これは知らなかった。日本でも「捜索者」は数多く論じられているが、このことは語られなかったのではないか。

映画「捜索者」では事件が起きるのは、南北戦争後の一八六九年になっている。ジョン・ウェイン演じるイーサンに、敗れた南軍兵士という陰影をつけたかったからだろうか。

実際の事件は、それより早く一八三六年に起っている。テキサスの辺境に住む開拓者一家がコマンチ族に襲われ、大人たちは惨殺される。生き残った幼ない子供がコマンチに連れ去られる。事件を知った伯父が十年以上にわたって姪を探し続ける。

女の子の名前はシンシア・アン・パーカー、伯父の名前はジェイムス・パーカー。映画「捜索者」ではシンシアをナタリー・ウッドが、伯父ジェイムズをジョン・ウェインが演じた。

映画では、ジョン・ウェインがようやくナタリー・ウッドを見つけ出し、いまやすっかりコマンチに同化してしまった彼女を家へ連れ帰るのだが、実際のシンシアはコマンチと長く暮すうちに、勇者と結婚、子供まで産んだ。そのために白人社会に戻るのを嫌がったという。映画の「捜索者」でも、最後、コマンチ娘となった姪を見て、ジョン・ウェインは動揺するのだが、史実はもっと悲劇だったことになる。

このシンシア・アン・パーカーと、その子供のクアナ（コマンチの族長になる）は西部開拓史上よく知られた人物。

実は、二〇〇五年に同じ西部劇ファンの逢坂剛さんと『誇り高き西部劇』（新書館）を出したのだが、その本にシンシア・アン・パーカーとクアナの写真を載せていた。

そのシンシアがジョン・フォード「捜索者」のナタリー・ウッドのモデルだったとは。

この実際に起きた事件をアラン・ルメイが小説にし、それがジョン・フォードの「捜索者」のもととなった。

アラン・ルメイは、ジョン・ヒューストン監督「許されざる者」（60年）の原作者でもある。こちらは、オードリー・ヘプバーンが実はカイオワ族の娘で、幼ない頃、白人一家に連れ去られ、いつか白人に同化してしまう話だった。「捜索者」とは逆で、白人も同じことをしていたことになる。「捜索者」と併せて見たい。

映画「捜索者」では、ジョン・ウェインが口癖のように言う言葉がある（四度）。"That'll Be the Day"。「まさか」「そいつは楽しみだ」くらいの意。

グレン・フランクルの本によれば、ビートルズの“That'll Be the Day”はここから取られているという。もとの曲を歌ったバディ・ホリーが「捜索者」のファンだったのかもしれない。

（2015年10月上旬）

DVDになった懐かしの西部劇、「向う見ずの男」と、「最後の銃撃」のこと

まさか、この映画を、もう一度見ることが出来るとは思わなかった。リクエストした甲斐があった。実にうれしい。

十代の頃に見た西部劇、ヘンリー・ハサウェイ監督の「向う見ずの男」（58年、"From Hell to Texas"）。このところグレン・フォードの「必殺の一弾」（56年）、ゲイリー・クーパーの「西部の人」（58年）など五〇年代の西部劇を次々に発売している「復刻シネマライブラリー」（ディスク・ロード）からDVDが出た。

公開時に一度、見たきり。その後、上映もされないし、ビデオにもならなかった。それがDVDになった（オンデマンド）。この、語られることの少ない西部劇をもう一度見たいというファンが多い

のだろう。

何十年ぶりかで見たが、やはり面白かった！

ドン・マレー演じる流れ者のカウボーイが殺人の濡れ衣を着せられ、息子を殺されたと思い込んだ大牧場主（R・G・アームストロング）の一家に追われる身となる。西部劇に仇役として一家が登場するのは「荒野の決闘」（46年）「シェーン」（53年）などでおなじみ。

牧場主は、はじめドン・マレーを逃がしてやる。時間を与えてから追う。追う者の余裕である。一種の狩り。いわゆる「マンハント（人間狩り）」である。そのため、イギリスで公開された時は"Man Hunt"と題された。

ドン・マレーが追手の追撃をかわしながらどうやって生き抜くかが見どころになる。

面白いのは、ドン・マレーが銃の名手（拳銃ではなくライフルを使う）であるにもかかわらず、心優しい若者で、出来れば人を殺したくないと思っていること。若くして亡くなった母親が遺した聖書を大事に持っている。

追手の一人（ジョン・ラーチ）を対決でやむなく殺したあと、きちんとその遺体に石を積んで墓を作る。それればかりか、敵が乗ってきた馬を荒野に置き去りにせず、一緒に連れてゆく。この場面は少しく感動する。馬も名演。西部劇数多しといえども、こんなに馬に優しい男は珍しい。

旅の途中で、メキシコ人と結婚している小牧場主（チル・ウィルス）と、その娘（ダイアン・ヴァーシ。二十世紀フォックスの若手女優）に出会う。娘が、死んだ母親と聖書を大事にしているこのカウボーイを好きになるのも無理はない。

アクション・シーンも多い。冒頭の馬の疾走《スタンピード》、コマンチ族の襲撃、一対一の対決。監督のヘンリー・ハセウェイは戦前から活躍しているベテラン。リチャード・ウィドマークの悪役ぶりが映画史上に残る「死の接吻」（47年）、マリリン・モンローを売り出した「ナイアガラ」（53年）など作品は数多い。私の世代だと、ゲイリー・クーパー、リチャード・ウィドマーク、スーザン・ヘイワード主演のメキシコを舞台にした西部劇「悪の花園」（54年）がある。

一時間半ほどの、現在から見ると短い上映時間で、引き締まっている。ドン・マレーが、追手のジョン・ラーチと対決する時、敵の頭の上にある石を撃って、それを落とすところなど芸が細かい。チル・ウィルス、ダイアン・ヴァーシ親子とキャンプする場面では、ドン・マレーがなんと天然の温泉に浸って身体を洗う。西部劇に温泉が出てくるのは極めて珍しい。西部にも温泉があったか。

そしてドン・マレーは終始、人を殺したくないヒーロー。最後は大牧場主との対決を避けるばかりか、血気にはやる息子（デニス・ホッパー）を助けようとする。

異色の西部劇といっていい。クレジットを見ると、脚本にウェンデル・メイズが加わっているではないか！　ビリー・ワイルダーの「翼よ！あれが巴里の灯だ」（57年）、ディック・パウエルの「眼下の敵」（57年）、オットー・プレミンジャーの「或る殺人」（59年）の脚本家。面白い筈だ。

この映画、傍役も揃っている。R・G・アームストロング、チル・ウィルスをはじめ、手塚治虫描くランプに似たジョン・ラーチ、ガマガエルみたいなジェイ・C・フリッペン。さらに五〇年代から六〇年代の西部劇には欠かせないメキシコ系のルドルフ（ロドルフォ）・アコスタ。彼らの顔を見ているだけで懐かしくなる。

大牧場主の息子を演じるデニス・ホッパーは「理由なき反抗」（55年）「ジャイアンツ」（56年）で注目されていた若手。しかし、撮影中、ヘンリー・ハサウェイにしごかれ、ある場面では八十五回も撮り直しを命じられノイローゼになってしまった。気の毒。

「復刻シネマライブラリー」ではもう一本、懐かしい西部劇のDVDが発売された。リチャード・ブルックス監督の「最後の銃撃」（56年）。ダコタを舞台に、白人による野牛《バッファロー》狩りを描いていて、二枚目のロバート・テイラーが珍しく悪役を演じたので話題になった。

一八八〇年代のサウスダコタ。のちのケヴィン・コスナーの「ダンス・ウィズ・ウルブズ」（90年）と同じ時代になる。冒頭にこんなクレジットが出る。一八五三年に、西部には約六千万頭のバッファローがいた。それが三十年後には、三千頭に激減した、と。

言うまでもなく白人のハンターによる乱獲による。彼らは、バッファローの毛皮を得るために殺し続けた。

それだけではない。これは西部劇の大ファンである作家、逢坂剛氏が、日本では珍しい西部小説『逆襲の地平線』（05年、新潮社）で指摘していることだが、白人は先住民を根絶やしにするために、彼らの食糧源になるバッファローを虐殺した。

「最後の銃撃」では、ファナティックにバッファローを殺し続けるロバート・テイラーが悪役になり、無益な殺生をしまいとするスチュワート・グレンジャーが善人になる。しかも、ロバート・テイラーが終始、先住民（デブラ・パジェット、ラス・タンブリン）に偏見を持っているのに対し、スチュワート・グレンジャーは彼らを守ろうとする。

リベラルな姿勢が一貫している。クレジットを見て納得した。製作は、このコラム（一五四頁参照）でも書いたドア・シャーリー。赤狩りに抵抗した数少ない製作者。十代に見た時には分からなかったが、いま見ると彼の製作意図がよく理解出来る。

ちなみに、ロバート・テイラーのほうは、赤狩りに協力した。それで悪役に!?

この映画、十代の頃に見て、心に残った場面がある。ロバート・テイラーが朝、ひげをそる時、ライフルの銃把の金属のところを鏡がわりにする。DVDで見たら、ちゃんとこの画面があったので安心した。

（2017年1月上旬号）

第八章

暮しの中にある祈り

君塚良一監督「遺体~明日への十日間~」のこと、池谷薫監督「先祖になる」のことなど

遺体の身体を清めることを英語ではエンゼル・メイクという。日本語では清拭《せいしき》。個人的な話になってしまうが、二〇〇八年に家内が逝った時、順天堂医院の担当の若い看護婦さんがこれをしてくれた。思わず手を合わせたくなった。看護婦さんがまさにエンゼルに見えた。

石井光太のノンフィクション『遺体　震災、津波の果てに』（新潮社）は読むのがつらくなる、それだからこそ、読み終わった時に重い感動を覚えたが、それを映画にした君塚良一監督の「遺体~明日への十日間~」（13年）にも同じような、つらいがゆえの厳粛な思いにとらわれた。よく映画にしたと頭が下がる。

死は人間の究極のプライバシーである。他人に見られたくない。作家の吉村昭は晩年の『死顔』という短篇のなかで、自分の葬儀の時に、棺のなかの死顔を他人に見られたくないと書いたが、それは死が、守るべき最後の自分だからだろう。

病院での病死でさえそうなのだから、地震や津波という不条理な惨事で亡くなった人たちの遺体を人目にさらすことは、生きているものの不遜傲慢になりかねない。遺体の心を傷つけてしまう。

君塚良一監督が「遺体」を作るに当っていちばん苦しんだのはそのことだろう。原作を書いた石井光太にも無論、その問題はあったが、活字の場合はまだ抽象度が高い。映像の場合は、遺体を人目にさらさなければならない。

しかもその遺体は映画のために作られたにせの遺体である。そんなことをするのは犠牲になった人たちに対する冒瀆ではないのか。

君塚良一監督をはじめ、この映画の作り手たちのすべては、死者へどう向き合うかというこの大きな問題を抱えこんだに違いない。

惨劇を知らせる映画は作りたい。しかし、犠牲になった人たちの尊厳は絶対に守らなければならない。ふたつの気持に引き裂かれたところに「遺体」はある。いわば心を鬼にして映画を作るのではなく、心を震わせながらにせの遺体にカメラを向ける。感動的な映画を作ろうなどという思いを捨てて、これを作っている自分はなんなのだと終始、疑問を抱えこみながらカメラをまわす。俳優たちも、いい演技をしよう、うまい演技をしようなどと考えない。

惨劇を報道する。さらにそれを映画にする。犠牲者がいちばん他人に見られたくない姿を人前にさらけだす。そこで逡巡しては事実を伝える報道の仕事は成り立たない。しかし、なんのためらいもなく悲劇に接することも出来はしない。どうしたらいいのか。報道する者は現場で揺れ続ける。解答などどこにもない。

一月に出版された石井光太の新しい本、『津波の墓標』（徳間書店）のなかにこんな箇所がある。震災直後、被災地に入った石井さんは石巻市で、つらい光景に出会う。なんと木の上に女性の遺体が乗っている。それを少し離れたところで小学生の男の子が見上げている。顔は血の気を失ない、目が赤くなっている。木の上の遺体となった女性は子供の母親らしい。

石井さんが子供の後ろ姿を見ていると、子供が不意に振り返って、赤く腫らした目を向けてきた。ジャーナリストならここで子供に「あそこにいるのはお母さん？」と取材を始めることが仕事だろう。しかし、石井さんはそれをしなかった。出来なかった。「あまりに心細そうな瞳だったため、私は思わず顔をそむけて気づかなかったふりをした」。

ジャーナリストとしては失格かもしれない。しかし、過酷な現場では時には、あえて目を曇らすことも必要なのではないだろうか。

「遺体」には、安置所で働くことになった若い女性（志田未来）が出てくる。釜石市の職員で、困難な仕事をすることになった。はじめは呆然として何をしたらいいか分からずにいる。無理もない。

その彼女が、以前、葬儀社で働いていたというボランティア（西田敏行）の姿に励まされ、次第に力を取り戻してゆく。誰にいわれるでもなく、泥だらけの床をモップで拭き始める。彼女なりのエンゼル・メイクをしているのだろう。

いちばん若い彼女が、遺体の並ぶ殺風景な安置所に祭壇を作ることを思いつく。粗末な机を見つけてきて祭壇に見立て、ビーカーか何かに土を入れ、線香を立てる。大混乱のなかでは粗末なのは仕方がない。その祭壇で彼女は手を合わせる。安置所で働く人たちがそれに倣ってゆく。

生き残った者が、死んでいった者に出来ることは手を合わせ、静かに祈ることしかない。この映画では安置所で働く人たちの誰もが遺体を火葬場に送る時、帽子を取り、手を合わせる。小さな儀式でしかないかもしれない。しかし儀式こそが人の心を引き締める。

「蟻の兵隊」（06年）を作った池谷薫監督の新しいドキュメンタリー「先祖になる」（13年）は、3・11で家を壊された陸前高田市に住む七十七歳の老人が、同じ場所に再び家を建ててゆく姿をとらえている。その気概に打たれる。

一方で、被害に遭ったところにはもういたくないと、老人と離れて暮す奥さんの気持も、無理はないと思ってしまう。

故郷に残るか、去るか。ここにも簡単に解答が見つけられない大きな問題がある。

「先祖になる」を見ていて、津波で破壊された町の風景に見覚えがある。家に帰って、昨年出版され、話題になった、陸前高田市気仙町出身の写真家、畠山直哉の写真集『気仙川』(河出書房新社)を改めて手にした。同じ町だった。

畠山さんは、二〇〇〇年頃から故郷の町の平穏な風景を撮り続けていた。3・11で壊滅し、母親も津波の犠牲になるとは知らずに。

『気仙川』は前半が地震の前の美しい町、後半が惨劇のあとの写真になっている。その対比に、頁をめくるのがつらくなる。

「あとがきにかえて」のなかで畠山さんは書いている。

「僕にはこの『前を向く』ことがなかなか難しい」「誰かに『前を向いた方がいい』と言われても、その度に僕はたぶん『もう少しだけこのまま後ろ向きに歩かせて下さい』とことわり続けるだろう」。

「もう少し」がいつまで続くのかは誰にも分からない。

英語のエンゼルには看護婦の意味がある。再上映されたリンゼイ・アンダーソン監督の「八月の鯨」(87年)を見ていたら以前、見落していたことに気がついた。

リリアン・ギッシュ演じる妹のセーラは、若い頃、看護婦だった。

(2013年4月上旬号)

修道院での祈りを描く「大いなる沈黙へ」のことなど

神はいないのかもしれない。沈黙しているのかもしれない。それでも神に祈り続けている敬虔な人間はいる。その無私な姿には、宗教とは無縁な現代人でも心打たれる。

フランスのアルプス山脈にある禁欲的な修道院で祈りの生活を続けている修道士たちを描いたドキュメンタリー「大いなる沈黙へ—グランド・シャルトルーズ修道院—」(05年)は、現代において祈りとは何かを深く考えさせる。

フィリップ・グレーニングというドイツの監督が撮影許可が出るまで十六年間も待ち、ようやく許可を得て、一人だけ修道院に入り、撮影したという。

解説(言葉)も音楽もない。ただ淡々と、静かに修道士たちの祈りの日々をとらえてゆく。見る前は三時間近いドキュメンタリーと聞いてひるんだが、見ているうちに修道士たちの暮しにひきつけられた。

「沈黙」という言葉は原題のドイツ語、Stille（静けさ）からとられている。修道士たちの静かな祈りのことをいっているのだが、「沈黙」という日本語は、すぐに遠藤周作の『沈黙』やベルイマンの「沈黙」（62年）を思い出させ、現代における「神の沈黙」「神の不在」にもつながっているように思われてくる。

神は沈黙している。それでもなお祈る。現代における祈りとは「不在の神に祈る」ことではないだろうか。

グレーニング監督は自身も約半年間、この修道院に入り、修道士たちと同じようにストイックな生活を続けたという。

英語のSilent（沈黙）という字は、アナグラム（文字換え）をすると、Listen（聴く）になる。言葉を消し去ることと、神の声を聴くことは同じ意味を持っている。言葉という現世の表現をなくしたうえで、静けさのなかで神と向き合う。

言葉のかわりにあるのはまず沈黙だが、沈黙の他に、日々の質朴な暮しそのものもあるのではないかと思える。それはこの映画を見ての意外な発見だった。

グレーニング監督は祈る修道士と同時に、自給自足の生活をしている修道士たちが日々働いている姿を丁寧にとらえている。

年老いた修道士が修道服を作るために鋏で布を裁つ。食事のために台所で野菜（セロリか）を水で洗い、包丁で切ってゆく。雪のなか、春の野菜のための畑を作る。森のなかに湧き水を汲みにゆく。木材をのこぎりで切る。

暮しのなかの仕事をひとつひとつ、カメラに収めてゆく。労働と祈りが溶け合っている。木材を切る修道士を見ると、キリストは大工の子だったと思い出す。暮しのなかにこそ祈りがある。ミレーの《晩鐘》がいまも多くの人を感動させるのは、一日の野良仕事を終えた農民夫婦が祈るという、労働のなかの祈りを描いているからだろう。

祈りが手仕事と結びつく。不思議なことに作家という、言葉に生きる人間は、多くの場合、手仕事にひきつけられる。

メイン州の海の見える小さな家で、静かで、豊かな老いの日々を送った詩人、作家のメイ・サートンはエッセイ集『夢見つつ深く植えよ』（武田尚子訳、みすず書房、96年）のなかで書いている。

「作家というものは、事務員とか経理士のような人たちよりも、手を使って働くあらゆる種類の職人とか、農夫とか大工さんなどに、当然ながらよほど近いものを感じるのだ」

日本の作家も同じことをいう。東京を離れ、故郷の長崎に近い諫早で暮し、『鳥たちの河口』や

『諫早菖蒲日記』を書いた野呂邦暢はエッセイ集『王国そして地図』（集英社、77年）のなかで書いている。「私は農夫が土を耕すように石工が石を刻むように書きたいと思っている」。

作家（言葉）は手仕事（沈黙）に憧れる。修道士が祈りを続けながら（祈りもまたもうひとつの言葉に違いない）同時に手仕事にいそしむのは、ゆえのないことではない。

布を裁つ。野菜を切る。畑を作る。水を汲む。材木を切る。「大いなる沈黙へ」のなかで、修道士たちが日常の作業をする姿は、祈る姿に重なって見えてくる。なんでもない仕事がなんと豊かに見えることだろう。

「独りきりでいる人間は決して孤独ではない」。最近読んだ、フランス文学者、海老坂武の『人生を正しく享受するために　新〈人生論ノート〉』（朝日新書、14年）にこんな言葉があった。独りでいる人間が孤独ではないのはなぜか。おそらく「独りきり」（沈黙）でいるとき、ひとはもっとも神に近づくからではないか。

海老坂武さんによれば、カミュはフランス語の孤独（solitaire《ソリテール》）のtをdに変えれば連帯（solidaire）になるといったという。「連帯」は「神に近づくこと」という意味にも取れるのではないか。

個人的な話になる。

「大いなる沈黙へ」の劇場プログラムにも書いたのだが、十三歳年上の姉は、私が小学生の時、広島にあるカトリックの修道院に入った。まだ二十代のはじめだった。

昭和六年生まれの姉は、戦争の時、空襲で多くの同級生を失なった。その日、学校を休んだ自分だけが助かった。そのために、ずっと自分を責めていた。死んでいった同級生たちのために祈りたい。それで修道院に入った、と母から教えられたが、小学生には姉の気持はよく分からなかった。結局、姉は病気になり、俗世に戻されるのだが、それでも四年前に亡くなるまで終世、敬虔なカトリック信者であり続けた。

弟には、姉がどうして神を信じるのか、理解出来なかった。「神様が人間を作ったのではない。人間が神様を作ったのだ」と利いた風なことをいって姉を軽んじた。

高校生の頃に見たフレッド・ジンネマン監督の「尼僧物語」(59年)で、オードリー・ヘプバーンが修道院に入ったものの、最後はそこを出てしまうのを見て、「そら、やはり」と思ったりした。

なぜ、もっと姉を理解しようとしなかったのだろう。「大いなる沈黙へ」を見て、急に姉のことが思い出されるようになった。もしかしたら、姉は「不在の神」にこそ祈り続けていたのかもしれない。徒労と知ったうえでなお、沈黙する神に祈ったのかもしれない。

家内が癌を患った時、伊勢松阪に住む姉は「病気が治るよう毎日、教会で祈っています」と手紙をくれた。家内はベッドで何度もその手紙を見つめていた。

「大いなる沈黙へ」には微笑ましい場面がある。猫が出てくる。何匹もいる。修道士が猫に餌をやる。猫を可愛がる。修道士にも楽しい時があるのだと、ほっとする。

(2014年9月上旬号)

一人暮しには身に沁みる「おみおくりの作法」のこと、ゲイリー・クーパー主演の「善人サム」のことなど

人に知られることなく静かに人のために働いている実直な人間がいる。オスカー・ワイルドの童話『幸福な王子』の王子とツバメのように。この世界は彼らで支えられている。

心あたたまる映画を見た。

ウベルト・パゾリーニ監督の「おみおくりの作法」（13年）。わが「おくりびと」（08年）を思わせる。ロンドンのある地味な公務員の物語。日本と同じようにイギリスでも一人暮しの老人が増えている。ジョン・メイ（エディ・マーサン）という主人公の公務員は、アパートなどで孤独死した老人の葬儀を行なう仕事をしている。

遺品の整理をする。家族や友人を探して連絡を取る。身寄りのいない老人には葬儀を行なう。式に

使う音楽まで考える。

人の嫌がる仕事を、黙々とこなしてゆく。演じるエディ・マーサンがいい味を出している。イギリスの俳優で「思秋期」（10年）や「戦火の馬」（11年）に出ていたというが、気がつかなかった。この映画ではじめて知ったといっていい。

はじめのほうに心に残る場面がある。一人暮しの女性が亡くなる。ジョン・メイが遺品を片づける。愛情あふれる手紙が何通か見つかる。家族がいたらしい。しかし、よく見ると、飼っている猫からの手紙（肉球のサインがある！）。無論、彼女が自分で自分にあてたもの。猫に慰められていた。ジョン・メイは彼女のために心のこもった葬儀をしようと思う。


この地方公務員はいたって地味。中年だが、一人暮し。いつも同じ服を着ている。ベストにコート。几帳面で、車の通らない横断歩道でもきちんと信号を守る。自宅での夕食は決まって、トーストとりんご、紅茶、それになぜか魚の缶詰。いたってつましい。

口数は少ない。酒もタバコも縁がないようだ。イギリス人らしくクロスワードパズルが好きというのも面白い。

見ているうちに誰もが、このイギリスのおくりびとが好きになるのではないだろうか。

監督と脚本のウベルト・パゾリーニは一九五七年、ローマ生まれ。ヴィスコンティは大叔父になるという。

六年ほど前に離婚し、自身、一人暮しになってから、孤独死した老人のための葬儀をしている地味な公務員に興味を持ったと語っている。

実際、一人暮しの人間には、この映画は他人事と思えない。

他人のために生きている。しかし、結婚をしていないし、友人も少ない彼は、自分が死んだ時には、誰が葬儀をしてくれるのか。

心配して見ていると、最後、とてもいい終わり方をする。それについて書くことは控えるが、思わず「よかったね」と呟きたくなる。

鉄道好きとしては少し気になることがある。

ジョン・メイは列車に乗る時、窓側に座りながら、いつも決まって進行方向とは逆に座る。普通、多くの人は進行方向に向かって座る。しかし、ジョン・メイは逆。いい席を人に譲ろうとしているのか。それとも、ファスビンダー「マリア・ブラウンの結婚」(79年)のハンナ・シグラ演じるヒロインが、列車に乗る時、いつも進行方向とは逆に座ったように、世の中とうまく折り合いをつけて生きてゆくことが出来ないから、ついうしろ向きになるのだろうか。

ジュネス企画からゲイリー・クーパー主演の「善人サム」のDVDが発売された。一九四八年の映画で、日本ではまだ戦後の混乱期にあった四九年に公開されて評判になった。

当時の日本は、アメリカの占領下にある（オキュパイド・ジャパン）。アメリカは日本に民主主義を知らしむるために、当時、アメリカのいい面を強調する映画を積極的に公開していった。いわば、映画がアメリカン・デモクラシーの教科書になった。

「善人サム」はその代表作。

監督は「我が道を往く」（製作44年、日本公開46年）「聖《セント》メリイの鐘」（製作45年、日本公開48年）のレオ・マッケリー。フランク・キャプラと並ぶアメリカの良心と言われる。

ゲイリー・クーパー演じるサムはスモールシティのデパートの支配人。奥さん（アン・シェリダン）がいて、二人の子供がいる。戦後の混乱期にいる日本人から見れば羨ましくなるような豊かなアメリカの中産階級。

幸福そのものの一家だが、サムには欠点がある。善良すぎること。人に頼まれると嫌と断れない。隣人に、自分の家の車が壊れたので貸してくれといわれると、貸してしまう。金を貸してくれといわれても断れない。

昔の言葉でいえば「馬鹿親切」。

おかげで誰からも好人物と評判がいいのだが、困るのは奥さん。夫が、他人のために働くたびに、そのしわよせが家計に来る。奥さんとしては夫の善人ぶりをもてあます。

長年の夢だったきれいな家をようやく買えるとなった時、夫が、せっかく貯めたお金を他人のために使ってしまったので、さすがの奥さんもついに怒る。

ゲイリー・クーパーの善人ぶりもさることながら、しっかり者の奥さん、アン・シェリダンの美しさに魅了される。戦前から活躍した女優でジェイムス・キャグニー主演の「汚れた顔の天使」（38年、マイケル・カーティス監督）、俳優時代のロナルド・レーガンと共演した「嵐の青春」（42年、サム・ウッド監督）が知られる。昔の女優は、美しいだけではなく品が良かったと思う。

レオ・マッケリーは、老夫婦の孤独を描いた「明日は来らず」（37年）で小津安二郎の「東京物語」（53年）に影響を与えたことが知られる。

「善人サム」ものと呼びたい小説がある。底抜けに善良な人間を描く。

色川武大の、明らかに「善人サム」をもじった短篇『善人ハム』、吉本ばななの短篇『田所さん』がすぐに思い浮かぶ。

二〇一四年に読んだ心に残る小説のひとつ、中原文夫（一九四九年生まれ）の短篇集『アミダの住む町』（作品社）の表題作も、「善人サム」ものの秀作だと思う。

東京の中央線沿線の町に住む、人のいい老人の物語。彼は、いつとはなしに町にやって来て小さな駄菓子屋を開いている。奥さんに死なれて一人暮し。町の人が嫌がるこまごまとした仕事を進んでする。それを現代の若者の視点で描いているのだが、シニカルな現代人は彼の善良さをどうしても信じることが出来ない。偽善と思ってしまう。もう「善人サム」が生きられる時代ではないのだろう。

（2015年1月上旬号）

高倉健のこと。それのみ

高倉健は、いつも詫びていた。「すまない」と頭を下げていた。こんなにも、罪責感を心に抱えたヒーローを演じた俳優は、日本にも外国にもいないのではないか。

死後、驚いたのは、高倉健現象と呼びたいような追悼の声が起きたこと。妙な言い方になるが、高倉健はこんなにも愛されていたのか、こんなにも人気があったのかと驚いた。

その人気のもとはなんなのか。

「すまない」と詫びるヒーローだったからではないか。確かに、高倉健のヒーローは強かった。正しかった。格好よかった。しかし、それだけでは、これほど多くの日本人の心をとらえなかったのではないか。

高倉健は東映やくざ映画でも、「八甲田山」(77年)でも、「幸福の黄色いハンカチ」(77年)でも、あるいは遺作となった「あなたへ」(14年)でも、「すまない」と頭を下げ続けた。「鉄道員《ぽっぽや》」(99年)でもそうだった。

東映やくざ映画以後の高倉健は変わったなどと言うのは俗論に過ぎない。高倉健はいつだって高倉健であり、律義で寡黙で誠実で、そして、詫びる男だった。一貫している。

誰に対して詫びていたのか。

そこが問題になる。まず、すぐに思い浮かぶのは、親、とりわけ母親だろう。〈唐獅子牡丹〉の歌詞にある〽積もりかさねた不孝の数を、なんと詫びよかおふくろに……の母親。「網走番外地」(65年)の橘真一は、故郷にいる貧しい病気の母親に会うために脱獄した。

高倉健の演じるやくざは、親に対して負い目を負っている。道にはずれた。親不孝をしてしまった。すまない。「汚れっちまった悲しみ」(中原中也)を自覚している。

佐藤忠男氏が名著『長谷川伸論』(中央公論社、75年)で書いているように、「負い目」を持ったやくざは長谷川伸に始まる。自分は、やくざになった。汚れてしまった。申し訳ない。だからこそ、最後のぎりぎりのところで踏みとどまり、汚れていない実直な人間のために命を懸ける。

日本の階層社会が産んだ心情である。高倉健は、この長谷川伸の「負い目」の心を受け継いでいる。だからこそ、こんなにも多くの日本人の心をとらえたのだ。

決して、強く正しく格好いいヒーローだけだったためではない。自分は汚れた、どうしようもないやくざだと自覚した人間が、「すまない」「申し訳ない」と詫びながら、戦う。弱い者のために戦う。

親不孝をした親に詫びる。それだけではない。汚れてしまった人間として、実直に生きているかたぎ衆に詫びる。悪どいやくざにひどい目にあわされた弱い女に詫びる。

さらには、自分を残して死んでいった者へ。「昭和残侠伝」（65年）では、いつも最後の斬り込みを共にして死んでゆく池部良に詫びる。「八甲田山」では、同じ行軍に参加しながら死んでいった北大路欣也に詫びる。彼は死に、自分は生き残った。申し訳ない、と詫びる。

「鉄道員」では、ローカル線で働く高倉健は、赤ん坊を亡くし、妻を亡くした。自分だけが生きている。すまない、と言い続けている。妻の墓参りの場面がたしか二度ある。「あなたへ」が、自分より先に死んだ妻への詫びの旅であることは言うまでもない。

「新幹線大爆破」（75年）の高倉健も、中小企業の社長として、会社を倒産させ、妻子と別れざるを得なくなった。苦労をさせた妻と小さな子供に申し訳ないと思っている。

挙げてゆけば切りがない。

高倉健は、いつも、すまない、と詫びている。頭を下げている。長谷川伸の股旅もののヒーローと、その点で重なる。

日本は長いあいだ貧しい国だった。

士農工商という身分制度さえあった。「格差社会」はいまに始まったことではない。その不平等にはじきとばされた人間が、やくざになった。彼らは当然、反権力、反体制の誇りを持っている。しかし、同時に、そんな理不尽な社会でも黙々と生きている実直な、かたぎの人間には負い目を持つ。申し訳ない、と思う。彼らが、苦境にあると知った時、身を捨てて戦う。戦いの根っ子にあるのは、「すまない」と思う気持である。大仰に言えば、日本的心情の核だと思う。

「兵隊さんに申し訳ない」「死んでいった者にすまない」「あなたに迷惑をかけて悪かった」。絶対的な一神教を持たなかった日本人の倫理は、こういう、苦労している者への、また、死者への、「申し訳ない」という気持にあったと思う。

高倉健はその意味で、日本の俳優のなかで誰よりも倫理的だった。こんなにも「すまない」と言い続けていた俳優はいなかったのではないか。あの立派な「健さん」が詫びるのだからと、われわれも粛然とした。

「幸福の黄色いハンカチ」では、偶発的とはいえ人を殺し、刑務所に入ったことで、妻の倍賞千恵子に「申し訳ない」と思っている。「遙かなる山の呼び声」(80年)でも、自殺した妻のために借金取りを殺し、知り合った酪農家の未亡人、倍賞千恵子を愛しながらも、その思いを禁じる。殺人を犯したことにも、そういう自分が実直な人間を好きになったことにも「すまない」と思っている。「汚れっちまった悲しみ」が高倉健のヒーローの核にある。

高倉健は、「網走番外地」から「あなたへ」まで、一貫して、詫びる男を演じてきた。それは、絶対的な神を持たない日本人の心に最後に残る、心の支えである。「申し訳ない」「すまない」。それを失なったら、人はおしまいだ。高倉健は、その誰もが知っていて、誰もが日常的には気づかなかった心（倫理）を身を持って教えてくれた。

高倉健の私生活のことはまったく知らない。ただ、結婚し、そして、離婚した江利チエミのことを思い続けていたことは、さまざまな報道から知られる。先日、新潮社のPR誌『波』で香川京子さんにお話を聞いた。

香川京子さんは、内田吐夢監督の「森と湖のまつり」（58年）で高倉健と共演している。その撮影の話になった時、香川京子さんがこんなことを話された。

あの北海道ロケの時、道北の小さな旅館の帳場の電話から、高倉健さんが遠距離電話でひっそり、江利チエミさんに電話している。「ああ、この方、ほんとうに彼女のことがお好きなんだな」と。

江利チエミは早く逝った。高倉健は、墓参りを欠かさなかったという。「鉄道員」のテーマソングとして歌われた〈テネシー・ワルツ〉が、江利チエミのヒット曲だったことは言うまでもない。

（2015年1月下旬号）

呉美保監督「きみはいい子」のこと、「先生様」という言葉のことなど

散歩の途中、時折り出会う光景で思わず微笑んでしまうことがある。近くの保育園の子供たちが保母さん（いまふうに言うと保育士）に連れられて散歩をしている。

お揃いの帽子をかぶっている。手をつないで歩いている。うしろには、トロッコのような大きな乳母車（正式になんと言うのだろうか）があって、そこにはまだ上手に歩けないような小さな子供たちが乗っている。

あまりに可愛いくて、思わず見入ってしまう。アトム・エゴヤン監督の「スウィート ヒアアフター」（97年）で、毎朝、学校に行く子供たちをスクールバスに乗せてゆく女性の運転手がこんなことを言った。

「バスで子供たちをひとりひとりピックアップして学校へと向かう。その仕事はまるで摘まれるのを待っている野いちごを丁寧に摘んでゆくようなものでした」

散歩している子供たちを見ていると、この女性の気持が分かる気がする。あの〝トロッコ〟に乗っている子供たちを見ると、およそ信仰とは縁遠い人間なのに「一日の天使」に会ったように心安らぐ。

呉美保《おみぽ》監督の「きみはいい子」（15年）を見て、子供たちの厳しい現実を描いた作品なのに、一瞬、どこかで「一日の天使」を見た思いがした。児童虐待、育児ヒステリー、いじめ、認知症といった社会問題を取り上げながら、この映画は、決して「社会派映画」になっていない。「社会派映画ではなく」と書くと、異を唱える批評家もいるが、こう言うことだ。

映画作品は社会問題の処方箋ではない。どうしたらいじめがなくなるか。認知症に対処するにはどうしたらいいか。そういう問題はもちろん大事だが、さし当って、映画作品はそれとは別のことを考える。

苦しい現実のなかで、一瞬、遠くを見る。その遠くは、神の世界かもしれないし、親しい死者のいる世界かもしれない。映画作品が現実の問題の処方箋ではなく、作品として自立するのは、この一瞬があるかどうかだ。それは文学作品の場合も変わらない。

「きみはいい子」はその意味で、数々の社会問題を描きながら、決して社会派映画ではない。それはどうしてなのか。呉美保監督は、時折り、遠くを見ている。「そこのみにて光輝く」（14年）の時もそうだったが、この映画でも、カメラ（撮影は月永雄太）は現実の向こうに広がる風景――、丘の上へ広がる住宅地、公園のすぐ近くの海、子供たちの帰ったあとのがらんとした学校の校庭……をとらえる。いじめに遭っている子供、認知症になり始めた老女性、育児に悩む母親、生徒たちになかなか授業を聞いてもらえない先生、障害を持つ子供を苦労して育てている母親……彼らを微風のそよぐ風景のなかに置く。彼らは、現実社会では孤立しているかもしれない。

しかし、自分でもその存在に気づいていない身近な風景のなかで、遠い世界とつながっている。近景の向こうに確かに遠景がある。

最後、高良健吾演じる先生が、〝親〟に虐待されている子供のことが心配になり、学校から子供の家まで走り出すくだりが心を打つのも、走る先生の姿の合い間、合い間に、町の風景を差し挟んでゆくから。現実という近景と、風景という遠景が溶け合う。現実の向こうに、一瞬、確かに「遠く」が見える。

さらに「きみはいい子」が「遠く」を感じさせるのは、認知症になり始めた老女性の存在だろう。学校のそばの一軒家に一人で暮している。まだ完全な認知症ではないから買物も食事の支度もなんとか一人で出来る。

喜多道枝という一九三五年生まれ、八十歳になる女優が演じている。恥しいことに、この女優のことを知らなかった。おっとりして優しい、ふくよかな顔をしている。

映画のなかでは傍役なのだが、むしろ、喜多道枝が演じる老女性が映画の中心になっていて、問題の多い現実を和らげている。現実を降りてしまった老女性こそが現実を支えている。

この女性は、毎日、家の前を通る障害のある男の子に優しく接する。彼女は、男の子に障害があるとは思っていない。まるで祖母と孫のような親しい関係が生まれる。

彼女は、六月なのに桜の花がきれいだと言う。現実の人間に見えない風景が、この認知症という「二度わらし」の女性には見える。「遠い」風景が見える。

この女性と、障害のある男の子と、その母親（富田靖子）の三人が教室の窓から、見えない桜を見る、遠くを見る場面（呉美保は、それをバックショットで撮る）は、まさにこの映画のなかの「一瞬」である。


「きみはいい子」は小樽で撮影されている。通常、小樽というと、運河、レンガの建物、港、あるいは昭和初期に建てられた小樽駅（三代目）がとらえられるのだが、呉美保監督はありきたりの小樽を避けている。ランドマークと思われるのは海辺の観覧車くらいで、そう言われなければ小樽と気付かない。「小樽」よりも「風景」を描きたかったのだろう。

喜多道枝演じる老女性が、小学校の先生に「先生様」と言っているのが面白い。中脇初枝の原作を読むと、「先生様」と言われた先生が「おばあさんの言葉はいつまでもぼくの耳に残った。そう呼ばれていた時代もあったのだ」と戸惑っている。この老女性が、古き良き「遠い」時代の人間であることが分かる。

「先生様」という言葉は、「日本語の間違った使い方」の例としてよく出される。「先生」が尊称なのだから、それに「様」と重ねるのは間違いだ、と。

しかし、かつて日本の庶民にとっては「先生」ではなく「先生様」だった。

高峰秀子の子役時代の作品、山本嘉次郎監督の「綴方教室」（38年）では、父親の徳川夢声が家に訪ねて来た娘の先生の滝沢修に「先生様」と言っている。

新藤兼人監督の「石内尋常高等小学校　花は散れども」（08年）では、昭和戦前の子供たちが恩師の柄本明に「先生様」と言った。

山田洋次監督の「男はつらいよ」シリーズ第二十二作「噂の寅次郎」（78年）では、旅先で偶然会った博の父親（志村喬）と宿で一夜を共にし、人生のはかなさを教えられた渥美清の寅が、しんみりした気分になって、翌朝、宿を出る。

その時、置き手紙をするのだが、手紙には「先生様」となっている。

日本語の間違った使い方としてよく例に出される「先生様」だが、その誤用のなかにこそ人の心がこめられている。

「きみはいい子」で久しぶりに「先生様」を聞いて温かい気持になった。（2015年5月下旬号）

イギリスのテレビドラマ『ダウントン・アビー』のこと

NHKテレビでシーズン5が始まったイギリスのテレビドラマ『ダウントン・アビー』は二十世紀イギリス史として見て、実に面白い。一九一二年に起きたタイタニック号の沈没事件から始まる。「戦争と革命の時代」といわれた二十世紀の不安な幕開けである。

イングランドのダウントンという小さな村にある大邸宅《アビー》に住むグランサム伯爵一家と、その屋敷で働く人間たちの群像劇になっている。

ロバート・アルトマン監督のイギリスの大邸宅を舞台にしたミステリ「ゴスフォード・パーク」(01年)でアカデミー賞脚本賞を受賞したジュリアン・フェローズが脚本を書き、製作も手がけている。監督はそのつど替わる。貴族から使用人まで大勢が登場するが、どの人物も個性があり、傍役でも小さなエピソードが用意され、印象に残る。

二十世紀になり、次第にかつての富と栄光を失なってゆく貴族の物語である。当主の伯爵（ヒュー・ボネヴィル）は好人物だが、大衆が主役になろうとする社会の変化には追いつけない。

そもそも彼が結婚したコーラ（エリザベス・マクガヴァーン）はアメリカの金持の娘。新興国の財力でなんとか昔ながらの屋敷を維持している。ちなみにコーラの母親を演じるのはシャーリー・マクレーン。他方、伯爵の母親として誇り高く、アメリカ人を軽視する先代伯爵の未亡人を演じるのはマギー・スミス。

タイタニック号沈没によって伯爵は相続人を失なう。子供は三人とも娘なので、長女にいい婿を選ばなければならない。

血筋がよくて金持。そんな好条件の相手がいるか。伯爵は、名誉ある家を守るために頭を悩ませる。そこに、一九一四年、第一次世界大戦が勃発する。ドイツと戦わなければならない。以前、伯爵は南ア戦争（一八九九—一九〇二）に従軍している。伯爵付の下僕《フットマン》ベイツ（ブレンダン・コイル）はこの時の戦友。従って大事にする。

第一次世界大戦はヨーロッパの文明を大きく変えた大戦争。戦闘機、戦車、潜水艦、さらには毒ガスまで使われ、多くの戦死者が出た。イギリスの第二次世界大戦の戦死者は六年間で約二十七万人なのに対し、第一次世界大戦では四年間で七十万人もの死者を出した。

総力戦で、若者を次々に戦場に送ったために、犠牲者が増えた。『ダウントン・アビー』では第一次大戦が田舎の屋敷をも直撃する様子を描いてゆく。

若い下僕は兵隊に取られ、重傷を負い、故郷に帰ったものの死んでしまう。伯爵が相続人と期待した青年弁護士マシュー（ダン・スティーヴンス）も重傷を負い、一時は車椅子での生活を余儀なくされる。

新しく雇い入れた下僕は、帰還兵で戦争後遺症（シェル・ショック）に悩まされ、夜中に悪夢を見て叫び声をあげる。シェル・ショックが社会問題になったのは第一次大戦によって。

やはり新しく働くようになったメイドは、ソンムの戦いで夫を失なった戦争未亡人。十二歳の男の子を抱えながら働くこのけなげなメイドに伯爵は心動かされる。

ダウントンの村では戦死者が相次ぎ、愛国者の伯爵も思わず「なんのための戦争だったのか」と嘆く。イギリスにとって第一次大戦は近代国家としてはじめて体験した国難だったことが分かる。

他方、戦争は女性の社会進出をうながした。伯爵の大邸宅は負傷した将校たちのための医療施設として開放される。

三姉妹のなかで、それまで地味な存在だった次女のイーディス（ローラ・カーマイケル）は将校たちの看護をすることで生き生きとしてくる。また独立志向の強い三女のシビル（ジェシカ・ブラウン・フィンドレイ）は専門の看護婦になる。貴族の娘が実社会に出て働くなど以前はあり得なかったこと。明らかに時代が変わってきている。女性の参政権を求める運動が高まるのもこの時代。シビルはついには屋敷で働く運転手《ショーファー》と結婚する。階級の壁が崩れていっている。第一次世界大戦は総力戦で、多くの国民を戦争に参加させただけに、結果として戦後、大衆の力が強まったことになる。

『ダウントン・アビー』には伯爵をはじめ心に残る人物が多数登場するが、なかでも素晴しいのは、屋敷を支える執事《バトラー》のカーソン（ジム・カーター）と、メイド長のヒューズ（フィリス・ローガン）の二人だろう。

二人は屋敷のなかでどんなにトラブルが起きても冷静にことに当ってゆく。メイドたちに厳しいが、人情味がある。

執事といえばイギリスではおなじみで、「オリエント急行殺人事件」（74年）「ミスター・アーサー」（81年）のジョン・ギールグッド、「召使」（63年）のダーク・ボガード、「日の名残り」（93年）のアンソニー・ホプキンスらを思い浮かべるが、このジム・カーターというビヤ樽を思わせる体型の貫禄ある俳優（声もいい）は最高。この人が出てくるだけで画面が安定する。

メイド長のヒューズも厳しいなかに優しさを見せる。若いメイドが、将校にもてあそばれ、赤ん坊を産んだ時、親身になって助けようとするのは彼女。

演じるフィリス・ローガンも貫禄がある。初めて見る女優だが大ファンになった。

「クロワッサンで朝食を」（12年）でエストニアからパリに来て、金持の老女性ジャンヌ・モローの家で働くメイドを演じたライネ・マギ。さらにさかのぼってテレンス・ラティガン原作、デルバート・マン監督の「旅路」（58年）で、イギリスの海辺の小さなホテルを一人で切りまわすしっかり者の女主人を演じたウェンディ・ヒラーを思い出させる。

執事のカーソンとメイド長のヒューズの関係は、「日の名残り」のアンソニー・ホプキンスとエマ・トンプソンの関係を思わせる。あちらの二人は結ばれなかったが、こちらはシーズン4の最後で、海辺を仲良く手をつないで歩いていたからいずれ結婚することになるのだろう。

特別出演者で驚いたことがある。

屋敷で音楽会が開かれる。呼ばれたのは、ヴィクトリア女王の前で歌ったことで知られる歌手ネリー・メルバ。ルイス・マイルストン監督の「メルバ」（53年）という伝記映画があった。『ダウントン・アビー』でこの世紀の歌手メルバを演じたのは美貌の歌手キリ・テ・カナワ。ピーター・ウィアー監督の「危険な年」（82年）でキリ・テ・カナワの歌うリヒャルト・シュトラウスの美しい歌曲《四つの最後の歌》の〈眠りにつくとき〉が流れたのが心に残る。

（２０１７年2月上旬号）

スコセッシ「沈黙―サイレンス―」の木彫りのキリスト像のこと

神には父性的な厳しい神と、母性的な優しい神がいる。マーティン・スコセッシ監督「沈黙―サイレンス―」で、ロドリゴ神父（アンドリュー・ガーフィールド）が棄《す》てたのはあくまでも厳しい、罰する神で、拷問に苦しむ信者たちを助けるために踏絵を踏もうとする神父が心のなかで「踏むがよい」と聴く声は、明らかに優しい、許す神のものだ。

「神」と書いたが、正確に言えば「キリスト」であり、「沈黙」には、何度か聖画に描かれたキリストの顔が写し出される。それは西洋のキリスト教徒が描いた、教会によって公認されたキリスト像である（スコセッシによれば、映画にはエル・グレコの描いたキリストを使ったという）。

ところが、「沈黙」は思いもよらない最後の場面を用意する。棄教し、日本人となり、日本人の妻を貰ったロドリゴが病没する。ひそかに仏式の葬儀が行なわれる。遺体は、樽のなかに入れられる。カメラはロドリゴの手のあたりに近づいてゆく。手には粗末なキリスト像が握られている。以前、切支丹として捕えられ、処刑された農民のモキチ（塚本晋也）がロドリゴに、形見のように渡した、木彫りの手作りのキリスト像である。カトリック教会によって公認された聖像ではなく、遠い東洋の島国に住む貧しい農民が、敬虔な気持で作った像を、ロドリゴは最後まで大事にしていた。

この重大な挿話は、遠藤周作の原作には書かれていない。スコセッシのオリジナルである。確かにロドリゴは、正統のキリスト教会は棄てたかもしれない。しかし、日本の貧しい農民が作ったキリスト像は棄てなかった。彼は、教会が教える神ではなく、農民たちが生命を懸けて信じた神こそを信じようとした。「宗教」より「信仰」を選んだといっていい。だからこそ、日本人になったロドリゴの表情は穏やかなのだろう。

モキチたちはキリスト教が禁止されたあと、小さな村のなかで、ひそかに信仰を続けていた。見つかれば殺される。その危険のなかで神を信じた。もとよりもう教会もないし、神父もいない。自分たちで祈り、儀式を行なってゆくしかない。当然、いつしか正統的なキリスト教と違ったものになっていっただろう。

篠田正浩監督の「沈黙」（71年）にその点で興味深い場面があった。マカオから日本に密航してきたポルトガルの神父たちが、ひそかに隠れ切支丹たちの村にやって来る。

村人たちは、自分たちなりのミサを行なってきた。年月がたつうちに本来のキリスト教が土着化した。日本の仏教や民間信仰と自然に溶け合った。

彼らが取り出したマリア像は仏像のようだし、祈りの声は念仏のようだった。神父たちは、その日本化したキリスト教の姿に驚く。

貧しく、権力によって虐げられている隠れ切支丹たちは、教会もなく神父もいないなかで、いつしか自分たちの信仰を作り上げていったのではないか。その時、彼らがすがったのは厳しい神ではなく、優しい神ではなかったのか。何よりもマリア信仰ではなかったか。だから、彼らを弾圧する武士が、彼らにマリア像を見せ「マリアは淫売だと言え」と迫るのも当然といえる。


隠れ切支丹の優しい神への祈りは、当初、ロドリゴに奇妙に、異端に見えた。遠藤周作の原作には、「マリアは淫売だ」と言わせる奉行のイノウエ（映画ではイッセー尾形）は、一度は出世のために洗礼を受けていて、「日本のまずしい百姓信徒たちが、なによりもまず聖母を崇拝していることを熟知していた」とある。ロドリゴ自身も「百姓たちが時には基督《キリスト》より聖母のほうを崇めているのを知って心配したくらい」だった。

農民たちにとって、聖母こそ優しい神の象徴だった。そして過酷な拷問に耐えることが出来たのも、日本化された慈母のようなマリアを信じたからだったろう。

ロドリゴはそのことに気づいた。モキチやイチゾウ（笈田ヨシ）らは捕えられ、海中で十字架に架けられ、苦しみながら死んでゆく。その受難を目《ま》のあたりにして、ロドリゴは「われわれの罰する神」より「彼らの許す神」に気づいた。本国の教会から見れば、彼らは異端かもしれない。しかし、彼らの信仰の真摯さ、必死さを誰が否定出来よう。

ロドリゴの棄教は、踏絵を踏むよりはるか前に準備されていたといえる。モキチ、イチゾウの死のあと、ロドリゴは、一人、野を歩く。キリストの山中彷徨を思わせるこの孤独のなかで、彼は、ゆっくりと「彼らの許す神」に近づいてゆく。

遠藤周作の『沈黙』は、ロドリゴの棄教、背信、ユダのようなキチジローの弱さを大きな主題にしていることは確かだが、いま読み直してみると、むしろ、モキチやイチゾウ、あるいはモニカ（映画では小松菜奈）が前面に強く感じられてくる。

教養もない、おそらくは聖書をきちんと読んだこともないだろう、貧しい農民たちが、なぜ、残酷な拷問に耐えてまで、彼らの信仰を棄てなかったのだろう。それは、彼らが「許す神」こそを身近に感じていたからではないか。

ロドリゴは、彼らの神に初めて気づいたから踏絵を踏んだ。

踏絵は誰が始め、誰があの聖像を作ったのだろう。

それを考える手がかりになる小説がある。「白樺」派の作家、長与善郎《ながよよしろう》の『青銅の基督　一名南蛮鋳物師の死』（大正12年）。

長崎の鋳物師が踏絵用の青銅のキリストを作ることになる。彼は切支丹ではないが、切支丹の娘、モニカを愛している。そのためにみごとなキリスト像を作り上げる。

モニカを含め、信徒たちは、その像を見て思わず跪《ひざまず》く。そして十字架に架けられてゆく。

一方、鋳物師も、これだけ美しいキリスト像を作ったからには、切支丹に違いないと疑われ殺されてしまう。

この小説には、驚くことが書かれている。スコセッシの「沈黙」ではリーアム・ニーソン、篠田正浩の「沈黙」では丹波哲郎が演じた「転びバテレン」のフェレイラが登場する。そして、フェレイラが踏絵を奉行所に提言したという。

「若き鋳物師の恋　青銅の基督」は一九五五年に松竹で映画化された。渋谷実監督。モニカは香川京子、フェレイラは滝沢修。鋳物師は岡田英次。岡田英次は篠田正浩監督「沈黙」では、奉行の井上を演じている。ちなみにこの名優は、遠藤周作夫人のいとこになる。

（2017年3月上旬号）

第九章

かくも興味深き映画監督

「小さいおうち」の郊外住宅地のこと、「もらとりあむタマ子」の踏切のことなど

東京の郊外住宅地が開発されてゆくのは、大正十二（一九二三）年の関東大震災のあと。大地震で市中が壊滅したため、東京の西への拡大が始まった。

中央線や小田急線、東横線など私鉄各線の沿線に郊外住宅地が作られ、そこには、和洋折衷のいわゆる文化住宅が作られていった。

折りから日本の社会は、工業化社会に変わりつつあり、現在でいうサラリーマン、中産階級が増えていっていた。彼らが住居として選んだのが郊外住宅地だった。現在の杉並区や世田谷区、目黒区や大田区などがそれに当る。

人口の急増によってそれまでは東京市の市外だった郊外が、昭和七（一九三二）年の市区改正によ

って市中となり、杉並区や世田谷区が生まれてゆく。

中島京子原作、山田洋次監督の「小さいおうち」（14年）は、この郊外住宅地を舞台にした小市民映画。原作では舞台は明示されていないが、映画では池上線の沿線、現在の大田区雪谷《ゆきがや》あたりになっている。

丘の上に建てられた赤い屋根の小さいおうちは典型的な和洋折衷の文化住宅。玄関にはステンドグラスがあり、床はタイル。客間は洋間で、ソファがあり、電蓄が置かれている。他方、居間は和室で、食事は卓袱台でする。大きな仏壇があるのも面白い。和と洋が溶け合っている。居間には縁側もある。

洋間にマリー・ローランサンの絵が掛けられているのにも注目したい。日本で洋画が商品として売られるようになるのは震災後のこと。それまで絵といえば日本画だった。

日本家屋の時代だったから当然だろう。それが、震災後、東京の郊外に和洋折衷の小さいおうちが増えてから洋画の需要が増えた。銀座の日動画廊の創業者、長谷川仁の回想記『へそ人生』（読売新聞社、74年）にそうある。

十八歳の時に、山形県の雪深い田舎から東京に出て来たタキ（黒木華《はる》、可愛い！）が働くことになる平井家は、若い夫婦（片岡孝太郎、松たか子）と、小さな男の子の、いまふうにいえば核家族。当時の言葉でいえば小市民になろう。

小市民は、プチブルジョアの訳語。資本家と労働者のあいだにいる中産階級をさす。昭和のはじめ、松竹の撮影所長、城戸四郎は、この新しく登場した小市民階層のための映画づくりを目指した。小市民映画である。

そこから島津保次郎、小津安二郎、成瀬巳喜男、五所平之助らの名監督が育っていった。「小さいおうち」は、まさにこの松竹小市民映画の流れを汲んでいる。

ちなみに、トーキー第一作、五所平之助監督「マダムと女房」(31年)のロケ地は、まだ新しい郊外住宅地だった田園調布、小津安二郎監督「生れてはみたけれど」(32年)と島津保次郎監督「隣りの八重ちゃん」(34年)は、目蒲線の沿線。当時の松竹小市民映画は、現在の大田区で撮影されている。

「小さいおうち」が、雪谷を設定しているのは、それを受けているのだろう。雪谷は「マダムと女房」の田園調布の隣りである。

昭和戦前期というと、軍国主義の暗い時代として語られることが多いが、昭和十二年に日中戦争が始まるまでは、少なくとも東京の郊外住宅地には、ささやかな小市民の平穏な暮しがあった。向田邦子は『あ・うん』をはじめ多くの作品で、繰返し、それを語った。いや、東京だけではない。昭和十年代には関西でも豊かな暮しがあったことは、谷崎潤一郎の『細雪』を読めばわかる。

「小さいおうち」の平井家の主人は、玩具の会社に勤めている。玩具というのが、いかにも平和な

（戦前の最後の平和な）時代をよくあらわしている。

玩具は、いうまでもなく子供のためのもの。子供文化が生まれるのも、昭和戦前期の郊外住宅地で。「小さいおうち」の男の子が、子供のための雑誌『コドモノクニ』を読んでいるのは、郊外住宅地で生まれた子供文化をよくあらわしている。


しかし、昭和のつかのまの平和も、日中戦争によって崩され、やがて日本は戦争の時代に入ってゆく。平井家の平和も、それによって破壊される。ただ、「小さいおうち」に見られるのは、その崩壊過程というよりも、むしろタキが平井家で過ごした平穏な日々である。つかのまであったからこそ、それは、現代から思うと懐しく輝いている。タキがいつも着ていた割烹着の白い色のように。


向井康介脚本、山下敦弘監督の「もらとりあむタマ子」（13年）は、温かいユーモアにあふれた愛すべき小品。一人暮しの働き者の父親と、大学を卒業し、就職もせずに実家に戻って来た、ぐうたら娘の物語だが、現代の小市民映画と呼んでいいだろう。

父親の康《かん》すおんは、地方都市で小さなスポーツ用品店を営んでいる。離婚したようで、炊事、洗濯、掃除とすべて一人でする。料理好きのようだ。実家に戻った娘の前田敦子は、父親を手伝うこともなく、だらだら毎日を過ごしている。

無論、この父娘は本当は仲がいいのだが、それをそうといえない恥らいがある。こたつに入り寝ころんでマンガを読んでいる娘の前で、父親が一人、燗酒を飲むところは、中年男のわびしさと父親の優しさがにじみ出ていて、ほろりとした。

この映画、甲府とその周辺でロケされている。うれしく驚いた場面がある。

前田敦子が、夏、自転車で買い物に出る。鉄道の踏切を渡る。この踏切、よく出かける中央本線の春日《かすが》居町《いちょう》駅の踏切ではないか！

塩山と甲府のあいだにある小さな無人駅の踏切。鉄道好き、踏切好きでも、そうは知らないと思う。こんなところを前田敦子が走るとは。いよいよ前田敦子のファンになった。

そういえば、このアイドルをはじめて知ったのは市川準監督の「あしたの私のつくり方」（07年）でだったが、そこでも彼女は、甲州へと引越してゆく女学生を演じていた。

（2014年1月下旬号）

ドキュメンタリー「アルトマン」のこと、アルトマン版「ケイン号の叛乱」のことなど

一九七〇年代に映画批評を書き始めた時、同時代の監督でいちばん好きだったのが、ロバート・アルトマンだった。「ギャンブラー」(71年、日本公開72年)、「ロング・グッドバイ」(73年、同74年)、「ボウイ&キーチ」(74年)と作品が続き、アルトマンは輝いていた。

「ボウイ&キーチ」の批評を『キネマ旬報』に書いた。当時、一九三〇年代ものが流行っていたので「またか」の批判の声もあった。それで最後の文章は、「二番煎じ三番煎じといいたいやつはいえばいい。出涸しの番茶にだって茶柱がたつときはあるのだ」(1974年9月上旬号)とした。

先立って本誌で、拙著『映画の戦後』(七つ森書館)のインタビューをしてくれた渡部幻さんが、この言葉を覚えていたのにはうれしく驚いた(若書きで恥しいが)。

一九三〇年代の南部を舞台に、けちな銀行強盗をやって殺されてしまうキース・キャラダイン。男に死なれて寂しく去ってゆくコーラ中毒のシェリー・デュヴァル。「ボウイ&キーチ」は「俺たちに明日はない」（67年）を小さくしたようなわびしいマイナー感が胸を打った。

「ギャンブラー」はカナダに近いワシントン州の小さな鉱山町で、ウォーレン・ベイティが雪のなか、敵に撃たれて死んでゆく。西部劇《ホース・オペラ》というより北部劇《ノース・オペラ》。これも、わびしく切なかった。

「ロング・グッドバイ」はエリオット・グールド演じるフィリップ・マーロウが、ボガートの対極にあるしがなさで、ソフトボイルドとよびたいほど。グールドが猫を可愛いがるのが猫好きのあいだで評判になった。

アルトマン好きとして、ドキュメンタリー、「ロバート・アルトマン　ハリウッドに最も嫌われ、そして愛された男」（14年、ロン・マン監督）を面白く見た。

アルトマン論としては、正直、新しいものはないが、アルトマンの顔を見ているだけであきない。若い頃はどうということはないが、中年になり、がぜんいい顔になる。太ってきて貫禄が出て来る。かの文豪を思い出させる。パパ・ヘミングウェイならぬパパ・アルトマン。実際、この映画を見るとアルトマンはアンチ・ハリウッドではあったが、ハリウッドの多くの俳優や若手監督たちに父親のように敬愛されていたことが分かる。

一大ページェントのような群像劇「ウエディング」（78年）の撮影の折り、出演者たちと一緒にラッシュを見る様子がとらえられているが、和気藹藹として、現場が家族のよう。

私生活でも、いつも家族に囲まれている。子供たちや孫をうれしそうに眺める。まさにパパ・アルトマン。「ロング・グッドバイ」で猫を出演させたように、家でもちゃんと猫を飼っている！

若い頃に結婚したキャサリン夫人と添いとげたというのもハリウッドの監督としては珍しいのではないか。

アルトマン作品に、テレビ映画のためあまり語られないが、「軍事法廷／駆逐艦ケイン号の叛乱」（88年）がある。渡部幻さんからこのビデオを見せてもらった。

原作はアメリカで大ベストセラーになったハーマン・ウォークの『ケイン号の叛乱』。一九五四年に、「真昼の決闘」（52年）の製作者として知られる、リベラルなインディペンデントのプロデューサー、スタンリー・クレイマーが映画化している。監督はエドワード・ドミトリク。

ドミトリクはエリア・カザン同様、赤狩りの時に、「転向」した「裏切者」として、近年、ほとんど語られなくなったが、五〇年代のアメリカ映画の重要な監督だと思う。

アーウィン・ショウ原作の「若き獅子たち」（58年）、西部劇「ワーロック」（59年）、そして「ケイン号の叛乱」。

第二次世界大戦のさなか、駆逐艦ケイン号で起きた副官たちによる艦長への反抗を描いている。

あくまでもフィクション。撮影に当って海軍の全面協力を得た。そのため冒頭に「アメリカ海軍ではかつて一度も叛乱が起きたことはない」とクレジットが出る。

艦長（ハンフリー・ボガート）は臆病者。それでいて部下に高圧的。いちごが盗まれたといった些細なことで大騒ぎする偏執的なところもある。叩き上げ。嵐の危機的な状況下、この艦長のもとでは船が危いと判断したエリートの副官たち（ヴァン・ジョンソン、フレッド・マクマレイら）が艦長を解任し、自分たちが指揮をとる。

のちにこれが問題となり、軍法会議にかけられる。有罪になると思われたが、弁護役の中尉（ホセ・ファーラー）によって、艦長の精神異常が明らかになり、副官たちは晴れて無罪になる。大団円。ところが最後、思わぬことが起る。祝勝会を開いている副官たちのパーティに現われたホセ・ファーラーが彼らを責めるようにこんなことを言う。

「私は君たちのようなエリートの弁護ではなく、あの艦長のような叩き上げの苦労人の弁護をしたかった」。「十二人の怒れる男」（59年）のリー・J・コッブやエド・ベグリーの弁護をしたかったと言っているようなもの。

なぜなら、彼らのような人間がアメリカ社会を底辺で支えているのだから。エリートたちが学生時代を楽しく過ごしていた時に、彼らは社会に出て働いていたのだから。

「ケイン号の叛乱」のこのラストの大逆転は衝撃的なものだった。「転向者」の汚名を着せられたドミトリクの泥だらけの弁明ともとれる。この衝撃については、拙著『映画の戦後』に入れた論文「大衆の叛乱、知識人の戦慄――ハリウッド赤狩り論」に書いた。

アルトマンの「軍事法廷／駆逐艦ケイン号の叛乱」を見ると、アルトマンもこの考えを踏襲している。弁護役の中尉（エリック・ボゴシアン）が、最後に副官たち（ジェフ・ダニエルズ、ケヴィン・J・オコナーら）を批判し、自分は艦長（ブラッド・デイヴィス）のほうこそを弁護したかったと演説する。ドミトリク版と同じ。

しかも、映画と違って、この中尉はユダヤ人と設定されている。苦労人の艦長こそが、ナチスと戦った世代なのだという思いが強い。

ちなみに「アルトマン」に描かれているように、一九二五年生まれのこの監督は、第二次世界大戦に飛行士として従軍している。戦争体験があるからこそ、古参の艦長への同情があるのだろう。

ドミトリク版の「ケイン号の叛乱」でもハンフリー・ボガート演じる艦長が法廷で次第に追いつめられ、精神不安定になってゆく姿は鬼気迫るものがあったが、アルトマン版でも艦長役のブラッド・デイヴィスの狂気は圧倒的。

川口敦子さんが訳した『ロバート・アルトマン　わが映画、わが人生』（キネマ旬報社、07年）によれば、当時、ブラッド・デイヴィスはエイズにかかっていて、その後、「ザ・プレイヤー」にも出演したが、あまりにやせていて彼の部分はカットされ、半年後に亡くなったという。

（2015年8月上旬号）

ドキュメンタリー「サム・ペキンパー 情熱と美学」のこと、DVD「真昼の決闘」の特典のことなど

このところ西部劇ファンにはうれしいことが続いている。

まずドキュメンタリー「サム・ペキンパー 情熱と美学」（05年、監督は映画史家のマイク・シーゲル）が公開される。先のロバート・アルトマンに続き、六〇年代から七〇年代にかけて活躍したこの世代が回想の対象になってきている。

ペキンパー作品に出演した俳優たちが〝ブラッディ・サム〟と呼ばれた、この暴力描写に冴えた監督の思い出を語る。誰もが、一緒に仕事をするのは大変だったが、しかし、楽しかったと言う。

顔ぶれが凄い。「ワイルドバンチ」（69年）のアーネスト・ボーグナインをはじめ、常連の傍役R・G・アームストロング（肩書が俳優、作家とある！ 小説を書いていたのだろうか）とL・Q・ジョ

ーンズ（部屋の壁に自ら監督した「少年と犬」〈75年〉のポスターが誇らし気に貼ってある）。それにボー・ホプキンス（だいぶ太ってしまった）。

女優では「ダンディー少佐」（65年）と「戦争のはらわた」（77年）に出演したウィーン生まれのセンタ・バーガー。後者の看護婦姿は忘れられない。現在、七十代なかばだが、きれい！

それに「ガルシアの首」（74年）のイセラ・ベガ。「ワイルドバンチ」のアウトローたちが最後、メキシコに向かったように、ペキンパーは国境の南の国を愛した。「ダンディー少佐」には本当のメキシコの娼婦を出演させた。「ワイルドバンチ」で最後、ウィリアム・ホールデンが抱くメキシコ人の娼婦はなんときれいだったろう。私生活ではベゴーニャ・パラシオスというメキシコの女優と結婚している。イセラ・ベガはそうしたメキシカン・ビューティを代表している。

若い頃、本誌に「ガルシアの首」について、かなり長い批評を書いた。あの映画も大好きだった。

女優では「砂漠の流れ者」（70年）の名花ステラ・スティーヴンスがこのドキュメンタリーに登場しないのが寂しい。「砂漠の流れ者」のアソシエイト・プロデューサー、ゴードン・ドーソンの語るところによると、ペキンパーはこのブロンドのセクシー女優を演技指導で初日から手荒く扱い、せっかく念入りにメークした彼女の頭をつかんでいきなり水の中へドボン（それも寒い日）。

当然、彼女は激怒して家に帰ってしまった。ドーソンがペキンパーに代って謝罪の手紙を書き、バラの花を贈った。

本当にペキンパーと仕事をするのは大変だ。

それでもステラ・スティーヴンスの代表作といえば「砂漠の流れ者」の〝黄金のハートを持った娼婦〟ヒルディであることは間違いないだろう。

ステラ・スティーヴンスも好きな女優だった。私の最初の映画エッセイ集『朝日のようにさわやかに』（筑摩書房、77年）にはヒルディの写真を大きく入れたし、二冊目の『シネマ裏通り』（冬樹社、79年）の表紙は「砂漠の流れ者」の写真を使った。ステラ・スティーヴンスがまだ元気でいるように。


これはドキュメンタリーに描かれていないことだが、ペキンパーはよくプロデューサーと大喧嘩した。「プロデューサーとの闘いに比べれば西部の男たちのガンファイトなどたいしたことはない」と名言を残している。スティーヴ・マックイーン主演の「シンシナティ・キッド」（65年）は当初、監督に起用されたが、プロデューサーのマーティン・ランソホフと衝突。ノーマン・ジュイソンに交代させられた。ペキンパーは「ランソホフみたいな野郎は見たことがない。なにしろあいつは毎日、昼になるとシャツを取り換えに家に帰るんだ」とののしった。

「ダンディー少佐」撮影時のプロデューサー、ジェリー・ブレスラーとの喧嘩は特に名高い。メキシコ人のエキストラたちは「映画のなかのアパッチと騎兵隊の戦いより、ペキンパーとブレスラーの、ののしり合いの方が面白い」と喜んだ。

撮影中、チャールトン・ヘストンとも喧嘩になった。指示通り演技したのに、そんな指示は出していないと言われ、怒ったヘストンは小道具のサーベルを抜いてペキンパーに迫った。

ペキンパーの伝記、Marshall Fineの"Bloody Sam"（91年）にそうある。それでも、ペキンパーがブレスラーと最終的に衝突した時、ヘストンもジェームス・コバーンと共に彼を支持した、とこのドキュメンタリーでＬ・Ｑ・ジョーンズが語っている。

やはり俳優たちは戦う男ペキンパーに魅力を感じていたのだろう。後年、ジュリアン・レノンのビデオ・クリップの監督をしていたとは、はじめて知った。若い世代にも尊敬されていたようだ。

七月に「真昼の決闘」（52年）のＤＶＤが発売された。特典に、第二世代のコメントが収録されている。フレッド・ジンネマンの息子のティム、ゲイリー・クーパーの娘マリア、脚本のカール・フォアマンの息子ジョナサン、そして主題歌を歌ったテックス・リッターの息子ジョン。四人が座談会形式で場面ごとにコメントしてゆく。この映画がハリウッドの赤狩りのさなかに作られ、それへの批判がこめられていることはよく知られるが、実際、撮影中にカール・フォアマンは下院非米活動委員会に呼ばれたという。それでも撮影チームの結束は揺るがなかった。

ただ、このあとフォアマンは亡命するかのようにイギリスに渡ってしまう。

クーパーと対立する若い町の保安官を演じたロイド・ブリッジス（ジェフとボーの父親）が赤狩りの犠牲になったことは知られているが、四人の第二世代の話によると、「真昼の決闘」には、他にも、赤狩りで俳優生命を絶たれた傍役が出演しているという。これは知らなかった。

まず、ホテルのフロント係を演じているハウランド・チェンバリン（Howland Chamberlin）。ちょっとヴォーン・テイラーに似たこの俳優は当時、赤狩りのブラック・リストに載った。それを知りながらジンネマンが起用した。男気がある。

もう一人は、教会で町民たちが保安官（クーパー）を助けるかどうかを議論しているとき、男たちのあまりの情けなさに業を煮やして「あなたたち、恥を知りなさい」と保安官を支持する女性を演じたヴァージニア・ファーマー。やはりブラック・リストに載ったのを知りながらジンネマンが起用したという。赤狩りの犠牲になった彼女自身の思いがこめられたセリフではないか。

興味深いことがある。DVD版のタイトルクレジットには二人の名前はない。しかし、手元にある当時の劇場プログラムにはきちんと二人の名前がある。アメリカから送られてきた資料にあったのだろう。


四人の第二世代の話には愉快な指摘がある。

いよいよ大詰め。クーパーは一人で四人の悪党と対決しなければならない。町の通りに一人、ぽつんと立つクーパーの姿がクレーンショットでとらえられる。有名な場面で、劇場プログラムにはコマ割りで紹介されている。

四人の話によると、クレーンアップになった時、町の奥になんと電信柱が数本見える（確かに）。「シェーン」（53年）の冒頭の場面にバスが見えるのと同じミスだが、これはもうご愛敬だろう。

（2015年9月下旬号）

是枝裕和監督「海よりもまだ深く」と、成瀬巳喜男作品との関係について

是枝裕和監督「海よりもまだ深く」（16年）の阿部寛演じる主人公、良多は、甲斐性のない、なんとも情けない男である。

十五年ほど前に、一度、文学賞を受賞したことがあるが、その後、これという小説が書けなくなってしまった。書いている小説は、おそらく純文学だろう。それで生活を立てるのは難しい。暮しのために、しがない興信所で働いている。世間体が悪いから、興信所にいるのは「小説の取材のため」と言い訳をしている。確かに始めはそうだったかもしれないが、小説が書けないうちに、抜けられなくなった。年齢は五十歳くらいか。もうあとがない。奥さん（真木よう子）は、夫に見切りをつけ、子供を連れて別れてしまった。

良多のほうは未練があるらしく、別れた妻が新しい男性（小澤征悦）と付き合っているのを、ひそかに調べる。なんとも情けない。阿部寛が、このうだつの上がらない男を好演していて、思わず情けなさに共感してしまうのだが、見ているうちに、こういう「愛すべき冴えない男」を、かつての日本映画でよく見ていたことに気がつく。

言うまでもなく成瀬巳喜男。

成瀬映画には、繰返し、甲斐性のない、情けない男が登場する。「浮雲」（55年）の森雅之をはじめ、「銀座化粧」（51年）の三島雅夫、「晩菊」（54年）の上原謙、「驟雨」（56年）の佐野周二ら、成瀬巳喜男は好んで、情けない男たちを描いた。「立派な男」を好んだ黒澤明や「良き父」を描いた小津安二郎と違う。

およそ生活能力がなく、女性を引張る気力もない。強い男に対し弱い男。「海よりもまだ深く」の阿部寛は、明らかに成瀬映画の「愛すべき冴えない男」の系譜に入る。

小説が書けないで憔悴している姿は「杏っ子」（58年）の、歯がゆいほど情けなかった木村功や、「放浪記」（62年）の詩人、野村吉哉をモデルにした宝田明を思い出させる。

成瀬映画の情けない男たちは、よく女性に金を借りようとする。拙著『成瀬巳喜男　映画の面影』（新潮社、14年）で書いたことだが、成瀬の映画では、男たちが実によく女に金を借りる！　黒澤明や小津安二郎の映画ではまずあり得ない。

「銀座化粧」では、銀座のバーで働く田中絹代に、かつて羽振りのいい客だった三島雅夫が、いまでは落ちぶれて、小遣銭を借りる。

「晩菊」では、元芸者でいまは小金を人に貸している杉村春子のところに、昔の恋人の上原謙が金を借りに来る。恋の再燃を期待していた杉村春子は、これにがっかりする。

「浮雲」では、戦後、落ちぶれてしまった森雅之が、女一人でなんとか生きている愛人の高峰秀子のところに、妻の中北千枝子が死んだ時に、葬式の費用を借りに来る。なんとも情けない。

「海よりもまだ深く」の阿部寛も、いつも金に困っているようで、競輪場で、興信所の若い同僚（池松壮亮）に金を借りるのはまだしも、団地で一人暮しをしている母親、樹木希林の預金通帳を取ろうとするのだから、浅ましく、情けない。

姉（小林聡美）のところにも金を借りに行く。おそらく前にも借りて返さなかったのだろう、冷たく断わられる。別れた妻に支払う、毎月の五万円がきついのかもしれない。

成瀬映画の特色のひとつは、金にまつわる話が多いこと。「流れる」（56年）など、江戸時代からの一流の花街、柳橋の芸者の話なのに、主人公の芸者、山田五十鈴をはじめ、杉村春子、岡田茉莉子らは金の話ばかりしている。銀座のバーの雇われマダムを主人公にした「女が階段を上る時」（60年）でも、マダム役の高峰秀子は、金の算段に追われている。東京近郊の農家の厳しい現状を描いた「鰯雲」（58年）も、金にまつわる話ばかりで物語が進められる。

挙げてゆけば切りがないが、その成瀬作品に倣うように「海よりもまだ深く」も金の話が多い。良多が母親の住む団地に行って、預金通帳を探そうとしたり、姉に金を借りようとするだけではない。興信所で働く人間として、良多は仕事で知り得た情報を使って、不倫している人妻（松岡依都美）や、年上の女性と恋愛している高校生までゆすって不正の金を得る。是枝監督は、その金のやりとりをきちんと描く。

成瀬映画を思い出さざるを得ない。是枝監督は、小津よりも成瀬が好きなのではないかと思う。生活のリアリズムは、まさに金の場面にある。「海街 diary」（14年）が、鎌倉のあんないい家に住んでいながら、金の話を避けてファンタジーにしたのと対照的といっていい。

「海街 diary」公開時、是枝作品と小津作品の類似がよく言われたが、私見では、是枝監督は、成瀬により親近感を持っているのではないか。「海よりもまだ深く」を見て強くそう思った。

この映画では、最後に、良多が別れた妻と子供と一緒に、母の団地の家に泊る場面が重要になる。その夜、台風がやって来る。

台風が、元家族を一瞬だけ、ひとつにする。台風と言えば成瀬作品にもある。川端康成原作、水木洋子脚本の「山の音」（54年）。

是枝監督が、どこまで「山の音」を意識したかどうかは分からない。ただ、ここまで「海よりもまだ深く」を、成瀬映画の文脈で見て来た人間が、最後の台風の場面で、成瀬巳喜男の「山の音」を思い浮かべるのは当然だろう。成瀬好きとしては、「海よりもまだ深く」に是枝監督の成瀬への思いを見てしまう。

台風が近づいて来る。大雨になる。幸い、台風は一夜で過ぎる。次の日は、昨夜の雨が嘘のようにからりと晴れ渡る。

この台風一過の、動から静への一瞬の美しさを「海よりもまだ深く」は、美しくとらえていたが、この「台風一過の美しさ」が印象的な映画といえば、オールド映画ファンなら誰しも思い出すだろう。マルグリット・デュラス原作、ジュールス・ダッシン監督、ロミー・シュナイダー主演の「夏の夜の10時30分」(66年)。

スペインの小さな町を旅行中のロミー・シュナイダーが一夜、雨でホテルに閉じこめられる。翌朝、空が晴れあがった時、恋の終わりを知る。

(2016年6月下旬号)

生誕百年を迎える小林正樹監督のこと

評論家として見なければならないのに、見るのがつらくて見ていない重要な映画というものがある。とくに戦争映画に多い。

小林正樹監督の「壁あつき部屋」（56年）はそのひとつだった。

戦後、戦勝国のアメリカによって戦争犯罪人とされたBC級戦犯の苦しみ、悲劇に向き合った作品として映画史に残る大事な作品だが、あまりにつらい話なので、ずっと見るのを避けていた。

子供の頃、松竹の時代劇を見に行ったら、この映画の予告篇があった。それを見ただけで怖くなった。大仰にいえば「壁あつき部屋」はトラウマになった。

大正五（一九一六）年生まれの小林正樹は今年、生誕百年を迎える。それを機に世田谷文学館で七月から九月まで、小林正樹展が開かれる。学芸員の方から図録への原稿依頼があった。以前、同文学館で、丸谷才一について講演した時、徴兵忌避者の物語『笹まくら』との関連で小林正樹の「日本の青春」(68年)にも触れた。学芸員の方がそれを覚えていて小林正樹論の依頼となった。

もう避けて通ることは出来ない。はじめて「壁あつき部屋」を見た。凄い映画だった。襟を正した。

BC級戦犯の手記をもとに若き日の安部公房が脚本を書いた。昭和二十八(一九五三)年に完成したが、当時、戦勝国アメリカへの遠慮からお蔵入りとなり、ようやく昭和三十一年になって公開された。松竹映画。

BC級戦犯の悲劇といえば、昭和三十三年に放映されたテレビドラマ、橋本忍脚本、岡本愛彦演出、フランキー堺主演の『私は貝になりたい』がよく知られているが、「壁あつき部屋」は、それより早いことになる。

戦争犯罪人(戦犯)ということがありうるとはそれまでの日本人は知らなかった。兵隊の義務とは、平たくいえば、一人でも多く敵を殺すことであり、そのことが戦争が終わってから問題にされるとは考えもしなかった。

「壁あつき部屋」で戦犯として巣鴨プリズン(池袋の、現在、サンシャインシティのあるところ)に入れられた元日本兵たち(浜田寅彦、三島耕、信欣三ら地味な俳優たちが演じている)は、戦争中、捕虜となった米兵や占領地の民間人を虐待、殺害した罪を問われる。兵隊たちにとっては、突然、わが身に振りかかった災難である。

上官の命令でやむなくしたことなのだから。彼らは確かに加害者だったかもしれない。しかし、日本人から見れば、彼らは被害者である。行きたくもない戦場に兵隊として取られ、上官の命令で「敵」を殺し、それが敗戦によって犯罪とされる。処刑の恐怖にさらされる。

戦勝国の論理で裁かれる。小林正樹はのちに、自身のいうドキュメンタリー・ドラマ、「東京裁判」（83年）で東條英機をはじめとする指導者、A級戦犯の裁判に向き合う。東京裁判も戦勝国の「正義」によって敗者が裁かれる理不尽さがあるが、指導者の場合は、まだしも国民に対する責任というものがある（それを誰が裁くかは大問題だが）。

それに対し、上官の命令で「罪」を犯した下級の兵士たちを戦勝国の「正義」で裁くのは、どう考えても無理がある。捕えられた元兵士たちは誰もが「なぜ自分が」と思ったに違いない。

いまでこそ、こういう疑問を言えるが、終戦直後、戦勝国アメリカによって支配されていたいわゆるオキュパイド・ジャパンの時代には、そんなことを言うのはタブーだった。そのためにBC級戦犯は、日本のなかでも忘れられた存在になった。そのことも悲劇だった。戦犯に同情したりすると、自分も戦犯にされかねないという恐怖もあった。だから、当時、戦犯の救命活動を行なったのは、吉村昭が小説『プリズンの満月』で書いているように、渡辺はま子のような女性の歌手だった。

小林正樹は「人間の條件」六部作（59年〜61年）を作ったことで分かるように戦中派である。戦前、松竹の助監督部に入ったあとに応召。旧満州に出征したあと、宮古島で終戦を迎えている。終戦後、沖縄本島で米軍の捕虜となった。「兵隊蟻」の苦しみを体験している。反戦への思いは誰よりも強い。戦後も、戦場に追いやられた兵士たちの痛苦を忘れてはいない。だから、戦犯がタブー視されていた時代に、BC級戦犯の苦しみを描く「壁あつき部屋」を作った。

いままで見ていなかったくせに、いまごろ何を言っているのかと批判されるのは仕方がない。見るのは確かにつらかったが、見てよかった。粛然とした。

最後、浜田寅彦演じる元日本兵は、いったん巣鴨プリズンを出たあとに、また、「戦友たち」の待つプリズンへと戻ってゆく。戦争で苦労した者どうしの友愛といえばいいだろうか。自分だけが苦しみから逃れることは出来ない。

遠藤周作原作の「日本の青春」で、藤田まこと演じる戦時下の学生が、いったんは徴兵忌避を考えながら、最後の最後で、「みんなが苦しんでいる時に、自分だけが助かってはいけない」と応召してゆく姿に重なる。

軍国主義や愛国心とはまったく違う。市井の人間の生きる倫理《モラル》と言えばいいだろうか。

小林正樹は、戦後、復員してから松竹に復帰した。のちの「人間の條件」や、時代劇の二大傑作「切腹」(62年)「上意討ち—拝領妻始末」(67年)を思うと意外だが、木下惠介の助監督を務めている。

今回、久しぶりに、監督第一作の「息子の青春」(52年)と「まごころ」(53年)を見た。どちらも、木下惠介門下生らしい感傷的な青春映画だが、いまは失われた「清純な青春」が描かれ、不覚にも涙した。どちらも学生服姿の石浜朗がさわやか。「まごころ」の、肺病で死んでゆく野添ひとみのはかない可愛さも特筆もの。

素晴しいのは音楽。まず、「まごころ」は音楽（木下忠司）が、バッハの〈トッカータとフーガ〉と〈G線上のアリア〉を使っているのに驚く。日本映画にバッハが使われた早い例ではないか。

さらに驚くのは「息子の青春」。高校生の石浜朗が、ジョン・フォード監督「黄色いリボン」（49年）の主題歌を歌い、誕生日のパーティで高校生たちがこの主題歌に合わせ、フォークダンスを踊る。

そして「壁あつき部屋」では、アメリカ兵が「荒野の決闘」（46年）で使われた〈愛しのクレメンタイン〉を歌う。小林正樹にとっては「かつての敵だったアメリカ」と「ジョン・フォードのアメリカ」は違うものだったのかもしれない。

（2016年8月上旬号）

深田晃司監督「淵に立つ」のこと、吉屋信子原作「安宅家の人々」のこと

小さな女の子のいる平穏な家庭が、一人の来訪者によって、ゆっくりと静かに壊れてゆく。深田晃司監督の「淵に立つ」（16年）は、日常のなかの悲劇をひんやりと描いていて怖い。

ヒッチコックの「疑惑の影」（43年）や、イギリスの劇作家J・B・プリーストリーの戯曲『夜の来訪者』（46年）などの来訪者ものを思わせるが、理路整然としていないぶん、通常のサスペンス劇の枠に収まらない面白さ、怖さがある。

何よりも浅野忠信演じる来訪者が謎めいている。

殺人事件を犯し、刑務所に入っていた。刑期を終えて出所してきた。町工場を営んでいる友人（古舘寛治）のところに現われ、そこで住み込みで働くことになる。奥さん（筒井真理子）は困惑するが、

結局は夫に従う。

この男は何者で、工場主とのあいだに何があったのか。通常のサスペンス映画だと、徐々に正体が分かってゆき、謎が消えてゆくのだが、浅野忠信は終始、謎めいている。

物腰は柔らかい。主人にも奥さんにも、さらには小さな娘にも「ます、です」の丁寧語を使う。白いシャツのボタンを上まできちんと、とめていて、清潔感がある。娘にオルガンを教える。奥さんは徐々に好意を持つようになる。

それが一転して、主人には乱暴な口をきき、かつての「共犯者」として脅迫する。と、これは実は、さほど意外な展開ではない。「疑惑の影」のジョゼフ・コットン演じる人のいい叔父さんが、実は殺人者だったというのと変わらない。

この来訪者は、喫茶店で、まるで懺悔するように奥さんに、殺人の過去を話す。罪を悔いていると語る。しかし、これはあくまでも彼が話していることであって、どこまで本当のことか、実はよく分からない。被害者の家族に詫びの手紙を書き続けているというのも、出来過ぎている。だいぶあとになって、奥さんは夫から自分は共犯者だと打ち明けられるが、夫の話もどこまで本当なのか。何しろ奥さんは（そして観客も）現場を見ていないのだから、本当のところは分からない。

さらに。予想通り、事件が起る。娘が何者かに襲われ、重傷を負い、それがもとで植物人間になってしまう。主人が現場に駆けつけた時、そこにはかの男がいて、すぐに姿をくらました。以降、男は行方不明になる。従って映画の後半、浅野忠信は、画面からほとんど消える。しかし、中心の不在はかえってその存在を大きくする。

娘を襲ったのは、本当にこの男だったのか。ここでも主人は（そして観客も）現場を見ていない。もしかしたら、別の犯人がいて男はそれをとめようとしていたのかもしれない。真相は謎である。

そもそも、この男は実在したのか。

冒頭、主人が作業所で一人、仕事をしている。外に人の気配がして通りを見ると、白いシャツを着た男が立っている。白昼夢のように見える。

後半、消えた筈の浅野忠信は二度登場する。一度目は奥さんが屋上で洗濯物のシーツを干している時、シーツの向こうから、顔を出す。まるで幽霊のように。

二度目は、奥さんが植物人間になった娘と渓谷に架かる橋の上から川へ飛び込もうとする時、橋の手すりのところに、あの男が立っている。ここでは完全に幽霊である。

文学の究極は怪談にありといったのは台湾を舞台にした幻想小説『女誡扇綺譚《じょかいせんきたん》』を書いた佐藤春夫だが、「淵に立つ」は日常を舞台にしたサスペンスであると同時に幽霊譚の不気味さがある。

この映画は場所が特定されていない。埼玉県の戸田公園駅あたりで撮影されたようだが、場所の明示はない。あえて特定していない。

そして、町はがらんとして人の姿が少ない。町工場のある場所は住宅地だが、人通りは少ない。そもそも工場といっても働いているのは主人と来訪者の男くらい。家族と男と四人で渓谷に遊びに行くが、夏と思われるのに河原には彼らの他に誰もいない。後半、夫婦は消えた男が隠れ住んでいると思われる村に行くが、その村も人が少ない。

全体に寒々としている。そのために幽霊譚だと感じられたのかもしれない。

神保町シアターの「吉屋信子と林芙美子　女流作家の時代」特集で、吉屋信子原作、久松静児監督の「安宅《あたか》家の人々」（52年）を見る。この作品は廉価版のDVDが発売されているので容易に見ることが出来るが、スクリーンで見ると、やはり田中絹代、乙羽信子の美しさに魅了される。

原作は吉屋信子が昭和二十六年に『毎日新聞』に発売した連載小説。吉屋信子といえばそれまで少女小説の書き手のイメージが強く女性が読者の中心だったが、『安宅家の人々』で広く男性読者も獲得した。

神奈川県の鶴間駅の近く、現在の大和市あたりの大養豚場を舞台にしている。厚木に近い。敷地内に鉄道の線路が敷かれているのに驚く。何かと思うと豚の餌などを運ぶトロッコのためのもの。相当に広い敷地と分かる。

当主は二代目。知的障害があり、仕事は出来ない。名ばかりの妻がいて、彼女が養豚場を切り回している。父親が先代に仕えていたので、障害のある子の嫁になった。

このしっかり者の妻を演じるのが田中絹代。眼鏡をかけ、もんぺをはき、使用人と一緒になって働く。一方、知的障害のある夫は船越英二。

それなりに平穏な二人の暮しが続いていたが、ある時、事業に失敗した義弟（三橋達也）が、若く美しい妻（乙羽信子）を連れて、兄夫婦のところに転がりこむ。そこから波乱が起きる。これも一種の来訪者ものになる。

知的障害のある夫は、子供のように無垢で邪心がない。他方、義弟のほうは小悪党で、安宅家の財産を奪おうと画策する。お嬢様育ちのその妻は、夫の悪事に気がつかない。彼女は無垢な義兄に優しくする。

養豚の仕事で汗水流して働いている妻に、女性らしい潤いを感じない夫は、優しく美しい義妹に惹かれてしまう。それを知った気丈な妻は、驚き、傷つく。はじめて嫉妬という感情を知る。

男たちに交り、泥だらけになって働く妻と、お人形のように可愛い義妹。『風と共に去りぬ』のスカーレットとメラニーの関係に似ている。田中絹代と乙羽信子が、それぞれ素晴しい。二人が一緒に風呂に入る場面もある。当時は、スター女優にとって思い切ったことではなかったか。

最後、夫は崖から落ちて死んでしまう。無垢のままで。吉屋信子は、はじめ書名を、彼のことを考え「神心」としようとしたという。

船越英二がこの「聖なる痴者」を好演している。浅野忠信もそうだが、いい俳優は、善も悪も演じることが出来る。昭和三、四十年代の大映映画を支えた船越英二はもっと評価され、語られていい。

（2016年11月下旬号）

第十章

台湾に惹かれて

台湾映画「若葉のころ」のことなど

台湾の青春映画はどうしてこうも、ういういしいのだろう。

ジョウ・グータイ監督の「若葉のころ」(15年)は、現代の台北《タイペイ》に住む十七歳の少女が、自分の母親の高校時代を追体験するふたつの青春物語。現代と三十年前の思春期が交互に描かれてゆく。現代の少女と、母親の少女時代を一人二役で演じるルゥルゥ・チェンが可愛い。上野樹里に似ている。

現代の少女はショートヘア。制服は白いブラウスに黒のスカート。そのスカートは超ミニ。それに対し、三十年前の少女はワカメちゃんのようなおかっぱ。スカートは膝あたりまである。制服はカーキ色で軍服のよう。髪型と制服で、時代が大きく変わっていることをあらわしている。

現代の少女は地下鉄で通学する。メールのやりとりをする。三十年前の少女は自転車で学校に通う。

無論、まだメールはない。好きな相手に気持を伝えるとしたら手書きのラブレターになる。

三十年前、一九八二年はまだ戒厳令の時代。「若葉のころ」は、社会性の強い映画ではないが、それでも、その時代の高校生活は現代の少女のように自由ではなかったことがうかがえる。

少女は英語スピーチコンテストに優勝する。授賞式が講堂で行なわれる。壇上には国旗が掲げられ、少女は先生に兵隊のように敬礼をする。現代の少女がチアリーディング部に入っているのと対照的で、窮屈な思春期を送らなければならない。

だからなのだろう。あの頃の少女たちは、学校の行き帰りに自転車に乗る時に生き生きとする。自転車にまでは先生たちの監視の目は届かない。

突然、雨が降り出した時も、雨のなか、少女たちは規制や束縛から解放されたように生き生きとする。カメラは、雨のなか、喜びにあふれて走り、水たまりではねる少女たちをスローモーションで美しく、しなやかにとらえる。そこには少女たちだけの自由な時間がはずんでいる。

三十年前、母の少女時代、十代の少年や少女たちのあいだではビージーズが人気があったという。少女を想う少年は、ラブレターのつもりで、ビージーズの「若葉のころ」の歌詞を翻訳し、少女もまたそれに応えるように同じ「若葉のころ」を訳す。ビージーズの歌が恋心を伝える言葉になる。ういういしいと感じるのは、こういうところ。

「若葉のころ」を見ていて思い出すのは、イー・ツーイェン監督の「藍色夏恋」(02年)と、ヤン・

ヤーチェ監督の「GF＊BF」(12年)。共に主演は、ショートヘアが可愛かったグイ・ルンメイ。「藍色夏恋」は「若葉のころ」と同じで、十七歳の少女たちの物語。高校生のグイ・ルンメイは学校へ自転車で通う。同級生の少年チェン・ボーリンも自転車に乗る。「若葉のころ」の三十年前の少女たちと、「藍色夏恋」の少女たちは自転車でつながっている。

「GF＊BF」では、冒頭、二〇一二年の台北の女子中学生たちが、校則の厳しい学校に対し「短パンをはかせろ」と抗議する。

二〇一二年といえば、戒厳令が解除されて二十五年にもなるが、それでもまだ学校によっては、制服に厳しい規則があったのだろう。

この時代に比べると「若葉のころ」の女学生たちの超ミニスカートには驚かざるを得ない。すんなり伸びた彼女たちの美しい脚にも。

「若葉のころ」を見たあと、「GF＊BF」を見直して、改めて台湾の現代史では、一九八七年七月十五日の戒厳令解除が大きな分岐点だったことが分かる。

物語は一九八五年の高雄《ガオシオン》から始まる。戒厳令解除の二年前。三人の高校生、ルイ・グンメイ、ジョセフ・チャン、リディアン・ヴォーンが通う学校には、軍から派遣されていると思われる女性の教官が、生徒たちの言動を厳しく監視し、取り締まる。生徒の作る校内報を検閲する。「中共との戦いの時に軽薄な有害思想」が入っていないか調べる。

生徒たちはそれに反発する。グイ・ルンメイとジョセフ・チャンは、発売禁止になっている民主化運動の雑誌を夜店で売る。

三人が高校を卒業してから、戒厳令が解除される。それですぐに民主化された訳ではない。三人が大学生になった一九九〇年に、大規模な民主化運動が起る。学生たちがデモをし、学生集会を開く。

その様子は、アメリカ映画「いちご白書」（70年）に描かれたカリフォルニアの学生たちのベトナム戦争に反対する学生集会や、日本の全共闘運動と重なり合う。台湾でも、日米には遅れたが、学生運動があったことを教えられる。

この一九九〇年の学生運動は「野百合」運動と呼ばれる。当時、学生だった台湾大学社会学部准教授の李明璁さん（一九七二年生まれ）は最近の『東京人』（16年5月号）に青春回想記を寄せ、この「野百合」運動は「戦後最大の規模」の学生運動で、自分も「一万に届こうかという学生たちとともに中正紀念堂広場で座り込み」をしたと書いている。

「まるで、巨大なイニシエーションだったように、ぼくはこの学生運動のなかで脱皮したような気がした」

この李明璁さんとは昨年、台北で会った。その後、親しくしている。「GF＊BF」で描かれた学生集会の学生たちのなかに、李青年もいたのか。

「GF＊BF」は二〇一二年の映画だが、この時点では、台湾の民主化は大きく進み、映画のなかの「野百合」運動の場面の撮影には、軍や警察の協力を得たという。

しかし、映画のなかの三人のその後は、必ずしも幸福とはいえない。熱く激しい青春を生きたから、その後に、精神の空洞が出来てしまったのだろうか。

「若葉のころ」では、戒厳令があったころに青春を送った、現代の少女の母親は、交通事故に遭って、意識不明の重態になってしまう。まるで、あの時代に殉ずるように。

昨年の三月、台湾を旅した時、苗栗《ミャオリー》という小さな町を訪ねた。台北から高雄に向かう鉄道の途中にある。駅から車で小一時間の山間部に龍騰断橋《りゅうとうだんきょう》という鉄道遺跡がある。日本統治時代の鉄道の橋（レンガ造り）が地震で壊れた。その「断橋」が古代ローマの水道橋のような形で残っている。

二〇一四年公開作品、台湾でロケされた「南風《なんぷう》」（萩生田宏治監督）に、この龍騰断橋が出てきた。幻想的な風景に圧倒された。

それを見に行った。帰り、苗栗の町を歩いた。高い建物のほとんどない静かな、いい町だった。あとで、侯孝賢《ホウ・シャオシエン》監督の「冬冬の夏休み《トントンのなつやすみ》」（84年）はこの近くで撮影されている、と知った。

「若葉のころ」の三十年前の少女と現代の少女の両方が通う学校は、苗栗でロケされたという。あの田舎町にまた行きたくなった。

（2016年5月下旬号）

台湾映画「私の少女時代」のこと、ドキュメンタリー「湾生回家」のことなど

女学生を主人公にした台湾の青春映画は、どうしてこう、ういういしく可愛らしいのだろう。グイ・ルンメイがよかった「藍色夏恋」（02年）、あるいは「GF＊BF」（12年）、最近の「若葉のころ」（15年）など。

少女時代が、まだ異性を、セックスを知らない特別な時期とすれば、台湾の青春映画の少女たちはその少女時代のただなかにいる。異性を知る前の、短く、はかない少女時代を、揺れ動きながら生きている。

女学生の制服はたいてい真っ白のブラウス。清潔感がある。よく自転車に乗る。学校のプールや屋上が秘密の遊び場所になる。アイドルや同級生の美少年に憧れる。やがて大人になってゆく少女たち

が、つかのまの思春期をかけがえのない時間として懸命に生きる。

台湾で大ヒットしたというフランキー・チェン監督の「私の少女時代-Our Times-」も、一連の思春期ものにつながる、少女のういういしさがある。何よりもコメディ感覚にあふれているので楽しい。

主人公を演じるヴィヴィアン・ソンは美少女ではないが、隣りの女の子の愛らしさがある。学校のなかでは、目立たないその他大勢の一人。ばさばさの髪でメガネをかけている。アンディ・ラウに憧れている。まだ恋愛と憧れの区別がついていない。

成績は悪いし、失敗ばかりしている。しかし、いたって気はいい。「幸福の手紙」（実際は「不幸の手紙」。懐しい！）をもらい、それを、嫌な教師や、男子生徒に人気のある美少女に「不幸になれ」と回すあたり、笑わせる。すぐに犯人とばれる。

この三枚目の女の子が、学校一の美少年と不良学生のあいだで心揺れるようになってゆく。日本の少女漫画によく見られる展開で、新味はないが、女の子が「ふってわいた幸福」にどうしていいか分からず、おろおろする混乱ぶりが愉快。

恋心を知った彼女は、おしゃれをするようになり、日本の女性誌を参考に変身。おかっぱの似合う可愛い女の子になる（わが上野樹里に似ている！）。

大人になった彼女が、高校時代を思い出すという回想形式を取っている。そのために戯画化されているのが納得出来る。高校時代は九〇年代らしい。もう戒厳令は解除されている（一九八七年）が、学校はまだ規則が厳しく、生活指導教官が生徒の生活にうるさく介入する。それに対して生徒たちが抗議してゆく場面は、台湾の民主化の過程で次々に起きた学生運動を思わせる熱気がある。「GF＊BF」の冒頭で、八〇年代の女学生たちが厳しい校則に抗議して「短パンはかせろ」と叫んでいた姿も思い出す。

今年、民進党の蔡英文《ツァイ・インウエン》が総統に選出されたので分かるように、台湾の民主化は国民が自分たちで勝ち取ったものだから強い。

「現在、台湾と日本は政治上、実質的には国交がないが、両国が強い親近感と信頼で繫がっているのは疑いようのない事実である」

この三月に台湾を訪れた時、台南の国立台湾文学館で「臺日交流文學展」が開かれていた。その図録にある言葉（日本語）。

文学展では、いかに台湾と日本が親しく交流してきたかを文学作品や絵画、写真などを通して伝えている。

驚いたのは「相思相愛という名の友情」のコーナーがあったこと。「哈日《ハーリー》」（日本マニア）の名付け親、台湾の漫画家、哈日杏子や、台南生まれで日本に移住した作家、邱永漢《きゆうえいかん》らが紹介されていた。「相思相愛」とはよくいった。日本人は台湾が好きで、旅行で行った人はたいていリピーターになる。台湾の人も日本人を歓迎してくれる。ちなみに、拙著『マイ・バック・ページ』はうれしいことに台湾で翻訳出版されている。

この夏、府中市美術館で「麗しき故郷『台湾』に捧ぐ—立石鐵臣《たていしてつおみ》展」があった。

立石鐵臣は台湾を愛した日本人の画家（一九〇五—一九八〇）。日本統治下の台湾に暮し、その風俗、人、土地に魅了されて、多くの絵を描いた。「半分は日本人、半分は台湾人」と自ら語ったという。一九九六年には、台湾で「立石鐵臣展」が開かれている。

台湾には、二十八歳から四十三歳まで三度行き、都合十一年間滞在した。しかし、日本の敗戦によって帰国せざるを得なくなった。

昭和二十三年十二月五日、立石鐵臣は基隆《キールン》港から引揚船に乗った。それを大勢の台湾の人たちが見送った。その様子を、画家はのちに画集『吾愛台湾』（一九六二年）で描いている。府中市美術館の「立石鐵臣展」には、それが展示されていた。

引揚船が港を離れてゆく。港には大勢の人が見送りに来ている。こんな文章が添えられている。

「船ガ動キ出スヤ　波止場ヨリ日本語ノ蛍ノ光ノ大合唱オコル。日本語ハ当時大ッピラニハ使エナイ事情ニアッタ。カマウモノカノ表情デ心行クマデ歌ウ様子。ランチ二ソウ、ワガ船ヲ追イ、波止場ヲカナリ離レルヤ、日章旗ヲ出シテ振ル。日人ヘノ愛惜ト大陸渡来ノ国旗ヘノレジスタンスデモアロウ」

国民党政府によって日本語は禁じられている。そんななか、台湾の人たちが日本語で「蛍の光」を歌う。まさに「相思相愛」である。

台湾のドキュメンタリー映画、ホァン・ミンチェン監督の「湾生回家《わんせいかいか》」（15年）も「相思相愛」を描いている。「湾生」（日本統治下の台湾で生まれた日本人）が、いまも台湾を故郷と思い、年を重ねてからいっそう故郷恋しの念で何度も「美麗島」を訪れる。それを台湾の人たちが温かく迎えてくれる。

映画に登場する湾生は、子供の頃に台湾を離れた。だから現在、七十代から八十代。望郷の念やみがたく、台湾への親しみが強くなる。

台湾は戦時中、日本に比べればアメリカによる空襲は少なかった。そのためだろう、いまだに彼らの戸籍が残されている。その戸籍を台湾の当局者が、彼らに贈り物として一人一人贈呈する。

こういう映画が、台湾で作られ、しかも、多くの台湾の人が見たことに、また驚かされる。ここにも「相思相愛」がある。

（2016年12月上旬号）

エドワード・ヤン監督の「牯嶺街少年殺人事件」の外省人のことなど

二十五年ぶりに再公開されるエドワード・ヤン監督の「牯嶺街《クーリンチエ》少年殺人事件」（91年）は一九六〇年代初めの台北を舞台にしている。ちなみに牯嶺街は台北の一画だが、撮影当時はもう六〇年代の街並みはなくなっていて、撮影は古い街並みの残る九份《きゆうふん》で行われたという。

エドワード・ヤンは、一九四七年上海生まれ。四九年に家族と共に台湾に移り住んだ、いわゆる外省人になる（盟友のホウ・シャオシェンも）。自身の少年時代が反映されている「牯嶺街少年殺人事件」は、外省人の家族とその子供たちの物語になっている。

親の世代は、いまだに中国大陸に帰る夢（「大陸反攻」）を持っている。あるアメリカ帰りの大人はこんなことを言う。「アメリカは凄い国だ、エンパイア・ステート・ビルもディズニーランドもある」

さらに「原爆工場も視察した、自分で原爆を作る時の参考になった、それで大陸へ反攻する」。冗談のように言っているが、「大陸反攻」の夢を親の世代が持ち続けていたのは事実だろう。

一九八〇年代の台湾を舞台にした小説、東山彰良の『流《りゅう》』（講談社、15年）のなかにもこんな言葉がある。

「外省人が台湾に渡ってきて三十年近くになるが、ほとんどの年寄りたちはこの島を仮住まいと見なしていた。心はいつも大陸にあった。国民党がいずれ反攻に転じ、戦局をひっくりかえしてくれれば、故郷に錦を飾る気満々だったのだ」

現在から見れば夢物語だが、八〇年代でさえ外省人の一代目は、いずれ故郷である大陸に帰れる日を夢見ていた。

台湾には現在でも、日本統治時代の建物が数多く残されている。日本の台湾総督府の赤いレンガの建物が、台湾の総統府の建物として使われているのが、その代表。

台湾は親日的だから、日本統治時代の建物を残していると、われわれはつい思ってしまうが、そうではない。国民党政府は、いずれ大陸に戻る、台湾にいるのはまさに「仮住まい」だから、わざわざ新しく建物を建てることをせず、日本統治時代の建物を流用しただけのことである。

主人公の小四《シャオスー》の両親は上海から台湾に移ってきた。より正確にいえば、共産党に追われ台湾に逃れてきた。

父親は上層階級ではないが、公務員をしている。戦後の台湾で権力を握った外省人だからだろう。母親は上海では教師をしていたらしい。食事の時、隣の八百屋から日本の歌謡曲がうるさく流れてくるのを聞いて「日本と八年も戦って、今じゃなんでも日本風なんだから」と、母親はこぼす。「八年」といっているのは、昭和十二（一九三七）年からの日中戦争のことをいっているのだろう。

これは映画のなかで説明されていないが、隣の八百屋はおそらく、もともと台湾にいる本省人だろう。「二・二八事件」を経験した本省人は、外省人より日本人のほうがまだよかったと考えている。

小四の両親は上海時代、リベラルな知識人で、共産主義にも理解があったらしい。そのために、ある時、父親は秘密警察のような人間に呼び出され、尋問を受ける。

この場面は怖い。「フェリーニのアマルコルド」（74年）にも、ファシストを批判した父親が警察署で党幹部にいたぶられる場面があったが、「牯嶺街少年殺人事件」でも、小四の父親は上海時代に、共産党シンパの知識人と交流があったと疑われ、尋問される。

尋問する警察の人間は一見、やさ男で、音楽好きの芸術青年のように見えながら、執拗に父親を取り調べてゆく。権力の不気味な怖さがよく出ている。国民党権力は、同じ外省人とはいえ、容共分子は許さなかった。父親は、このあと、生きる気力を失ってしまう。

一九六〇年代の台湾は、言うまでもなく、国民党政権下。戒厳令が敷かれている。日常のなかに、共産中国との緊張関係があらわれている。

家族が外食をしてバスに乗って帰る時、バスは戦車とすれ違う。日本人なら驚くところだが、一家は、普通のこととして気にもとめない。戦争が日常の一部になっている。

少年の小四が、好きになった女の子と二人で射撃場に行く場面がある。そこで女の子はいう。「あなたも、いずれは兵隊になるのよ」。小四の近い将来には、徴兵が待っている。小四は、一九四四年生まれの私と、ほぼ同世代になる。それだけにこの女の子の言葉は、徴兵制がなくなった日本と、それが圧迫になっていた台湾との差をよくあらわしていて、重く心に残る。

親の世代は、「大陸反攻」を夢見ている。しかし、小四のような外省人の二代目には、そんなことはもう無理だと分かっている。親たちの夢は理解出来ない。といって、自分たちは何を夢見たらいいのか、分からない。喧嘩に明け暮れ、鬱屈を吐き出すほかない。

かろうじて憧れるものがあるとすれば、アメリカのポピュラー文化だろう。少年たちが、アメリカ映画や音楽に夢中になるのは、同時代の日本のわれわれと変わりはない。どの場面だったか、少年の一人の部屋にサンドラ・ディーのブロマイドが張ってあったのには、当時〝サンディー〟が好きだった人間は「おっ!」と共感した。台湾でも、彼女のヒット作「避暑地の出来事」(59年、デルマー・デイヴス監督)が公開されていたのだろうか。

とりわけ、小四の友人で、子供のように背の低い「小猫王《リトル・プレスリー》」が面白い。プレスリーが大好きで、最後、突発的に少女を殺し少年院に入れられた小四に、プレスリーの歌を自分で吹き込んだテープを差し入れする。その曲の一節、"A Brighter Summer Day"が「牯嶺街少年殺人事件」の英語題名になっている。

ホウ・シャオシェン監督の「珈琲時光」（03年）に出演した歌手、一青窈《ひととよう》の姉、一青妙《たえ》のエッセイをもとにした映画、白羽弥仁監督の「ママ、ごはんまだ？」（17年）を面白く見た。

一青姉妹の父親は台湾人（台南出身）、母親は日本人。この映画を見るまで「一青」という珍しい名前は、台湾に関わるのかと思っていたら、姉妹の母親は石川県の能登半島の出身だという。姉妹（木南晴夏、藤本泉）が母の実家に行く場面で、能登を走る七尾線の良川《よしかわ》駅で降りると、駅近くの交差点に「一青交差点」の表示があり、姉妹はうれしそうにそれを見る。

七尾線は、松本清張原作、野村芳太郎監督の「ゼロの焦点」（61年）で、行方不明になった夫（南原宏治）の行方を追って、若妻の久我美子が乗った鉄道として印象に残る。「一青窈」のルーツはこの鉄道の沿線だったか。

「ママ、ごはんまだ？」にはまた、本省人の父親が、外省人の台湾支配に心を痛める、忘れ難い場面もある。本省人にとって、国民党への絶望は深かったことがうかがえる。

（2017年4月上旬号）

エドワード・ヤン監督「台北ストーリー」のこと、富田克也監督「バンコクナイツ」のこと

エドワード・ヤン監督の「台北ストーリー」（85年）は、八〇年代の台北を舞台にしている。町には、車やバイクが走り、次々に新しい、大きな建物が建つ。

台湾は、当時、経済発展のさなかにあった。一九八八年のカナダ、トロントにおけるサミットで台湾は、シンガポール、香港、韓国とともにＮＩＥＳ（Newly Industrializing Economies、新興工業経済地域）と呼ばれるようになった。

台北に住む、もう若くはない（三十代）男女が主人公になる。

アリョンは、台北の古い町、迪化《てきか》街《がい》で実家の布地問屋を継いでいる（演じているのはヤン監督の盟友ホウ・シャオシェン）。

アジン（歌手のツァイ・チン）は、小さな不動産ディベロッパーで働くキャリア・ウーマン。二人は幼なじみ。永い春が続いている。

二人が、新しく住むことになるマンションを見に行く場面から始まる。経済発展を続けている国らしい、しゃれたマンション。この場面には、ヨーヨー・マの演奏するバッハの無伴奏チェロ組曲が流れる。

二人は、その部屋に住むようになる。インテリアは、アジンの趣味なのだろう。しゃれたフローリングがされていて、ビデオデッキが置かれ、マリリン・モンローの写真のカレンダーが掛けられている。ユトリロらしい複製の絵も飾られ、ジャクリーヌ・ケネディが評価したので知られるアメリカの写真家、ロバート・ファーバーのヌード写真もアクセントを添えている。

いかにも知的な新しい世代の部屋。二人の実家が、昔ながらの古い建物なのと対照的。旧世代と、NIESと呼ばれる時代に生きる新しい世代が、住む家によって対比されている。

当時の台湾は経済的には飛躍的に発展しているが、まだ国民党（総統は蔣経国）の支配下で戒厳令が敷かれている（解除は八七年）。

国際的には米中接近、中国の国連加盟、台湾の離脱（一九七一年）によって孤立化している。ただ、他方で、一九七九年には、海外旅行を解禁、日本への旅行者が急増する。

アリョンは、所用でアメリカに行った帰り、東京に立ち寄り、そこでもう一人の幼なじみにひそかに会う。あとでそれがアジンに知れ、喧嘩になる。このもう一人の幼なじみは、日本人と結婚したらしい。

アジンの妹は、日本文化が好き。ペコちゃんの絵の入った筆入れを持っているし、原宿や渋谷に行きたいと言う。

アリョンは、少年野球のヒーローだった。いまでも、栄光の過去が忘れられない。日本に立ち寄った時に録画したらしい、広島と阪急の日本シリーズの試合を見る。

八〇年代の台湾は、文化的、経済的に日本に急接近しているのが、うかがえる。日本企業の進出も進み、町には富士フイルムの大きなネオンがある。


急速に経済発展が進み、豊かになってゆく時代。しかし、アリョンとアジンの日常は、どこかけだるい。永すぎた春のためかもしれないし、自分たちがこれから本当は何をしたいのか、よく分からないためでもあるだろう。その背景には、経済的な発展（豊かさ）と、政治状況（戒厳令、孤立化）のズレがある。

この映画、成瀬巳喜男の映画のように、金にまつわる話が多い。アジンの会社は大手に買収され、アジンは職を失なう。いままでのように、おしゃれな暮しは出来なくなる。

アジンの父親は事業に失敗し、アリョンに金を借りる（アリョンの方も決して余裕はないのに）。

アジンの妹は、姉に金を借りる（どうも子供を堕ろすための金らしい）。アジンは、金に困っている母親のために、銀行に行って預金を下ろし、父親には内緒でその金を渡す。

一方で、急速に経済発展する台北を描きながら、他方で、細かく金の話を入れてゆく。成瀬映画のような生活感が出るし、八〇年代の台湾の明と暗が浮き上がる。「台北ストーリー」の面白さは、そこにある。

メジャーとは別に、わが道を往く映画製作を続けている集団「空族《くぞく》」の「バンコクナイツ」（17年、富田克也監督）は、不意討ちを食ったような新鮮な驚きがあった。

どうしても内向きの小さな世界を描く日本映画が多いなかで、この映画は、外に向かっている。単に、舞台がタイのバンコクや、さらに奥に入ったラオスに設定されているだけではない。東南アジアの小国が、いかにこれまで西洋社会（日本も含めて）の犠牲になっていたかの現実を、決して仰々しくではなく、底辺の生活者の目でとらえているところに良さがある。

バンコクにある、日本人の観光客やビジネスマンを相手にする歓楽街「タニヤ通り」で働くタイ人の女性（娼婦と言っていいだろう）を主人公にしている。

ラックという、その主人公は、若く、美しく、魅力的な肌をしている。彼女の働く店では、ひな壇に女性たちが並んでいる。日本人の客は、そのなかから好きな女性を選んで遊ぶ。

ラックを演じるタイ人の女優が素晴しく、美しい。「タニヤ通り」で働く女性のほとんどは、タイの田舎町（農村）から来ている。彼女たちが身体を張って稼いだ金で、貧しい実家では、家が建ち、弟や妹たちが学校に通える。彼女たちは、一家の重要な働き手である。だから、身体は汚れているかもしれないが、心は誇り高い。

　この映画のいいところは、娼婦を主人公にした昔の日本映画の多くが、「かわいそうな娼婦」として描いてきたのに対し、「たくましく生きる娼婦」と、とらえていること。ラックという主人公の女性は、終始、毅然としている。

　彼女は、美人だから売れっ子。バンコクの高級マンションに住んでいる。冒頭、彼女がホテルの窓から、バンコクの夜景を見ながら、自嘲的に呟く。

「バンコク、Ｓｈｉｔ《クソ》」。

　このセリフは、コッポラ「地獄の黙示録」の冒頭、サイゴンの安宿に居るアメリカ兵、マーティン・シーンが「サイゴン、Ｓｈｉｔ」と、ののしるのと同じである。

「バンコクナイツ」の背景には、明らかにベトナム戦争がある。戦争が終わって四十年もたっているのに。サイゴンの歓楽街は、あの大国がアジアへ仕掛けた「汚ない」戦争のさなか、アメリカ兵の慰安のために作られたというのだから。

（２０１７年５月下旬号）

あとがき

『キネマ旬報』に連載しているコラム『映画を見ればわかること』をまとめた。五冊目になる。今回は、新作を中心にした。連載中は、時折り、十代の頃に見た懐しい映画がＤＶＤになったりした時に、その昔の映画について書いたが、単行本にするに当っては、それを割愛した。いずれ「懐しい映画」についての本が出せればと思っている。

映画を語る時、私の場合、自分の好きな細部から入ってゆくことが多い。鉄道、ロケ地、クラシック音楽、猫、美しい女優、それに近年は台湾。

例えば、山下敦弘監督の「もらとりあむタマ子」（13年）には、甲府のスポーツ用品店の娘、前田敦子が自転車で鉄道の踏切を渡る場面がある。小さな無人駅の横にある。

この駅、よく見れば、中央本線の塩山と甲府のあいだにある小駅、春日居《かすがい》町駅ではないか。急行はとまらない。駅のまわりに商店もない。ただ、いいのは、晴れた日、下り列車のホームに降り立つと、目の前に、山々のあいだから少しだけ顔を出している富士山が見えること。東海道新幹線から見える雄大な秀峰と違って、この駅から見える富士山はあくまで小さく、慎ましい。それが「もらとりあむタマ子」の小さな日常世界によく合っている気がした。この映画を見たあと、中央本線に乗り、春日居町駅にさしかかると、自転車に乗った前田敦子を思い出す。

あるいはクラシック音楽。西川美和監督の「永い言い訳」（16年）。最後のところで、ヘンデルの明るいチェンバロ組曲〈調子の良い鍛冶屋〉が流れる。安藤桃子監督の「0・5ミリ」（14年）には、安藤サクラが高知の町を歩く時にハイドンの弦楽四重奏曲〈ひばり〉が流れる。モーツァルトばやりの時代、ヘンデルやハイドンが使われるのは珍しい。どちらもCDでよく聴いている曲で、映画を見てからは、曲を聴くと映画を思い出すようになった。

猫も大好きで、一瞬でも映画のなかに猫が登場すると心がなごむ。フランスのカトリックの修道院での厳格な暮しをとらえたドキュメンタリー「大いなる沈黙へ」（05年）を見ていたら神に生涯を捧げたストイックな修道士たちが猫を可愛がっていて餌をやる場面があった。彼らにも、こんな楽しみがあるのだと、見ていてうれしくなった。


鉄道、クラシック音楽、あるいは猫。そうした細部から映画のなかに入り込む。大所高所から映画を論じるより、小さな細道を見つけて、森のなかを歩くように映画を見るのだ。森を歩いていると、突然、森が開けて明るい陽の射し込む草地に出る。同じように、細部から映画を見てゆくと、そんな思いがけない一瞬を体験出来る時がある。映画について書くのはそんな秘密の場所を求めたいのかもしれない。

映画を見て、これは傑作、これは愚作といった評価分けだけはしたくない。点数付けほど自分にとって遠いものはない。

評論家として少し固いことを書くと、連載コラムではいつも「レファレンス（参照）」という方法を心掛けている。新しい映画を見た時に、かつてあった同じテーマや同じ手法の映画を思い出す。映画史という基礎が大事になってくる。

例えば、三浦しをん原作、石井裕也監督の「舟を編む」（13年）を見ると、往年のハリウッド映画、ゲイリー・クーパーが辞書作りの学者を演じたハワード・ホークス監督の「教授と美女」（41年）を思い出す。新しい作品によって、古い、忘れられていた映画が生き返る。

「キャロル」（15年）を見て、ウィリアム・ワイラー監督、リリアン・ヘルマン原作の「噂の二人」（61年）を思い出すのも、「怒りの葡萄」（40年）が、ニューシネマの「俺たちに明日はない」（67年）や「ペーパー・ムーン」（73年）のもとになっていると考えるのも、レファレンスの手法によっている。


二〇一三年から二〇一七年にかけて連載したものだが、この間、洋画の世界ではひとつ目立った現象があった。

いわゆるナチものと呼ばれる映画が多かったこと。「顔のないヒトラーたち」（14年）「手紙は憶えている」（15年）「ヒトラーの忘れもの」（15年）「ハイドリヒを撃て！『ナチの野獣』暗殺作戦」（16年）など目立って多かった。

ナチズムという窮極の悪がなぜ生まれたのか。いまだにその謎が明らかではないし、現代のヨーロッパで移民問題をきっかけにしてネオ・ナショナリズムの不気味な動きが起っていることへの危機感もあるだろう。日本でも保守化が進んでいる現在、他人事とは思えず、これらの作品はどれも現代を深く考えさせるものだった。ただ、批評はあくまで映画に則して書こうとした。大言壮語《だいげんそうご》、悲憤慷慨《ひふんこうがい》の文章だけは避けたい。

もの書きとして文章について細かいことをひとつ。年齢を重ねるにつれて頑《かたく》なになるのか、「使いたくない言葉」が増えてくる。近年、若い人が当り前のように使う「立ち位置」「真逆」「イケメン」「生きざま」といった言葉は絶対に使いたくない。文章を意識するとは、「使いたくない言葉」を自分のなかに持つことだと思う。

本書の書名はイングマル・ベルイマン監督の「鏡の中にある如く」(64年)から取った。小道を歩いて、映画という森のなかに入りたいという思いがあったから。

連載中は、『キネマ旬報』編集部の松本志代里さん、いつも綿密な校正をしてくださる竹田賢一さん、単行本化に当っては関口裕子さんにお世話になった。皆様、有難うございます。

二〇一八年一月　　川本三郎

川本三郎（かわもと・さぶろう）
評論家。一九四四年東京生まれ。東京大学法学部卒業。九一年『大正幻影』でサントリー学芸賞、九七年『荷風と東京』で読売文学賞、二〇〇三年『林芙美子の昭和』で毎日出版文化賞、桑原武夫学芸賞、二〇一二年『白秋望景』で伊藤整文学賞を受賞。本書のもととなった連載「映画を見ればわかること」では、キネマ旬報読者賞を7回受賞している。都市論、エッセイ、小説、翻訳などの著書多数。映画のついての近著は『「男はつらいよ」を旅する』（新潮社）『サスペンス映画　ここにあり』（平凡社）『映画の戦後』（七つ森書館）など。小社刊の近著には『時代劇のベートヴェン　映画を見ればわかること3』『映画は呼んでいる』などがある。

本書は、二〇一三年三月上旬号から二〇一七年九月上旬号まで『キネマ旬報』に「映画を見ればわかること」として掲載された連載から、テーマ別にまとめたものです。

映画の中にある如く

二〇一八年二月二十六日　初版第一刷発行

著　者　川本三郎
発行者　星野晃志
発行所　株式会社　キネマ旬報社
〒一〇四-〇〇六一
東京都中央区銀座五-一四-八　銀座ワカホビル五階
TEL　〇三-六二六八-九七〇一
FAX　〇三-六二六八-九七一三
URL　http://www.kinejun.com/

印刷・製本　株式会社　精興社

ISBN 978-4-87376-458-0